白永秀◎主编

区域经济论丛（13）

REGIONAL ECONOMIC REVIEW

中国经济出版社
CHINA ECONOMIC PUBLISHING HOUSE
·北京·

图书在版编目（CIP）数据

区域经济论丛.13／白永秀主编.
北京：中国经济出版社，2014.7
ISBN 978-7-5136-3310-9

Ⅰ.区… Ⅱ.①白… Ⅲ.①区域经济—中国—文集 Ⅳ.①F127-53

中国版本图书馆 CIP 数据核字（2014）第 126852 号

责任编辑　邱　耿　伏建全
责任审读　贺　静
责任印制　马小宾
封面设计　任燕飞

出版发行　中国经济出版社
印 刷 者　三河市佳星印装有限公司
经 销 者　各地新华书店
开　　本　710mm×1000mm　1/16
印　　张　16.75
字　　数　253 千字
版　　次　2014 年 7 月第 1 版
印　　次　2014 年 7 月第 1 次
书　　号　ISBN 978-7-5136-3310-9
定　　价　69.00 元
广告经营许可证　京西工商广字第 8179 号

中国经济出版社 **网址** www.economyph.com **社址** 北京市西城区百万庄北街 3 号 **邮编** 100037

编辑委员会

主编寄语

城乡发展一体化和推进城镇化健康发展是未来较长时期中国发展进程中的主要议题。十八届三中全会《决定》指出："城乡二元结构是制约城乡发展一体化的主要障碍，必须健全体制机制，形成以工促农、以城带乡、工农互惠、城乡一体的新型工农城乡关系，让广大农民平等参与现代化进程、共同分享现代化成果。坚持走中国特色新型城镇化道路，推进以人为核心的城镇化，推动大中小城市和小城镇协调发展、产业和城镇融合发展，促进城镇化和新农村建设协调推进。"本辑以"区域协调发展与城乡发展一体化"为主题组织稿件，共有13篇文章，分为区域经济、城市化、区域产业发展、城乡发展一体化四个栏目。

区域差距是我国区域发展中长期存在的问题，如何通过转移支付等手段实现公共服务和居民福利水平的均等化是实现城乡区域协调发展的重要思路。国家发改委宏观经济研究院贾若祥副研究员的《区域间横向转移支付研究》指出，区域间横向转移支付对于平衡区域间财力、矫正区域间经济行为外部化、促进区域协调发展具有重要意义。通过构建针对所有区域和针对特定区域的两种模式的区域间横向转移支付模型，分析了不同理论模型下区域间横向转移支付的支付模式，并在此基础上指出了我国广义的区域间横向转移支付实践存在的问题以及今后应该进一步完善的方向。中国社会科学院城市发展与环境研究所王业强副研究员的《区域基本公共服务均等化目标测算——以贵州省为例》，系统分析了贵州省当前公共服务的现状与存在的问题，认为贵州省内基本公共服务均等化差异不是很大，关键在于量的不足。作者以达到全国平均水平为目标，从需求与供给角度分三种方案测算了贵州实现这一目标的资金缺口，并提出实现贵州基本公共服务均等化的战略思路及其重点和难点。兰州商学院张贡生教授的《中国经济“点—轴”的演变及引申：“六五”—“十二五”》在分析中国30多年来经济增长“点—轴”空间结构演变路径基础上提出，区域经济协调发展的主线应围绕“三纵两横”轴线，加快新城市群建设和更具特色的经济区建设，应对区域板块进行重新划分，尽快建立经济区域城市群政府联盟组织机构并认真落实相关规划。

我国正处在城市化加速发展阶段，促进城镇化健康发展是走中国特色城镇化道路的内在要求。太原师范学院城镇与区域发展研究所所长郭文炯教授等的《城镇化与资源型经济转型：关系、机制与互动路径》以山西省例，将资源型经济问题的“三部门”模型与“核心—边缘”模型结合起来，分析了资源型区域特殊的工业化和城镇化空间关系。作者主张通过加快中心城市与城镇群发展，形成新型产业集聚与创新增长的空间和产业结构升级引擎；通过整合城矿关系，推动资源型城市“再城市化”；通过实施“大县城”战略，建立新型城乡统筹发展模式；通过建立完善资源收益分配机制、城镇群一体化发展机制、矿业城市和煤电集团对接融合机制、以煤补农的长效机制等和基于提高交易效率的规划、财税、产业、土地、公共设施供给等政策，保障资源型经济转型与城镇化协同发展。西北大学经济管理学院姜军等的《2006年来我国三大都市圈城镇体系演变比较及结构优化》分析了中国三大都市圈城镇体系演变的新特征与新问题，主张通过加快大城市的发展、提升都市圈开放度和国际化功能、构建都市圈圈内与圈际的统筹管理与协商机制、完善综合交通体系、促进要素资源高效流动等途径来实现都市圈城镇体系的结构优化。苏州大学商学院夏永祥教授等的《农民收入结构视域下的农户间贫富差距研究——以苏州市为例》，利用2004—2011年苏州市不同收入等级农民人均纯收入结构性数据，分析了不同收入等级农户间存在的结构性差异，总结出基于农民素质和资本积累差异导致的农户收入结构性变化的客观规律，并从加快户籍制度改革、拉长农业产业链、强化政府转移性支付调控等方面提出缩小农户间贫富差距的政策建议。

区域资源的开发和产业的发展，应实现人口资源环境三者之间的协调，走低碳绿色发展之路。北京工商大学商学院侯晓丽副教授等的《北京紫竹院景区低碳发展对策研究》认为，低碳化的建设与改造对旅游产业的可持续发展有着重要意义，北京市旅游景区向低碳方向的发展不应当局限于对新建旅游景区的首次开发与规划建设，而应当加强对现有旅游景区的低碳化改造。以北京紫竹院为例分析了旅游景区实现特色低碳发展的路径。西北大学经济管理学院张域东的《陕西省镇安县旅游客源市场开发研究》从县域案例的微观分析角度，对镇安县旅游市场发展阶段及其客源市场特点进行了细致的分析，指出镇安旅游业存在客源市场基数相对较小、游客数量季节性波动、配套设施或产品类型不足、经营管理水平较低、景区开发及行业体系服务建设、项目建设发展缓慢等一系列问题。为了提升镇安县旅游业，应重新对发展战略进行重新定位，积极实施共生发展战略、生态战略、互联网营销战略。

十八大指出“城乡发展一体化是解决‘三农’问题的根本途径”，这说明了坚持并不断深化城乡发展一体化是破解我国长期存在的城乡二元结构的突破点。西北大学白永秀教授及其团队分别对重庆市、河南省、甘肃省、榆林市、安康市的城乡发展一体化水平进行了测度与分析。从空间、经济、社会与生态环境四个维度构建了省域和县域城乡发展一体化评价指标体系，运用两步主成分分析法对重庆市、河南省、甘肃省2000—2011年城乡发展一体化水平以及2011年榆林市和安康市城乡发展一体化水平进行了测度，并对城乡发展一体化特征、存在的问题及其原因进行了深入分析，并针对存在的问题提出了相应的城乡发展一体化政策建议。

《区域经济论丛》将继续秉承西北大学经济管理学院长期以来形成的严谨、宽松的学术传统，坚持规范、求实、创新的发展理念，密切关注区域经济的前沿理论与方法，深入研究区域经济发展中的前沿问题、难点问题、热点问题和重点问题，加强与国内外学者的学术与实践合作，推进现代区域经济理论在中国区域经济研究中的应用与发展。我们期待各位同行的帮助和支持，希望和大家一起为我国区域经济学的繁荣和区域经济问题的研究建立一个合作与交流的平台。

白永秀

2014年2月18日

目　录

区域经济

城市化

区域产业

城乡发展一体化

Contents

区域基本公共服务均等化目标测算

——以贵州省为例

王业强*

摘　要：长期以来，贵州经济社会发展处于一种低水平的超稳态。基本公共服务均等化则是打破这种超稳态，实现贵州跨越式发展的一个重要抓手。本文系统分析了贵州省当前公共服务的现状与存在的问题，认为贵州省内基本公共服务均等化差异不是很大，关键在于量的不足，尤其是与全国其他地区的差距较大。文章以达到全国平均水平为目标，从需求与供给角度分三种方案进一步测算了贵州实现这一目标的资金缺口，并提出实现贵州基本公共服务均等化的战略思路及其重点和难点。

关键词：需求与供给　基本公共服务　均等化　目标测算

* 王业强（1972—），男，江西彭泽人，经济学博士，中国社会科学院城市发展与环境研究所副研究员，中国社会科学院西部发展研究中心副秘书长。研究方向：区域经济。

长期以来，贵州省的经济社会发展十分稳定，各项人均指标、工业化、城镇化和综合现代化水平均处于全国的最底层，其中有16项人均指标位居全国倒数第一。2010年，贵州省人均生产总值只有1954美元，仅相当于各地区平均水平的40.6%；工业增加值比重只有33%，比全国各地区平均水平低11.3个百分点；城镇化率只有33.8%，比全国平均水平低16.1个百分点。显然，这是一种低水平的超稳态，贫困落后的超稳态。要打破这种超稳态，实现基本公共服务均等化无疑是实现贵州跨越式发展的一个重要抓手，具有极其重要的战略意义。

一、贵州省公共服务的现状与问题

随着西部大开发战略的实施，贵州发生了翻天覆地的变化，尤其是社会事业的发展取得了较大的进步。如教育、卫生事业的财政投入进一步加大。农村初中和小学生均公用经费保障标准大幅提高，对农村义务教育阶段家庭经济困难寄宿生实行生活费补助政策取得积极进展。公共卫生、农村医疗卫生和城市社区卫生发展加快，新型农村合作医疗和城镇居民基本医疗保险取得突破性进展。医药卫生体制改革已经启动，覆盖城乡的医药卫生服务体系基本形成，疾病防治能力不断增强，卫生科技水平也迅速提高。尽管贵州省社会各项事业的发展在一些领域取得了重大成就，但是，贵州基本公共服务发展与加快构建和谐社会的要求还有很大的差距。

（一）贵州省公共服务的发展现状

第一，贵州省公共服务的总体差异相对较小，“十一五”期间呈明显缩小趋势。从贵州省2010年各项公共服务的供给现状来看，除了科技服务的地区差距较大（为0.25）外，其他各项公共服务的地区差距相对较小，其基尼系数均低于0.2。而以变异系数、泰勒指数进行测算，也得出同样结论（见图1及图2）。这说明贵州省公共服务地区差距相对较小。在对“十一五”期间贵州各项公共服务的地区差异进行纵向比较，我们发现，除了科技和教育服务的地区差异略有扩大外，其他各项公共服务的地区差异均呈现出缩小趋势。

因此，我们判断，贵州省公共服务整体处于低水平发展的现状。

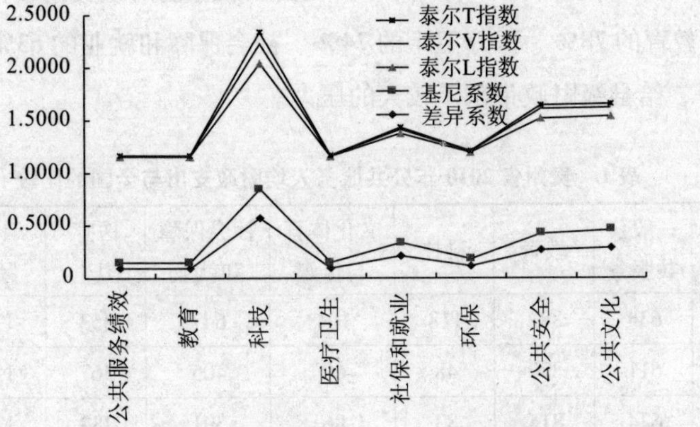

图1　2010年贵州省内基本公共服务差距比较

资料来源：《贵州省统计年鉴2011》。

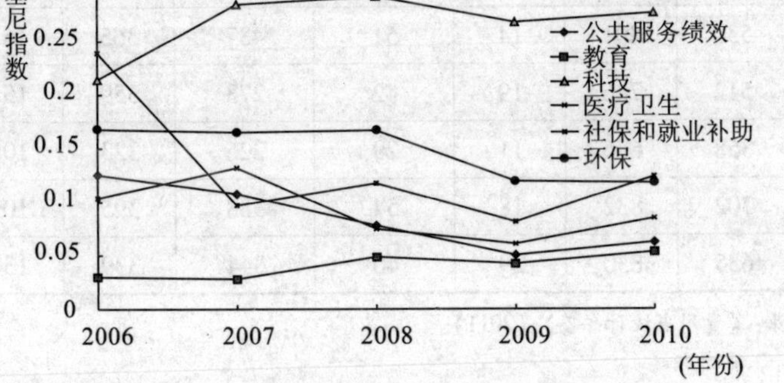

图2　“十一五”期间贵州省公共服务差异比较

资料来源：《贵州省统计年鉴》（2007—2011）。

第二，公共服务投入普遍低于全国平均水平，科技投入严重不足。从人均财政支出来看，除医疗卫生和农林水事务人均财政支出水平超过全国平均水平外，贵州省一般公共服务、教育、科技、文化体育与传媒、社会保障和就业、环境保护等公共服务的财政投入均低于全国平均水平。其中，科技投入明显不足，2010年贵州人均科技财政支出水平为48元，不到全国平均水平的一半。文化体育与传媒财政支出也与全国平均水平有较大差异。2010年，除了贵阳外，其他市、州的人均文化投入水平均不到全国平均水平的一半

（见表1）。另外，从财政支出的层级结构来看，公共服务的支出责任过度集中于县级财政（见表2）。如2010年，在公共服务的财政支出结构中，县级财政支出了教育的78%、医疗卫生的74%、社会保障和就业的63%、环境保护的66%等，给县级财政带来了较大的压力。

表1　贵州省2010年公共服务人均财政支出与全国的比较

	一般公共服务	教育	科技	文化体育与传媒	社会保障和就业	医疗卫生	环境保护	农林水事务
全国	634	882	118	104	647	353	177	577
贵州省	611	839	48	69	405	367	156	709
贵阳市	634	815	83	86	391	282	125	375
六盘水市	440	817	22	28	303	297	144	563
遵义市	443	701	23	42	289	300	98	531
安顺市	453	648	23	42	405	326	133	563
铜仁地区	530	801	14	51	437	365	162	810
黔西南州	512	786	19	42	273	359	151	733
毕节地区	358	686	11	29	226	323	106	491
黔东南州	702	832	18	54	388	395	109	738
黔南州	635	830	29	40	344	339	134	733

资料来源：《贵州省统计年鉴》(2011)。

表2　2010年贵州省公共服务财政支出结构

	省级	地级	县级	乡镇级
一般预算支出	20.49	13.50	59.00	7.01
一般公共服务	16.87	12.76	46.18	24.20
国防	42.18	28.10	29.42	0.30
公共安全	27.89	18.55	53.13	0.43
教育	9.54	8.23	78.25	3.98
科学技术	43.69	17.35	37.53	1.43
文化体育与传媒	33.51	26.57	35.37	4.55
社会保障和就业	19.56	13.47	63.27	3.70

续表

	省级	地级	县级	乡镇级
医疗卫生	10.83	12.18	73.93	3.06
环境保护	20.90	10.40	66.43	2.26
城乡社区事务	2.32	25.17	66.02	6.49
农林水事务	16.90	6.88	66.48	9.74
交通运输	79.03	7.40	13.02	0.56

资料来源：《贵州省统计年鉴》(2011 年)。

第三，公共服务产出非均衡发展，部分人均指标超过全国平均水平。在公共服务产出方面，贵州省公共服务发展存在明显的非均衡性。如以每千人拥有执业（助理）医师人数看，1998 年，贵州省为 1.21 人，低于全国 1.65 人的平均水平，但到 2010 年，贵州省为 1.20，处于停滞状态，而全国平均水平则增加到 1.79 人；人均城市道路面积则反映了贵州省城市基础设施建设的发展程度，2002 年贵州省为 3.9 平方米，比全国低 4 平方米，2010 年贵州省为 6.65 平方米，仍只有全国平均的一半；反映教育产出水平的中小学师生比的发展速度也明显落后于全国平均水平，贵州省 1998 年中小学师生比占全国平均水平的 80%，到 2010 年仍为全国平均水平的 80%。而在公路建设方面，贵州省在 2005 年达到人均 25.73 公里，首次超过了全国平均水平，2010 年为人均 43.59 公里，高出全国平均水平 13.7 公里；2007 年贵州城乡享受低保的人数占总人口比重为 8.2%，超过全国 4.4% 的平均水平，2010 年贵州省城乡享受低保人数占总人口的比重扩大到 16.9%，远高于全国平均水平（见表 3）。

表3 贵州省历年公共服务产出水平与全国的比较

地区/年份	每千人拥有执业（助理）医师（人）		人均城市道路面积（平方米）		中小学师生比		人均公里里程（公里）		城乡低保人数比重	
	全国	贵州	全国	贵州	全国	贵州	全国	贵州	全国	贵州
1998	1.65	1.21			0.047	0.038	10.25	9.19		
1999	1.67	1.23			0.048	0.039	10.75	9.16		
2000	1.68	1.22			0.048	0.039	11.07	9.83	0.006	0.003
2001	1.69	1.23			0.049	0.039	13.30	9.11	0.012	0.009
2002	1.47	1.13	7.9	3.9	0.050	0.040	13.74	11.52	0.019	0.010
2003	1.54	1.12	9.34	4.29	0.051	0.040	14.00	11.71	0.020	0.012
2004	1.57	1.22	10.34	5.18	0.052	0.041	14.39	11.82	0.021	0.013
2005	1.60	0.95	10.92	6.07	0.053	0.042	25.58	28.73	0.023	0.015
2006	1.63	1.11	11.04	5.35	0.054	0.043	26.30	30.15	0.029	0.016
2007	1.62	1.15	11.43	6.21	0.056	0.045	27.12	32.76	0.044	0.082
2008	1.67	1.07	12.21	6.22	0.057	0.046	28.09	33.05	0.050	0.100
2009	1.75	1.13	12.79	6.29	0.059	0.047	28.93	37.54	0.053	0.100
2010	1.79	1.20	13.21	6.65	0.060	0.048	29.89	43.59	0.056	0.169

资料来源：《贵州省统计年鉴》（1999—2011年）。

表4 贵州省公共服务产出效率与全国平均水平的比较

单位：%

地区/年份	学龄儿童入学率		工业固体废物综合利用率		有线电视入户率		城镇登记失业率	
	全国	贵州	全国	贵州	全国	贵州	全国	贵州
2000	99.1	98.5	45.9	30.3			3.10	
2001	99.1	98.2	52.1	36.3			3.60	
2002	98.6	98.2	51.9	29.0			4.00	4.10
2003	98.7	98.2	54.8	29.2			4.30	4.00

续表

地区 年份	学龄儿童入学率		工业固体废物综合利用率		有线电视入户率		城镇登记失业率	
	全国	贵州	全国	贵州	全国	贵州	全国	贵州
2004	98.9	97.8	55.7	40.3			4.20	4.10
2005	99.2	98.3	56.1	34.1			4.20	4.20
2006	99.3	98.6	60.2	36.0	37.0	28.6	4.10	4.11
2007	99.5	98.6	62.1	37.5	39.9	29.3	4.00	3.97
2008	99.5	97.2	64.3	39.9	41.6	31.1	4.20	3.98
2009	99.4	98.4	67.0	45.6	44.0	31.4	4.30	3.81
2010	99.7	97.9	67.1	50.9	46.4	29.9	4.10	3.63

资料来源：《贵州省统计年鉴》(2001—2011 年)。

(二) 贵州省内基本公共服务均等化水平

根据本项研究设计的指标体系及计算方法①，贵州省内基本公共服务的均等化水平为0.70，均等化程度远高于全国基本公共服务均等化的平均水平。从各单项指标的均等化水平看，贵州省各项基本公共服务的均等化水平均在0.60～0.80，结构相对均衡，并没有出现全国均等化结构差异较大的情况。从财政投入的均等化程度看，基础教育投入均等化水平相对较低，为0.56，

① 本文均等化指数的计算主要通过三步：(1) 测算指标差异系数。差异系数用V表示。它是一组数据的标准差与其均值之比，是测算数据离散程度的相对指标。差异系数主要用于比较不同总体或样本数据的离散程度。差异系数越大，说明数据的离散程度越大，那么均衡程度越小；差异系数越小，说明数据的离散程度越小，那么均衡程度越大。由于差异系数可以用来反映二级指标的相对差异，所以1减去差异系数就是均等化指数。其计算公式为：$V=\sqrt{\frac{\sum_1^n(y_1-\bar{y})^2}{N}}/\frac{y}{2}$；(2) 测算均等化分项指数 ($X_1$、$X_2$、$X_3$、$X_4$、$X_5$、$X_6$)。分项均等化指数包括：基础教育均等化指数 ($X_1$)、医疗卫生均等化指数 ($X_2$)、社会保障均等化指数 ($X_3$)、公共就业均等化指数 ($X_4$)、基础设施均等化指数 ($X_5$) 和环境保护均等化指数 ($X_6$)。其计算公式为：均等化指数 = 1 - 差异系数。根据公式 (1)、(2)，分别计算出分项 X_1、X_2、X_3、X_4、X_5、X_6；(3) 测算均等化指数 (X)。调和平均数能够较好地反映3个分项均等化指数的平均值，所以本文采用调和平均数法来计算均等化总指数，数值倒数的平均数的倒数。其计算公式为：$X=1/\left(\frac{1}{x_1}+\frac{1}{x_2}+\frac{1}{x_3}+\frac{1}{x_4}+\frac{1}{x_5}+\frac{1}{x_6}\right)$。

医疗卫生投入均等化水平相对较高，为0.89，但也都高于全国平均水平。投入和产出的均等化水平差距远远小于全国平均水平。因此，我们认为，贵州省内基本公共服务均等化结构性差异不是很大，重点在于量的不足。

表5　2010年贵州省地州基本公共服务均等化水平

<table>
<tr><th></th><th>均等化指标</th><th>平均值</th><th>三级均等化指数</th><th>二级均等化指数</th></tr>
<tr><td rowspan="10">贵州省均等化指数（0.70）</td><td>小学生师比</td><td>20.55</td><td>0.98</td><td rowspan="3">0.68</td></tr>
<tr><td>每万人口中小学在校生人数（人）</td><td>1786.03</td><td>0.62</td></tr>
<tr><td>生均财政教育经费（万元）</td><td>0.50</td><td>0.56</td></tr>
<tr><td>人均医疗卫生支出（万元）</td><td>331.84</td><td>0.89</td><td rowspan="2">0.68</td></tr>
<tr><td>每千人口拥有卫生技术人员数（人）</td><td>2.96</td><td>0.56</td></tr>
<tr><td>人均社会保障支出（元/人）</td><td>339.51</td><td>0.79</td><td rowspan="2">0.78</td></tr>
<tr><td>乡村就业人数占总人口比重（%）</td><td>59.61</td><td>0.77</td></tr>
<tr><td>互联网使用人数占总人口比重（%）</td><td>0.35</td><td>0.65</td><td>0.65</td></tr>
<tr><td>人均公路里程（里程/万人）</td><td>45.61</td><td>0.64</td><td>0.64</td></tr>
<tr><td>单位GDP能耗（吨标煤/万元）</td><td>2.35</td><td>0.76</td><td>0.76</td></tr>
</table>

资料来源：《贵州省统计年鉴》（2011）。

表6　各地州内区县基本公共服务均等化水平比较

	中小学生师比	生均教育支出（万元/人）	人均基本建设投入（万元/人）	就业人数比重（%）
贵阳	0.87	0.81	0.35	31
六盘水	0.94	0.67	0.75	52
遵义	0.89	0.81	0.47	69
安顺	0.97	0.90	0.51	85
铜仁	0.80	0.51	0.44	61
黔西南	0.91	0.84	0.13	88
毕节	0.90	0.78	0.44	88
黔东南	0.89	0.78	0.33	81
黔南	0.86	0.76	0.51	84

资料来源：《贵州省统计年鉴》（2011）。

（三）贵州省基本公共服务与全国的差距

第一，贵州省的基本公共服务财政投入严重不足。从表9可以看到，在教育、医疗卫生和社会保障等项的财政投入明显偏低。2010年贵州省生均财政教育支出仅为0.45万元，远低于全国和东部地区的平均水平，甚至只有西部地区平均水平的一半，在全国处于倒数第二；而人均医疗卫生经济为367元，低于全国平均水平429元，而西部平均水平要高于全国及东部平均水平；贵州省人均社会保障财政支出为405元，也比全国平均水平和西部地区平均水平的一半以下。

第二，教育和医疗卫生服务供给严重匮乏。从表9统计指标可以看到，贵州省2010年的小学生师比为21.90，为全国最高，说明贵州省基础教育供给的匮乏程度，而每十万人口中小学在校生为17068人，也为全国最高，则说明贵州省基础教育需求的迫切性。从2010年贵州省的医疗服务供给情况看，每千人口医疗卫生机构床位和每千人口卫生技术人员两项单项指标均为全国最低，也足以说明贵州省医疗卫生服务供给的匮乏程度。

第三，民生性基本公共服务与全国其他地区差距较为突出。从养老保险、失业保险和医疗保险等单项指标来看，2010年，贵州省参保人数比重仅为全国平均参保水平的39%、42%、64%，是东部平均参保水平的27%、26%、49%。而在公共文化服务、公益性基础设施和环境保护等基本公共服务等方面，贵州省与全国的差距相对略小于民生性基本公共服务。

总之，“十一五”以来贵州发展加快，但是由于总量低，基础薄弱，还没有从根本上改变贵州省欠开发、欠发达的现实状况。公共财政体制建设还需要进一步完善。在财政管理体制方面，一是在现行中央和地方事权及支出责任划分缺乏明确界定的情况下，不可避免地造成省以下各级政府间的事权及支出责任划分也较为模糊。导致实际支出中，各级政府事权交叉重复、时常调整现象较为突出，既加重了基层政府的配套压力，又使基层政府在财力统筹安排上处于被动地位。二是转移支付制度不够完善。由于转移支付缺乏总体设计和统一规范，使省对下转移支付办法难以做到科学、合理。一般性转移支付与专项转移支付结构不合理，一般性转移支付规模仍然偏小，专项转移支付数量偏多。三是财力与事权不尽匹配。在转移支付不能完全到位的情况下，各地经济发展水平的差异表现在财政上就是收入能力的差异及财政能力的差异，进而体现在提供公共服务能力的差异，使部分困难县乡人员经费及公用经费保障程度低，基本工资之外的津补贴拖欠现象普遍，事业发展支出欠账多，财政收支缺口大。

表 7　贵州省基本公共服务与全国其他省份的比较（2010）

指标	贵州水平	全国			西部均值	东部均值
		最大值	最小值	均值		
小学生师比	21.90	21.90	11.60	16.89	17.52	15.99
每十万人口中小学在校生数（人）	17068	17068	5488	11452	13266	9429
中小学生均财政教育经费（万元）	0.45	4.67	0.40	1.12	0.86	1.78
人均医疗卫生经费（元）	367	1065	262	429	487	452
每千人口医疗卫生机构床位（张）	2.51	7.44	2.51	3.83	3.48	4.43
每千人口卫生技术人员（人）	2.48	13.58	2.48	4.85	4.00	6.34
人均社会保障财政支出（元）	405	3366	379	831	967	752
养老保险参保人数占总人口比重（%）	7.40	50.08	3.20	19.01	12.22	27.65
失业保险参保人数占总人口比重（%）	4.38	39.46	3.43	10.52	6.60	16.85
医疗保险参保人数占总人口比重（%）	17.33	54.22	7.82	27.05	18.33	35.05
城镇登记失业率（%）	3.64	4.35	1.37	3.61	3.82	3.22
有线广播电视入户率（%）	29.97	112.36	22.60	46.85	35.48	68.98
电视节目人口覆盖率（%）	92.55	100.00	91.41	97.29	95.57	98.82
每百万人拥有图书馆个数（个）	2.67	7.82	1.22	2.53	3.34	1.78
城市用水普及率（%）	94.10	100.00	87.97	96.13	95.31	98.62
城市燃气普及率（%）	69.72	100.00	69.72	89.55	84.44	97.37
每万人拥有公共交通车辆（标台）	8.46	20.91	6.83	10.21	11.02	10.60
人均城市道路面积（平方米）	6.65	22.23	4.04	12.94	12.40	14.11
人均公园绿地面积（平方米）	7.33	16.18	5.78	10.62	10.01	11.67

续表

指标	贵州水平	全国			西部均值	东部均值
		最大值	最小值	均值		
每万元 GDP 能耗（吨标准煤/万元）	2.25	3.31	0.58	1.29	1.74	0.84
工业废水达标率（%）	77.28	99.95	29.48	89.69	79.49	97.77
城市生活垃圾无害化处理率（%）	90.64	100.00	37.95	78.47	80.61	86.45

资料来源：《中国统计年鉴2011》。

二、推进贵州省基本公共服务均等化的目标设定与分解

“十一五”以来，贵州省深入实施科教兴省和人才强省战略，推动经济社会发展向依靠科技进步、劳动者素质提高等方面转变，紧紧抓住统筹经济和社会协调发展这一主线，以满足人民群众就学、就医和文化等方面的需求作为根本出发点，把改善民生和加快社会事业发展摆在更加突出的位置，以农村等薄弱环节为重点，进一步加强覆盖城乡居民的社会公共服务体系建设，加大重大民生政策的实施力度，稳步推进以医药卫生体制改革为重点的社会领域改革，着力提高基本公共服务均等化水平，积极促进各项社会事业协调发展。

根据贵州省委提出的发展要求，本研究认为实现贵州省基本公共服务均等化是贵州省公共事业发展的最终目标。而贵州省基本公共服务均等化目标的实现则可选择不同的时间点，即近期（2015 年）实现、中期（2020 年）实现和远期（2030 年）实现，我们将这三个时间实现贵州省基本公共服务均等化目标反推出贵州省在“十二五”时期所要达到的三种方案，分别对应为方案一（高标准）、方案二（中标准）、和方案三（低标准）。

表 8　贵州省基本公共服务发展目标设定

预测指标	2010		方案一：2015 年达到全国平均水平		方案二：2020 年达到全国平均水平		方案三：2030 年达到全国平均水平	
	贵州	全国	贵州年均增长率	全国平均水平	贵州年均增长率	全国平均水平	贵州年均增长率	全国平均水平
城镇企业职工基本养老保险参保人数占城镇人口比重（%）	21.9	38.4	17.52	49.1	10.68	60.4	6.30	74.3
每万名中小学在校生拥有专任教师（人）	475	604	9.00	731	6.47	889	5.24	1320
每千人卫生技术员数（人）	2.48	4.37	18.44	5.78	12.34	7.94	9.19	14.4
有线广播电视入户率（%）	29.9	46.4	14.09	57.8	8.75	69.2	5.79	92.1
人均城市道路面积（平方米）	6.65	13.21	19.79	16.4	11.30	19.4	6.93	25.4
工业固体废物综合利用率（%）	50.9	67.1	8.38	76.1	5.29	85.2	3.42	99.7

资料来源：根据《贵州省统计年鉴》（2011）计算。

表 9　贵州省“十二五”时期基本公共服务均等化所要达到的目标分解

		城镇企业职工基本养老保险参保人数比重（%）	每万名中小学生拥有专任教师（人）	每千人卫生技术员数（人）	有线广播电视入户率（%）	人均城市道路面积（平方米）	工业固体废物综合利用率（%）
2010 年		21.9	475	2.48	29.9	6.65	50.9
2011 年	方案一	25.74	517.77	2.94	34.11	7.97	55.16
	方案二	24.24	505.73	2.79	32.52	7.40	53.59
	方案三	23.28	499.91	2.71	31.63	7.11	52.64

续表

		城镇企业职工基本养老保险参保人数比重（%）	每万名中小学生拥有专任教师（人）	每千人卫生技术员数（人）	有线广播电视入户率（%）	人均城市道路面积（平方米）	工业固体废物综合利用率（%）
2012 年	方案一	30. 25	564. 39	3. 48	38. 92	9. 54	59. 78
	方案二	26. 83	538. 44	3. 13	35. 36	8. 24	56. 42
	方案三	24. 75	526. 12	2. 96	33. 46	7. 60	54. 44
2013 年	方案一	35. 55	615. 22	4. 12	44. 40	11. 43	64. 79
	方案二	29. 69	573. 27	3. 52	38. 46	9. 17	59. 41
	方案三	26. 30	553. 70	3. 23	35. 40	8. 13	56. 30
2014 年	方案一	41. 78	670. 61	4. 88	50. 66	13. 69	70. 22
	方案二	32. 86	610. 35	3. 95	41. 83	10. 21	62. 55
	方案三	27. 96	582. 73	3. 53	37. 44	8. 69	58. 23
2015 年	方案一	49. 10	731. 00	5. 78	57. 80	16. 40	76. 10
	方案二	36. 37	649. 83	4. 44	45. 49	11. 36	65. 85
	方案三	29. 72	613. 29	3. 85	39. 61	9. 30	60. 22

资料来源：作者计算。

三、贵州省实现基本公共服务均等化资金需求与供给

贵州省实现基本公共服务均等化的资金需求与供给测算思路是：首先根据“十一五”时期各项基本公共服务供给水平与财政投入之间的关系，估计各项基本公共服务的供给资金需求模型，并将各项基本公共服务均等化所要实现的增长目标带入模型，测算出该项基本公共服务的资金需求。然后对三种方案分别测算出“十二五”期间每一年的资金需求，并进一步测算出各种方案对应的“十二五”实现该项基本公共服务均等化的资金总需求。资金供给则是依据“十一五”时期贵州省基本公共服务的财政支出与中央财政和地方财政之间的关系，估算出资金供给模型，并进一步确定“十二五”时期贵

州省基本公共服务的财政供给能力。最后根据资金需求和资金供给得出贵州省在三种方案下实现基本公共服务均等化存在的资金缺口。

（一）资金需求

根据“十一五”时期贵州省社会保障和就业支出及城镇基本养老保险参保人数占城镇总人口比重、教育财政支出及每万名在校学生拥有的专任教师人数、医疗卫生财政支出及每千人拥有的卫生技术员数、公共文化财政支出及有线电视入户率、交通财政支出及人均城市道路面积、环境保护财政支出及工业固体废物综合处理率之间的相关性，我们估计出各项基本公共服务均等化的资金需求，并分别将上述三种目标方案代入模型，得到贵州省“十二五”期间各年社会保障及就业服务的资金需求量：

表10　“十二五”期间贵州基本公共服务所需资金测算

单位：亿元

		2011 年	2012 年	2013 年	2014 年	2015 年	总计
社会保障	方案一	276	438	627	849	1111	3301
	方案二	223	315	418	531	656	2143
	方案三	189	241	296	356	419	1501
基础教育	方案一	464	638	828	1035	1260	4225
	方案二	420	542	672	810	957	3401
	方案三	398	496	599	707	821	3021
医疗卫生	方案一	70	133	207	295	400	1105
	方案二	53	92	137	187	244	713
	方案三	43	72	104	139	176	534
公共文化	方案一	60	112	171	238	315	896
	方案二	43	73	107	143	182	548
	方案三	33	53	74	96	119	375
基础设施	方案一	568	1037	1601	2276	3085	8567
	方案二	398	649	926	1237	1580	4790
	方案三	311	458	616	783	965	3133

续表

		2011 年	2012 年	2013 年	2014 年	2015 年	总计
环境保护	方案一	74	85	98	112	126	495
	方案二	70	77	84	92	101	424
	方案三	67	72	77	81	86	383

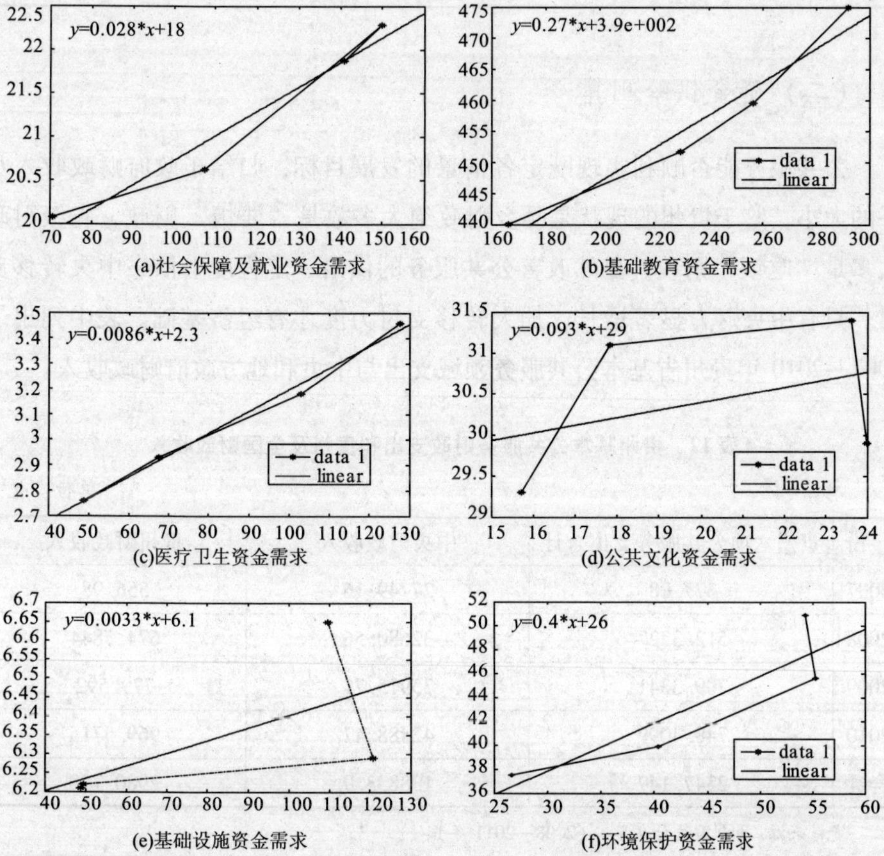

(a)社会保障及就业资金需求 (b)基础教育资金需求

(c)医疗卫生资金需求 (d)公共文化资金需求

(e)基础设施资金需求 (f)环境保护资金需求

图 3 贵州省基本公共服务资金需求

根据上述六个方面的测算结果可知，“十二五”期间三种基本公共服务均等化方案的资金总需求量分别约为 18600 亿元、12000 亿元和 9000 亿元（见表 11）。

表 11　各项基本公共服务资金总需求

单位：亿元

	社会保障	基础教育	医疗卫生	公共文化	基础设施	环境保护	总计
方案一	3301	4225	1105	896	8567	495	18589
方案二	2143	3401	713	548	4790	424	12019
方案三	1501	3021	534	375	3133	383	8947

（二）资金供给测算

公共服务能否顺利实现既定各情景的发展目标，归结于政府财政收入水平的大小。鉴于贵州的现状是县乡财政绝大多数是“要饭”财政，省级财政大多是“吃饭”财政，显然改善公共服务的供给一定程度上依靠中央转移支付。只有中央财力显著增长，加大转移支付力度才有经济基础。表中列出了2007—2010 年贵州省基本公共服务领域支出与中央和地方政府财政收入。

表 12　贵州基本公共服务财政支出和贵州及全国财政收入

单位：亿元

年份	贵州六项公共服务支出合计	中央财政收入	贵州财政收入
2007	377. 08	27749. 16	556. 98
2008	512. 3227	32680. 56	674. 5844
2009	709. 3341	35915. 71	779. 592
2010	748. 4099	42488. 47	969. 5715
合计	2347. 147	138833. 9	2980. 728

资料来源：《中国统计年鉴》(2008—2011 年)。

鉴于贵州基本公共服务支出对当地和中央财政的依赖性，可以建立贵州“十二五”期间各项基本公共服务领域支出水平和中央及地方财政的回归方程（回归系数见表），如下：

$$y = -426.8649 + 0.038247x_1 - 0.421145x_2$$

其中：y：六项基本公共服务支出合计，亿元；x_1：中央财政收入，亿元；x_2：贵州财政收入，亿元。

表 13　贵州省基本公共服务财政支出与中央财政及贵州财政回归系数

变量	系数	标准差	t－统计值	概率分布
C	－426.8649	1567.561	－0.272312	0.8307
x_1	0.038247	0.182920	0.209089	0.8688
x_2	－0.421145	6.456128	－0.065232	0.9585
R^2	0.876435	因变量均值		586.7867
调整 R^2	0.629304	因变量标准差		173.8406
回归标准差	105.8426	Akaike 信息标准		12.27549
残差平方和	11202.65	Schwarz 标准		11.81521
对数似然统计量	－21.55098	Hannan－Quinn 标准		11.26544
F 统计值	3.546442	D－W 统计值		2.796201
概率分布（F 统计值）	0.351519			

表 14　“十二五”期间贵州省基本公共服务资金缺口

单位：亿元

项目	方案一	方案二	方案三
资金供给量	6212	6212	6212
资金需求量	18589	12019	8947
资金缺口（供给－需求）	－12377	－5807	－2735

四、推进贵州省基本公共服务均等化的战略思路及其重点和难点

长期以来，贵州省经济社会发展滞后，人民群众的公共服务需求快速增加，公共服务供求矛盾已成为社会关注的焦点。“十二五”时期，贵州省应该把保障和改善民生、保持社会和谐稳定放在发展的突出位置，更加注重包容性增长和共享式发展，加快创新公共服务体制，优化城乡公共资源配置，大力推进以改善民生为重点的社会建设，建立覆盖城乡居民的公共服务体系。

（一）推进贵州省基本公共服务均等化的战略思路

目前，贵州省内基本公共服务差距相对较小，这正是贵州省长期以来经

济缓慢增长所形成的一种低水平的稳态。随着贵州省工业化和城镇化的快速推进，贵州省内的地区差距将会迅速拉大。因此，实现公共服务均等化对促进地区协调发展具有十分紧迫的现实意义。公共服务均等化是实现贵州跨越式发展前提和基础。“十二五”时期，贵州省推进公共服务均等化的战略思路：以邓小平理论和“三个代表”重要思想为指导，深入贯彻落实科学发展观，紧紧抓住深入实施西部大开发战略的历史机遇，坚持以城镇化和反贫困为战略主线，将基本公共服务均等化与小城镇发展和扶贫救灾工作结合起来，优先发展职业教育，大力提升公共卫生服务能力，积极发展文化体育事业，努力扩大就业，健全社会保障制度，加强公共设施建设和机制创新，扩大服务范围，增强服务能力，提高服务水平，逐步实现基本公共服务均等化目标。

第一，以项目建设为基础，稳步提高公共服务供给能力。长期以来，贵州省经济社会发展处于全国落后水平，导致公共服务基础设施建设相对落后，公共服务供给能力明显不足。要实现公共服务供给能力的提高，贵州公共服务设施建设必须首先实现跨越式发展。如计生服务站建设、中等职业教育、乡镇卫生院和社区卫生服务机构建设、农村无害化卫生厕所改建、农村敬老院建设、中央级救灾物资储备库建设、综合减灾应急避难场所建设、救灾应急指挥系统建设等，都需要大量的资金投入。这些重点公共服务项目建设一方面需要中央和地方财政加大投入支持力度，另一方面也需要打破体制约束，广泛吸引社会资金投入。

第二，以体制创新为动力，努力推动城市公共服务资源下乡。党的十七届三中全会指出，我国总体上已进入以工促农、以城带乡的发展阶段。在这一时期，迫切需要打破公共管理体制障碍，加快农村地区基础设施建设和农村社区化改革，提高农村地区公共服务水平，实现城乡基本公共服务均等化。就目前贵州发展的实际情况来看，重点应加快各项基本公共服务资源下乡，如重视城市基础教育资源下乡，推动城市优质教育资源与农村共享；推动城市社会保障资源下乡，实现城乡社会保障资源的公平化；鼓励城市金融资源下乡，实现城乡公共产品的投资对接；鼓励城市公共卫生资源下乡，实现城乡公共卫生资源供给均衡化发展。

第三，以扶贫开发为手段，逐步扩大贫困山区居民享受公共服务机会。

贵州是全国基本公共服务历史欠账最多的省份之一。贵州同时也是全国扶贫攻坚的主战场，有65个县分别纳入了武陵山、乌蒙山和滇黔桂石漠化3个国家连片特困片区，占全国11个连片特困片区县数的12.9%。贵州“欠发达”特征突出表现在，区域贫困与深度贫困并存，贫困问题与民族地区发展问题并存，经济发展落后与公共服务欠缺并存，生态环境脆弱与人口素质偏低并存。因此，贵州公共服务均等化战略应与扶贫开发紧密结合起来，通过专项扶贫、行业扶贫、社会扶贫，整合资金，整合资源，帮助贫困地区发展特色产业，加快基础设施建设、能源建设和生态建设，推进东西扶贫协作，动员企业和社会各界参与扶贫事业，为扶贫对象创造更好的发展条件，努力实现贫困地区基本公共服务均等化。

第四，以应急救灾为重点，建立健全公共服务保障体系。贵州是全国自然灾害最为严重的省份之一，自然灾害种类多、分布范围广、发生频率高。因此，公共服务均等化应立足于贵州多灾、易灾省情，坚持应急救灾与常态减灾相结合，“减、防、抗、救”并重，城市农村统筹，政府社会协同，治标治本兼顾，加强城乡社区综合减灾工作，加强受灾群众生活保障和恢复重建能力建设，统筹做好灾前、灾中和灾后各个阶段的应对工作，全面提升自然灾害综合防范和应急处置能力，切实提高自然灾害综合管理水平，建立具有贵州特色的公共服务保障体系。

（二）推进贵州省基本公共服务均等化的重点和难点

第一，改革完善中央财政转移支付制度是关键。1994年的分税制改革，虽然事权的分配和调整已有安排，但现行财政过分强调“收入”，忽略“事权”的制度安排，使上下级政府之间事权与财权、财力严重不对称，分税制中，事权与财权、事权与财力对等原则亟待落实。有效地转移支付机制能够为落后地区基本公共服务均等化实现起到积极推动作用。以基数法为特征的税收返还作为转移支付形式，有利于增强中央管理调控能力，有利于调动经济发达地区的积极性，而对经济欠发达地区而言，这种制度最终会形成财政收入低下，经济发展落后之间的恶性循环，最终与财政转移支付的目标相悖。因此，提高一般性转移支付比重，减少专项转移支付，以“因素法”为基础的转移支付制度取代以“基数法”为基础的税收返还制度；加大对贵州等落后地区的转移支付力度，逐步缩小与发达地区在地区财政能力上的差距，从而缩小与发达地区在教育、卫生、公共设施等方面的差距，保障基本公共服务的供给，保证基本公共服务均等化的最终实现。但是，财政转移支付制度有赖于国家财政体制大环境的改革，短期内难以取得明显突破。

第二，增加地方财政支出结构中基本公共服务投入是基础。实现基本公共服务均等化，需要在明确各级财政在提供基本公共服务方面的界限与合作的基础上，强化各级财政在基本公共服务供给中的职责和重点，引导各级财政通过调整财政支出结构，不断加大基本公共服务领域的投入总量。对于保障就业服务和社会保障等“民生性服务”，要确保公共服务结果的相对均等；对于义务教育、基本医疗、公共卫生和公共文化等“公共事业性服务”，要综合考虑特定地区的经济、民俗、人口等因素确定支出水平；对于基础设施和安居等“公益基础性服务”，要重点向困难地区倾斜；同时，还要充分考虑特殊地区的特殊支出。但是，由于贵州经济发展水平落后，财政对公共服务供给能力相对较低。在当前贵州省“吃饭财政”和“要饭财政”的情况下，增加财政对公共服务领域的支出存在较大困难。

第三，公共服务的供给成本是瓶颈。贵州省地广人稀，很多地方自然环境按宜居标准来看较差。空间经济学关于规模经济的原理告诉我们，只有在一定人口规模以上的城镇地区，较大规模和较高水平的公共服务设施才具有经济上的可行性。如果人口居住过于分散，以人均计算的公共服务提供成本就会大大提高，丧失经济上的可行性。因此，应从统筹城乡协调发展的角度出发，对城市和农村居民点的建设进行合理的统一规划和布局，协调城乡基础设施、公共服务设施的建设，在加强城镇建设的同时大力促进新农村建设，推进区域范围内基础设施的共建共享、配套衔接。这是提高公共服务提供效率的重要途径。

第四，构建多元化的公共服务体系是补充。创新财政投入方式，加快培育市场主体，促进公共服务投入的多元化是未来基本公共服务的主要发展方向。但是，贵州地处西部内陆地区，经济发展相对落后，市场机制相对滞后，基本公共服务的市场化改革存在较大难度。当前应结合政府转型和推进基本公共服务建设，改革和完善基本公共服务领域的投资体制，充分发挥财政投入的引导作用，通过购买社会组织服务的形式，鼓励和培育社会参与基本公共服务供给、实现市场主体壮大与提升政府公共资源使用效率的“双赢”。

参考文献

[1] 弯海川．加快 西部地区基本公共服务均等化的思考［J］．经济研究参考，2010（31）．

[2] 王茜．西部地区基本公共服务均等化浅析［J］．社科纵横，2010（12）．

[3] 唐钧．公共服务均等化保障6种基本权利［J］．时事报告，2006（6）.

[4] 刘尚希．实现基本公共服务均等化的政策路径和方案选择［J］．经济研究参考，2007（60）．

The Measurement of Objective on the Equalization of Basic Public Service in Guizhou

Wang Yeqiang

(Institute for Urban and Environmental Studies, CASS, Beijing, 100005)

(Research Centre for West Development, CASS, Beijing, 100005)

Abstract: For a long time, Guizhou ' s economic and social development has been in a low – level ultra – steady state. But the equalization of basic public services is a great way to break the ultra – steady state and an important starting point to achieve leapfrog development in Guizhou. This paper systematically analyzes the current status of public services and the problems in Guizhou. We think that the difference of basic public service in Guizhou is not large. The key is insufficient, especially the large gap between Guizhou and the rest of the country. We give three programs to estimate funding gap from the demand and supply for Guizhou to achieve the goal of the national average, and put forward some strategic thinking about their priorities and difficulties of equalization of basic public services in Guizhou.

Key words: demand and supply; basic public services; equalization; target estimated

区域间横向转移支付研究

贾若祥*

摘　要： 本文根据相关文献综述，从理论层面对区域间横向转移支付的基本概念、主要特点、主要作用和意义进行了分析，认为区域间横向转移支付是不同区域之间为了平衡财政关系而通过一定的形式或途径无偿转移财政资金的活动，具有无偿性、多样性和法治性的特点，对于平衡区域间财力、矫正区域间经济行为外部化、促进区域协调发展具有重要意义。同时，构建了针对所有区域和针对特定区域的两种模式的区域间横向转移支付模型，分析了不同理论模型下区域间横向转移支付的支付模式。在此基础上，本文分析了我国广义的区域间横向转移支付实践，分析了其特点，存在的问题以及今后应该进一步完善的方向。

关键词： 横向转移支付　区域协调发展　横向转移支付理论模型　区域政策

---

* 贾若祥（1975—），男，山东梁山人，博士，国家发展和改革委员会国土开发地区经济研究所区域发展研究室副主任，副研究员。研究方向：区域发展、区域规划与区域政策。

区域间横向转移支付是平衡区域间财力的重要方式之一，对于促进区域间人均可支配财力均等化具有重要作用。我国虽然没有严格意义上的区域间横向转移支付，但是，我国的对口支援、生态补偿等不同形式，可以认为是广义上的区域间横向转移支付实践，在应对自然灾害、加快灾后恢复重建进程、加强生态保护、促进民族团结、兴边富民等一系列领域发挥了其独特作用，取得了积极成效。

一、区域间横向转移支付的基本概念和特点

（一）区域间横向转移支付的基本概念

从政府间财政关系看，主要有三种形式，一是纵向财政关系，二是横向财政关系，三是斜向财政关系。纵向财政关系是指上下级政府间的财政关系，包括中央政府与各级地方政府，以及地方政府上下级之间的关系。横向财政关系是指同级政府间的财政关系，比如同级的省（州、府、县）之间的关系，以及其他同级的地方政府之间的关系。斜向的财政关系是指不同级别的地方政府之间的财政关系，比如省与市（县、乡、镇）之间的财政关系。但是在学术研究和实践中，往往将斜向的财政关系纳入横向财政关系中。于是，政府间的财政关系一般分为纵向财政关系和横向财政关系两种。转移支付是政府间为了平衡财政关系而通过一定的形式或途径无偿转移财政资金的活动，主要用于政府基本公共服务支出，一般分为纵向转移支付和横向转移支付两种形式。横向转移支付是指地方政府（同级政府或不同级政府）之间为了平衡财政关系而通过一定的形式或途径无偿转移财政资金的活动。区域间横向转移支付则是不同的区域之间为了平衡财政关系而通过一定的形式或途径无偿转移财政资金的活动。这里的区域既可以是不同的行政区，也可以是由不同行政区组成的各类经济区、生态功能区等不同区域类型。这里的平衡财政关系包括使不同区域的人均可支配公共财政资金大体均衡，还包括利用公共财政资金为异地部分具有正外部化效应公共产品提供资金来源渠道的平衡关系。

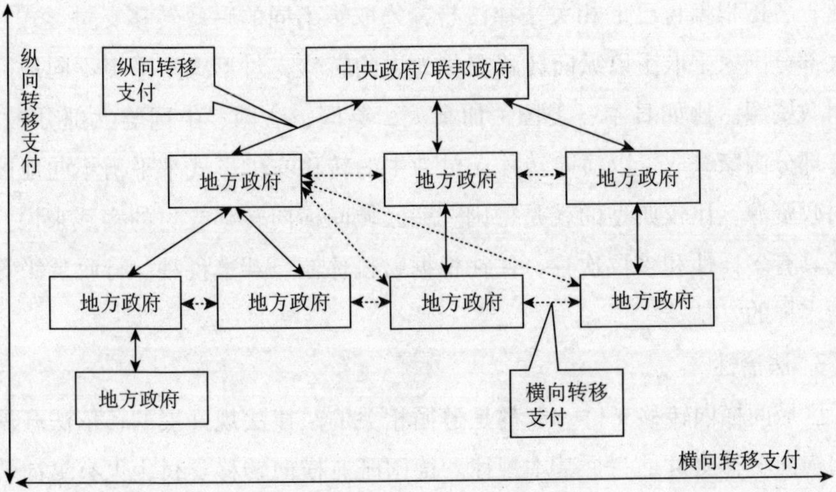

图1　横向转移支付和纵向转移支付示意图

（二）区域间横向转移支付的特点

区域间横向转移支付的主要目的是平衡不同区域之间的财政关系，它不同于区域间的经济合作行为，不是基于市场力量而建立的关系，而是通过区域间的政府或者根据上级政府指令或者根据相关法律法规而建立的一种财政关系。区域间横向转移支付具有如下特点。

1. 无偿性

区域间横向转移支付是一种政府间的财政资金平衡关系，是根据政府指令或者国家相关法律法规而开展的，具有无偿性的特点。无偿性的特点使区域间横向转移支付明显不同于区域间经济合作，区域间经济合作是基于市场的经济行为，市场是推进区域间经济合作的主要力量，而区域间横向转移支付是基于相关法律法规或政府指令的政府行为，相关法律法规和政府指令是推进区域间横向转移支付的主要力量。

2. 多样性

由于各国的财税体制不同，区域间横向转移支付的形式也十分多样。仅从理论上分析，区域间横向转移支付与纵向转移支付都能够发挥平衡区域间财政资源的作用，对于促进区域间基本公共服务均等化具有重要作用。在实践上，各国根据自己的相关法律法规，采取了不同的财政转移支付形式。其中大部分国家采取了以纵向转移支付为主的转移支付形式来平衡不同地区间的财政资源。比如日本、美国、加拿大、英国、法国、中国等大部分国家，也有部分国家采取了以横向转移支付为主的转移支付形式来平衡不同地区间的财政资源，比较典型的就是德国。就区域间横向转移支付的实践来说，其形式具有多样性和多层次性，往往根据财税体制、共享税种、行政层级等有复杂多样的安排。

3. 法治性

区域间横向转移支付一般都是遵循相关的法律法规开展的，依法开展区域间横向转移支付是一个基本规律。德国既有横向转移支付，也有纵向转移支付，而其横向（州际间）的财政均衡在世界各国的转移支付制度中很有特色，并具有典型性，德国的横向转移支付在整个转移支付体系中扮演着重要角色。它的法律基础是联邦《基本法》第 107 条，具体操作方法则在《税收分配法令》中做了规定。州际财政均衡资金主要来自两个部分：一是增值税由州分享份额的 1/4（增值税各州分享部分的 3/4 按每个州人口数量直接分配给各州）；二是财政较富裕的州按计算结果直接划拨的资金。德国《税收分配法令》规定，财政收入能力指数（代表财力供给）相当于财政平衡指数（代表财力需求）的比例在 102% ~110% 的州，要从其超过 102% 的部分中拿出 70% 的财力转移支付给财政困难的州；财政收入能力指数相当于财政平衡指数的比例在 110% 以上的州，则要将其收入超过 110% 的部分全部用于转移支付。

二、区域间横向转移支付的作用和意义

（一）平衡区域间财政资源

平衡区域间财政资源是区域间横向转移支付的最基本作用。由于区域发展过程中存在自然条件、资源禀赋、人口分布、发展历史、经济基础、区位条件、产业特点等诸多方面的差异，不同区域在经济社会发展领域会有较大差异，不同国家根据中央政府和地方政府的事权分工不同，其财税体制也各

不相同。但是，不论是在哪种体制下，地方政府仅仅依靠自身所获得的可支配财政收入往往不能满足其财政支出的需求，而且在没有二次平衡之前，不同区域之间的人均财政可支配收入往往存在较大差异。为了平衡区域间财政资源，不同的国家采取了不同的财政转移方式，有的采取以纵向转移支付为主的形式，有的采取以横向转移支付为主的形式，通过转移支付，使不同区域间的人均可支配财政收入大体均衡，以保障政府基本公共服务的大致均等化。平衡不同区域间的财政资源，是区域间横向转移支付最基本作用，也是区域间横向转移支付的主要目的。

（二）矫正区域间经济行为的外部性

在区域经济活动中，存在不同程度的外部性问题，有的是正的外部性，有的是负的外部性，而开展区域间横向转移支付，可在一定程度上矫正区域间经济行为的外部性，使其外部成本部分内部化。从经济学的角度来看，外部性的概念是由马歇尔和庇古在20世纪初提出的，是指一个经济主体（生产者或消费者）在自己的活动中对旁观者的福利产生了一种有利影响或不利影响，这种有利影响带来的利益（或者说收益）或不利影响带来的损失（或者说成本），都不是生产者或消费者本人所获得或承担的。比如地方的生态建设就具有明显的正的外部性。重点生态功能保护投入大量的资金和人力用于生态建设，而生态区域良好的生态环境有会对其周边毗邻地区甚至更大区域范围产生正的外部性。为了使这种正的外部性成本能够内部化，受益地区就要承担相应成本，而生态产品往往是公益性产品，可通过区域间横向转移支付来解决。再如污染的跨地区转移就具有明显的负外部性。这在行政区交界地区体现尤为明显，特别是在污水的跨行政区转移是一个比较普遍的现象。为了将这种负的外部性成本内部化，就需要污染地区向被污染地区支付治污成本，污染治理亦是一种公益性行为，可通过区域间横向转移支付来使这种负的外部性成本内部化。

（三）促进区域协调发展

在现实发展中，区域之间不是均质的，而是差异性很大的，通过区域间横向转移支付，使得区域间有着大致均衡的人均可支配财政资源，保障区域间政府基本公共大致均等化目标的实现，同时通过矫正区域间经济行为的外部化，可以促进区域协调健康发展。一是通过区域间横向转移支付，为区域发展提供均等化的机会。受区域发展区位条件、发展基础、资源禀赋、人口分布等诸多因素影响，区域发展的差异性很大，区域靠自身所获得的人均财力差异性也很大，需要通过区域间横向转移支付或其他转移支付来缓解巨大的区域间人均可支配财力差异，使得居住在不同区域的居民都能够获得相对公平的发展机会。二是通过区域间横向转移支付，确保生态保护区等特殊区域的协调健康发展。在整个国家，不同的区域承担着不同的历史使命。其中有的区域承担着生态保护的重要历史使命，而这些区域仅仅依靠生态保护很难达到全国平均人均可支配财力水平，而生态功能区又是周边毗邻地区甚至更大范围区域的生态屏障，是整个国家生态保护中不可或缺的重要组成部分，需要国家通过区域间横向转移支付或其他转移支付方式来为生态功能区等特殊类型地区提供相应的财政资金来源渠道，确保此类区域的人均可支配财力达到全国平均水平。

三、区域间横向转移支付理论模型

对于应该如何推进区域间横向转移支付，本文根据相关文献综述，从纯理论层面构建了两种区域间横向转移支付模型，一种是针对所有区域的区域间横向转移支付模型，另一种是针对特定区域的区域间横向转移支付模型。

在构建区域间横向转移支付理论模型的时候，有如下几个基本的前提假设，下属假设是为了进行相关推论而从纯理论角度设定的假设，与实际情况并不一定符合。

假设一：区域之间是异质的。这种异质性体现在如下几个方面，一是区域之间在经济社会发展方面是有差异的，二是按照相关的财税体制，区域间自身所获得的人均可支配财力是有差异的。上述差异性的存在，是开展区域间横向转移支付的基础。

假设二：有推进区域之间人均可支配财力均等化的要求。即从国家的角度，要求不同区域之间有大致均等化的人均可支配财力，或者要求不同区域之间有着大致均等化的政府基本公共服务，而这些政府基本公共服务是需要相应的财政资金做支撑的。上述要求往往是通过国家制定相关法律法规得到体现的。

假设三：有相对统一完善的财税制度。即整个国家有着相对统一的财政税收体制，全国有着相对统一的税收体制，在税种、税基、税赋设置上相对统一，中央政府与地方政府有着相对统一的分税体制。有相对完善的预算制度。

（一）针对所有区域的区域间横向转移支付模型

针对所有区域的区域间横向转移支付是指通过区域间的横向转移支付，使得所有区域间的政府公共服务能够保持在大致均衡的状态。在理论上分析，针对所有区域的区域间横向转移支付应该在均衡区域间财力方面发挥主导作用，并且是财政转移支付的主体。在针对所有区域的区域横向转移支付模型中，不同区域的财政收入通过税收分享或划分税种等方式分为两个部分，一是自留部分，二是转移出部分。比如可以将用于公共服务的主体税种作为区域间横向转移支付税种，或者按照税收分享的形式，使区域间横向转移支付在主要税种中占据较高的比重。之所以要使转移出部分财政资金保持较高的比重，是因为确保有足够的资金用于区域间横向转移支付中的再分配。用于横向转移支付的资金，可以统筹考虑不同区域的自留部分，根据不同区域的常住居民数计算，使不同区域的自留资金加上横向转移支付资金后的人均水平大体保持均衡。针对所有区域的区域间横向转移支付可以用数学公式表示如下。

$$\begin{cases} TFO_i = f(F_i) \\ TFI_i = P_i \dfrac{\sum TFO_i}{\sum P_i} \end{cases}$$

F_i 代表 i 区域的财政总收入；

P_i 代表 i 区域的常住人口；

TFO_i 代表 i 区域转移出去的财政资金；

TFI_i 代表 i 区域转移进来的财政资金。

如果采用简单的示意图，可以将针对所有区域的转移支付形象地表述如下。在这一过程中，中央政府可以作为一个特殊的区域参与横向转移支付，以确保中央政府的公共开支，亦可通过税收分成或者划分税种的形式获得中央政府所必需的财政收入。

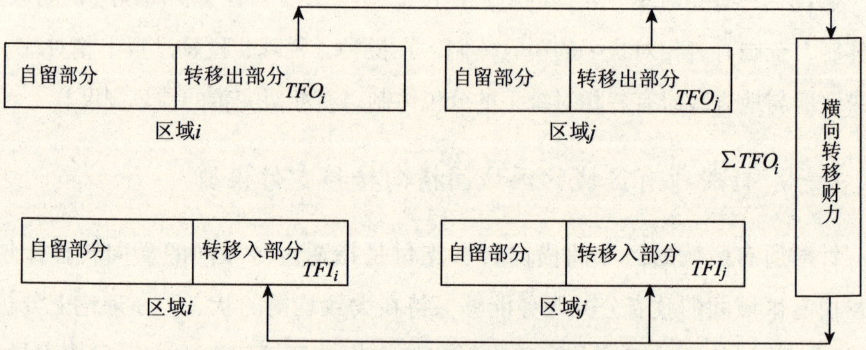

图2　针对所有区域的区域间横向转移支付模型

（二）针对特定区域的区域间横向转移支付模型

针对特定区域的区域间横向转移支付是指通过区域间横向转移支付，使特定区域主要是落后地区的人均可支配财力得到不同程度的改善。针对特定区域的区域间横向转移支付可分为两种情况。一种情况是通过区域间横向转移支付，矫正区域间部分成本外部化问题，比如生态建设的外部化、污染跨行政区转移的外部化、其他没有完全市场化产品（例如水权等）的外部化等。在当前，有些经济活动存在较大程度的外部化，既有正的外部化，也有负的外部化，而且从操作层面将这种外部化内部化还存在较大困难。在这种情况，可以针对具有相对密切联系的区域，推进区域间横向转移支付，通过区域间横向转移支付，将外部化成本部分内部化，促进区域间协调健康发展。比如生态建设，具有明显的、正的外部性。生态功能区毗邻地区可以享受到生态产品，但是这种生态产品的价值又很难市场化，而生态功能区由于要加强生态保护，其自身经济发展受到一定限制，往往是经济落后地区，地方自身人均可支配财力往往低于落后地区和周边毗邻地区，生态功能区要实现政府基本公共服务均等化，需要来自外部的帮助，在这种情况下，可以通过区域间横向转移支付，在一定程度上解决生态产品成本外部化问题，为生态功能区生态建设和基本公共服务开拓资金来源渠道。另一种情况是通过区域间横向转移支付，解决特殊困难地区人均可支配财力过低问题。由于受自然条件、区位条件、经济基础等因素限制，往往每个国家都有一些地区的发展长期滞后，基本公共服务仅仅依靠自身财力很难解决，需要上级政府或其他地区提供援助，针对这种情况，可以在人均财力最高的地区和人均财力最低的地区间开展区域间横向转移支付，缓解区域间人均可支配财力差距过大的问题。

针对矫正区域间成本外部化的区域间横向转移支付，可以用数学公式表示如下。

$$\begin{cases} STFO_i = f(SF_i) \\ STFI_i = SP_i \dfrac{\sum STFO_i}{\sum SP_i} \end{cases}$$

SF_i 代表特定 i 区域的财政总收入；

SP_i 代表特定 i 区域的常住人口；

$STFO_i$ 代表特定 i 区域转移出去的财政资金；

$STFI_i$ 代表特定 i 区域转移进来的财政资金。

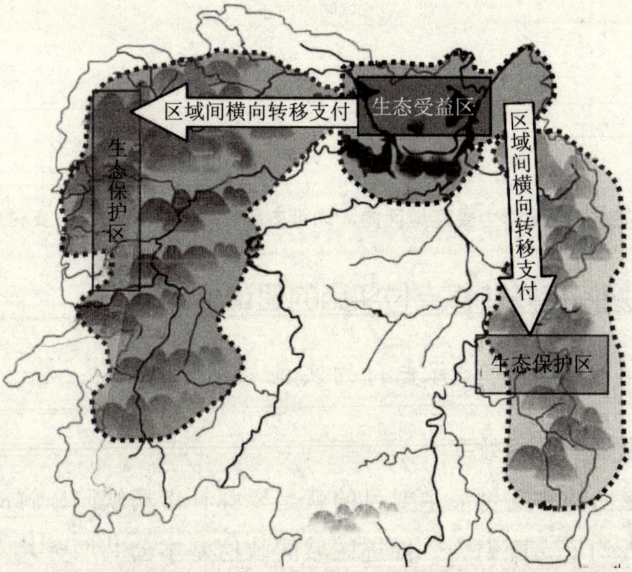

图3　生态受益区与生态保护区之间的横向转移支付示意图

针对特殊困难地区的区域间横向转移支付，可以选择人均可支配财力最高的几个地区以及相应的人均可支配财力最低的几个地区，形成最高的向最低的横向转移支付、次高的向次低的横向转移支付格局，具体转移支付规模可以根据人均可支配财力高出或低于全国平均人均可支配财力状况确定。针对特殊困难地区的区域间横向转移支付用数学公式表示如下。

$$\begin{cases} TR_i = f(F_i - \overline{F}) \\ STFO_i = STFI_j = f(F_i) \end{cases}$$

TR_i 代表需要选定的特定 i 区域；

F_i 代表 i 区域的财政总收入；

$\overline{F}$代表全国的人均区域财政收入；

$STFO_i$ 代表特定 i 区域转移出去的财政资金；

$STFI_j$ 代表特定 j 区域转移进来的财政资金。

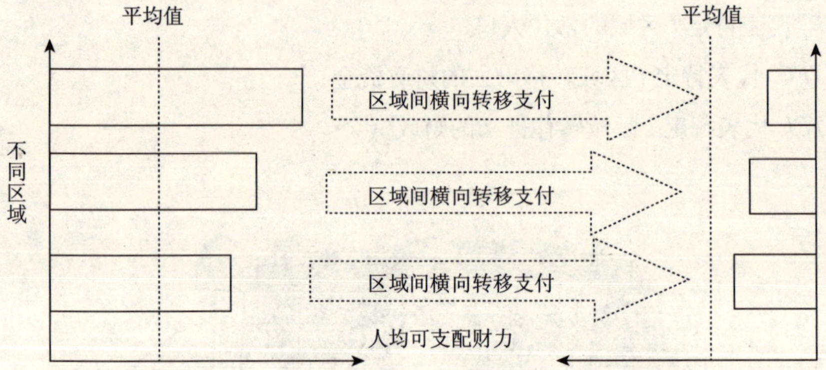

图 4　人均可支配财力最高地区向人均可支配最低区域横向转移支付示意图

四、区域间横向转移支付实施的理论分析

（一）区域间横向转移支付的实施原则

1. 公平优先，兼顾效率

区域间横向转移支付最主要目的就是要弥补市场缺陷，解决社会公平，平衡地区间人均可支配财力，促进区域间政府基本公共服务均等化，因此，公平原则是第一原则。市场配置资源具有高效率的特点，但是如果仅仅依靠

市场的力量，很难解决区域间基本公共服务均等化问题，会导致区域之间经济发展和社会发展差距不断拉大，不仅影响全国的持续健康发展，而且影响社会公平和社会稳定，实施区域间横向转移支付，主要目的就是要解决社会发展领域的不公平问题。其次，在坚持公平优先的前提下，要兼顾效率。各区域人均可支配财力的普遍提高，要基于整个国家国民福利的最大化，只有这样，各区域才能依托最大化的国民福利，做出相对公平的分配。因此，在实施区域间横向转移支付的时候，切忌搞绝对平均，挫伤人均可支配财力高的地区的发展积极性。要充分调动地方的积极性，使经济效率高的区域在实际上能获得较多的人均可支配财力。

2. 立法优先，规范运作

区域间横向转移支付是将“取之于民”的财政资金“用之于民”的过程，是国家财政税收体制中的重要组成部分，是关系国计民生的头等大事，需要相应的法律法规做保障。从世界上很多国家的实践来看，不论是采用纵向转移支付还是采用横向转移支付，往往都会有专门针对财政转移支付的法律法规，而且往往还有相应的实施细则，对如何开展转移支付具有明确的要求，并有具体的实施细则可以遵守，防止了转移支付中的过度随意性和不确定性。规范化要求转移支付的计算方法要以法律形式确定，一经确定不能随意更改。规范化要求在转移支付的实施过程中力求客观，排除任何人为因素的影响，同时还要求转移支付的有关数字必须精心设计、反复测算、真实可靠。采用区域间横向转移支付体制的国家，要通过立法，将区域间横向转移支付作为财政体制的一部分，形成财政法规的一种，全国上下必须严格执行、严格遵循法定审批程序。

3. 遵循传统，不断完善

从转移支付的实践来看，世界上很多国家往往都是采取多种转移支付方式，有的是以纵向转移支付为主，有的是以横向转移支付为主。是否要采用区域间横向转移支付这一转移支付方式，要充分遵循不同国家的财政转移传统，因为财政转移支付制度的调整，是一个十分浩大的工程，需要法律法规、组织机构、舆论等一系列的保障。短期内完全摒弃传统的财政转移支付制度，新建一种财政转移支付制度在实践上是非常困难的，甚至是不可行的。区域间横向转移支付和纵向转移支付各有其特点，一个国家具体要采取哪一种财政转移方式，关键还是依据这个国家的传统财政习惯。因为不论是纵向财政转移支付还是横向转移支付，只要设计合理，都可以达到均衡区域间人均可支配财力的作用。像其他财政转移支付制度一样，区域间横向转移支付也需要一个逐步完善的过程，在转移支付制度的总体目标设定、具体操作细则、计算方法的采用等方面，都要尽量体现这种渐进性。

（二）区域间横向转移支付实施步骤

从相关的文献综述和转移支付实践来看，要实施区域间横向转移支付，首先要对转移支付实施立法，明确区域间横向转移支付在整个转移支付乃至整个财政体系中的地位和作用，这是实施区域间横向转移支付非常重要的前提。有了立法，区域间横向转移支付才能做到依法行使，具有严肃性和权威性。其次，要出台相应的实施细则。因为区域间横向转移支付对区域间的人均可支配财力有着非常重要影响，是社会资源的一种重新分配，影响相关地区的切身利益，因此，需要有相关的实施细则，以免在实施过程中受到过多的人为干扰，影响区域间横向转移支付实施的规范性、公正性和科学性。要注意收集、梳理和分析区域间横向转移支付在实施过程中的各种反馈信息，以便对相关的法律和实施细则进行相关调整，使区域间横向转移支付不断完善。

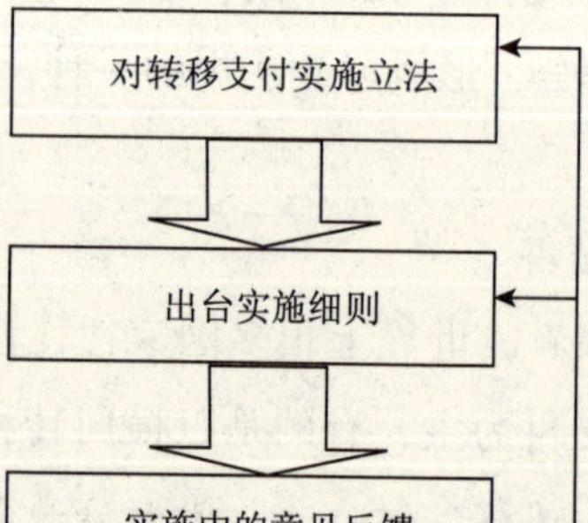

图5　区域间横向转移支付实施步骤示意图

五、我国区域间横向转移支付实践和今后设想

中国是在1994年实现分税制改革以后，才逐步建立起相对规范的财政转移支付制度，并且是以纵向转移支付为主。到目前为止，我国还没有严格意义上的区域间横向转移支付，但是，我国很早就开展对口支援，在一定程度上具有区域间横向转移支付的特点，可以从广义上理解为区域间横向转移支付的实践。推进我国区域间横向转移支付，主要是要对我国目前已经存在的各种具有区域间横向转移支付的实践进一步规范化。

（一）我国具有区域间横向转移支付特点的实践

为了更好地了解中国具有区域间横向转移支付特点的实践，课题组在2012年7—9月，选择贵州省册亨县、湖北省十堰市作为重点调研地区，另外，利用参与《三峡库区对口支援合作规划纲要（2013—2020年）》编制工作的契机，深入了解全国三峡库区对口支援的发展情况。从调研情况看，除了三峡库区对口支援是全国性的工作外，册亨和十堰两地的财政转移支付各有侧重点。册亨县作为西部落后的贫困山区，以接受中央一般性财政转移支付和专项转移支付为主，以接受其他地方横向援助为必要补充。十堰市在纵向转移支付上没有突出的地域性特征，在横向转移支付上则主要以参与对口支援四川省汉源县灾后重建和支援新疆建设为主（见表1）。

表1　调研地区财政支付关系的基本情况

地区	册亨县	十堰市	三峡库区
中央财政纵向转移支付	转入	转入	转入
横向财政转移支付	转入（对口帮扶）	转出（援川、援疆）	转入

1. 具有很强的国家政治性和政策指导性

此次调研基本涉及了目前我国对口支援的主要案例（见表2）。从各地反映看，支援方都带着强烈的历史责任感和国家大局意识，无不把对口支援当

做重大和光荣的政治任务来完成。与此同时，中央出台了一系列的实施规划、指导意见及政策文件来指导各地区援助工作；在各省市区内部，也采取同样的方式给下级政府部署对口支援任务。可见，“自上而下”的政策安排和工作指导是对口支援工作的显著特点。

在三峡库区支援工作上，国务院先后出台了一系列文件。早在1992年3月，发布《关于开展对三峡工程库区移民工作对口支援的通知》（国发办［1992］14号），要求广东等16个省市对三峡移民工作进行对口支援。1994年，以国办发［1994］158号文，即国务院三峡工程建设委员会移民开发局《关于深入开展对口支援三峡工程库区移民工作意见的报告》确定了国家50多个部委、21个省市自治区、10个计划单列市对口支援三峡库区。“十一五”时期，又批准了《全国对口支援三峡库区移民工作五年（2008—2012年）规划纲要》（国函［2008］21号），明确对口支援工作的指导思想、基本原则和目标任务。

在援疆近期工作上，2010年5月中央新疆工作会议决定，从2011年起19个省市人才、技术、管理、资金等全方位对口援疆，成为我国历年来支援地域最广、资金投入最大、援助领域最全面的一次对口支援。其中，十堰市，在“十二五”规划期间，就明确计划援疆资金为600万元，主要用于民生项目。

在支援西部落后地区工作上，早在1994年国务院就制定了《国家八七扶贫攻坚计划》，提出沿海较为发达的省市对口帮助西部的一两个贫困省、区发展经济。1996年国务院在《关于组织经济较发达地区与经济欠发达地区开展扶贫协作报告》中正式部署了关于东部9个省市和4个计划单列市对口帮扶西部10个省、区的安排。2001年，《关于实施西部大开发若干政策措施的通知》再次明确指出“推进地区协作与东西部的对口支援”。宁波市，根据中央文件精神，对口支援黔西南布依族苗族自治州，册亨县即在其中。

在援助突发灾害区上，2008年汶川地震后，中央制定了《汶川地震灾后恢复重建对口支援方案》（国办发［2008］253号），中央统筹协调，组织东部和中部地区19个省（市）对口支援四川省18个县（市）和甘肃省、陕西省受灾严重地区；按照“一省帮一重灾县”的原则，依据支援方经济能力和受援方灾情程度，合理配置力量，建立对口支援机制。在这一背景下，十堰市根据湖北省委、省政府部署，2008 年 7 月接受了对口支援四川省汉源县灾后重建任务，共计 5125.22 万元，主要用于水利设施、教学楼及计生站的援建。

表 2　我国对口支援工作的主要方面

类别	调研地区对接工作	时效
援藏援疆等工作	十堰市接受援疆工作	长期性
支援三峡库区	全国性援助工作①	长期性
支援西部落后地区	册亨县为受援方（宁波市为支援方）	长期性
援助突发灾害区	十堰市接受援川灾后重建工作	临时应急性

2. 以财政划拨支付为主并附有多样援助

从对口支援的形式看，除了以直接拨付财政资金援助外，还通过其他多种形式开展帮扶工作。在十堰市援疆工作上，根据财政预算安排，“十二五”期间 600 万的援助资金采取“交支票”的方式直接拨付给 86 团，具体项目由 86 兵团实施建设。与此配套的，还有更多方式的援助工作。一是帮助兵团策划、筛选建设项目，建立项目库；二是加强教师和医护等行业人员交流，不但委派十堰优秀的在岗人员到兵团挂职帮扶，还积极接受 86 兵团在岗人员来十堰学习和交流；三是帮助招商引资，推介十堰或其他地区的优势企业到兵团投资。在援川工作中，十堰市曾安排现金形式的慰问费以及慰问棉被等实物形式，同时辅以交谈予以精神慰藉。可见，对口支援在援助方式上具有多样性特点，相比单一的财政转移支付，这种“开发式、开放式”的灵活扶助，优势明显，效果更好。

3. 有效弥补中央纵向财政转移支付不足

对于受援区，对口支援帮扶的资金客观上成为中央财政纵向转移支付的必要补充。就三峡库区对口支援看，对口支援工作贡献较大，有效减轻了中央的财政压力。从工程量上看，三峡工程淹没陆域面积 632 平方公里，涉及

① 全国性支援三峡库区，其中支援方包括 20 个省（区、市）、10 个大城市，50 多个国家有关部门和单位；受援方包括湖北省宜昌市夷陵区、秭归县、兴山县，恩施自治州巴东县；重庆市巫山县、巫溪县、奉节县、云阳县、万州区、开县、忠县、石柱县、丰都县、涪陵区、武隆县、长寿区、渝北区、巴南区、江津市，共计 19 个县（市、区）。

湖北省、重庆市的20个县（市、区），搬迁安置人口逾百万，移民补偿投资达400亿元（1993年5月末价格）。从引入资金上看，总体上连年增加（见图6），仅2002—2011年对口支援引入三峡库区的资金达到974.98亿元，其中公益类项目资金29.66亿元，占总额的3%，经济建设类项目资金945.32亿元，占总额的97%，较大程度上减轻了重要财政负担，同时又对库区发展给予了莫大的帮助，特别是从支援工作安排侧重上，除了保障基本公共服务之外，把更多的精力用于产业扶持和经济建设，这对于库区持续发展意义重大。

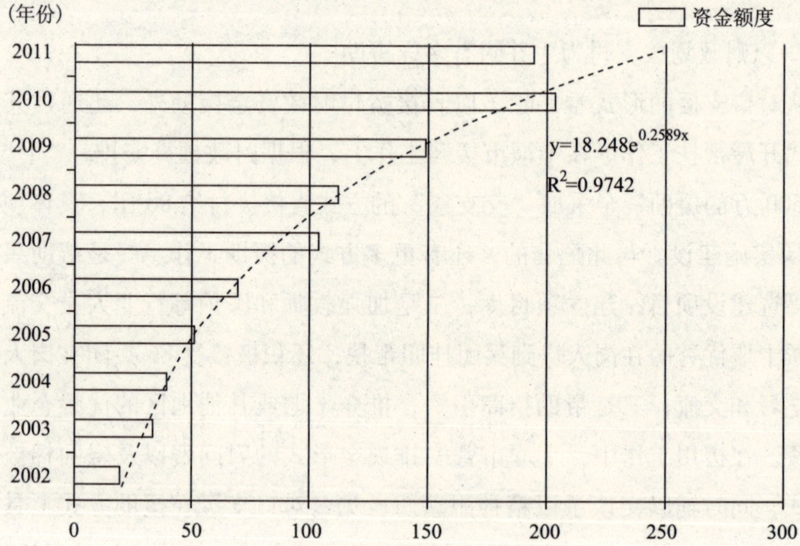

图6　全国对口支援三峡库区资金情况（2002—2011年）

另外，对灾区援助工作上，对口支援充分体现了社会主义制度的优越性和工作开展上的灵活性。一方面，我国的巨灾保险滞后，一旦发生强震、大规模泥石流、强台风等自然灾害，受灾区很难通过社会化的保险体系获得有效救助进行灾后重建，只能依靠财政救助和社会救助；另一方面，自然灾害是突发性的，灾害大小无法预测，国家中央财政预算很难做到有效预留。因此，各种方式的对灾区支援工作能有效弥补中央财政转移支付在应对灾害的不足。

4. 开放式的对口支援具有多重积极效应

就十堰市援疆工作来看，对口支援工作意义重大。首先，通过民生工程资金援助，有利于促进当地基本公共服务水平的提高，具有民生效应。其次，招商引资和企业项目推介的援助，有利于促进当地产业结构调整与升级，具有经济带动效应。再者，有利于加深两地人民的感情，促进社会和谐。根据十堰参与援疆工作的同志介绍，除了财政和单位支付一定的资金用于对口援助之外，他们自己有时候也会用自己的工资贴用于因对口支援工作增加的额外支出。例如，陪同兵团来十堰学习的同事参观湖北省一些景区、品尝湖北的特色小吃等。虽然，这种开支是工作之外的，但是从社会交流和人情往来看，又非常有必要，既能进一步帮助交流人员了解十堰当地的文化和特色风情，还能增加工作友情，为更长期的帮扶、交流奠定感情基础。显然，通过对口支援，支援方与受援方之间建立了深厚友谊，促进了民族团结与社会和谐。

（二）我国区域间横向转移支付实践存在问题和现实需求

根据调研得到的基础数据和谈话内容，可以发现，现阶段中央财政转移支付制度存在不足，特别是对区域发展带来新的不平衡。与此同时，中国特色的横向转移支付靠政治性任务下达也存在不健全之处。总体上，从现实需求看，横向转移支付机制需进一步完善。

1. 中央财政转移支付促进区域平衡存在困境

首先，按照保护地方政府既得利益的思路，中央政府从分税制改革中集中起来的收入，绝大部分仍需按基数返还给地方；这样，经济发展越快的地区得到的税收返还越多。从调研来看，作为山区农业小县，册亨的税收返还空间就很小。一般地说，工业发展对税收贡献较大，但是册亨工业刚刚起步，目前全县工业企业只有 68 户，规模以上工业 17 户，占企业总数的 25%。工业企业总体呈现“数量少、规模小、技术含量低、分布散”的特征，短期内很难成为支撑地区经济的支柱；从 2004—2011 年，工业生产总值占地区生产总值比重看，从未超过 10%（见图 7），仅税收返还则会进一步加大册亨与其他地区差距。

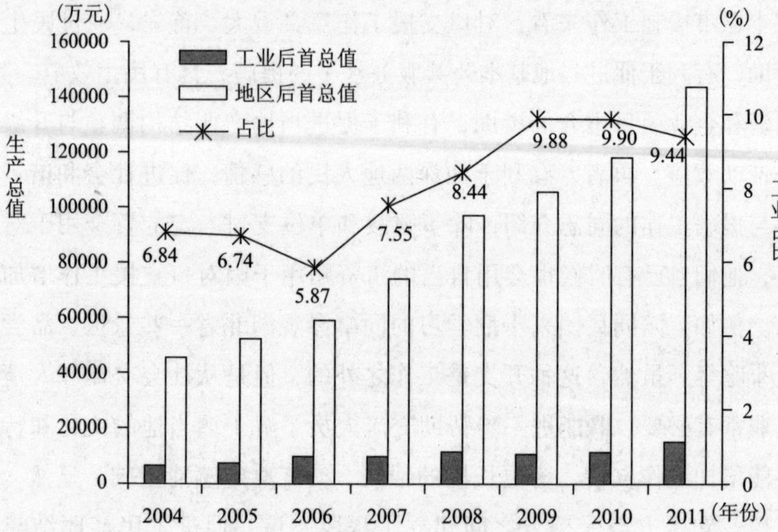

图7　册亨县工业生产规模现状

另外，册亨县各部门普遍反映，中央财政下拨下来的专项资金，要求相当部分地方给予财政配套，一部分省、州给予配套，但是从册亨县的财政能力看，基本没有配套能力。从客观上看，这些专项资金的配套要求，对地方财政构成了很大压力，很多情况下已经超出了基层财政的承受能力。

2. 现行政治任务性的对口支援部分力度不够

对于落后贫困地区，发展面临诸多困难，力度不大的横向财政转移仅能解决燃眉之急，不能帮助根本改变落后状况。同样，在册亨县调研发现，除了中央财政转移支付之外，贵州省对册亨县的帮扶工作力度也较大，但这些都属于纵向转移支付。而在横向对口支援方面，一直以来主要依靠宁波市（江北区）给予帮扶，财政资金上每年转移支付几十万不等。虽然，册亨当地群众对宁波市的帮扶工作表示感谢。但是，客观上，这种单一地区、较少资金的对口支援对于落后地区发展犹如杯水车薪。因此，对于典型的落后地区，需要进一步探索帮扶模式，争取“多对一”和“多元互补”相结合的援助。

3. 贫困落后地区财政控制力弱急需更多援助

贫困地区财政控制力有限，需要投资建设的资金缺口大。从册亨县的财政收支情况看，财政总收入从2007年的0.54亿元增加到2011年的1.82亿元，增加了1.28亿元，年均增长约32%，增速较快；地方性财政收入从2007年的0.30亿元增加到2011年的0.84亿元，虽然增加了0.54亿元、年均增长约13.5%，但是显然多年来地方政府可支配的财政收入尚未过亿元，非常有限。从收入支出差看，从2007年-2.40亿元扩大到-7.71亿元，可见来自中央的转移支付越来越大（见图8）。然而，这一力度的财政支出，依然远远达不到地区各项建设与发展的需求，特别农林和交通基础设施建设任务很重。

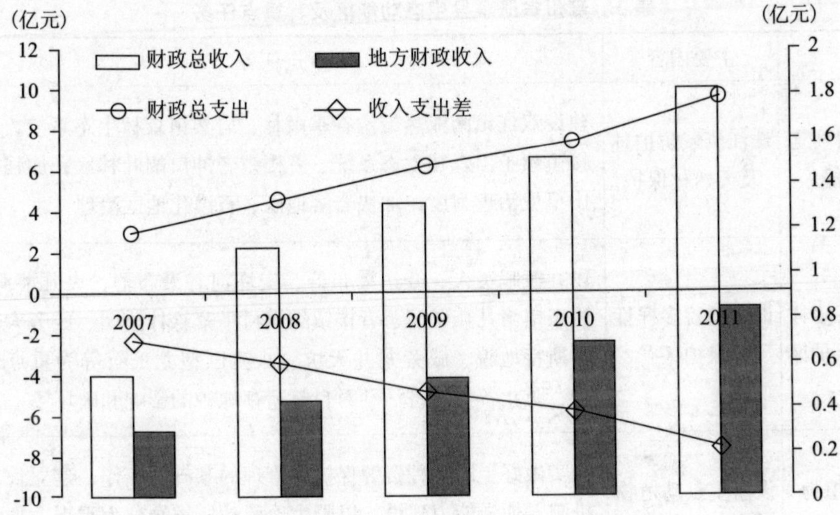

图8　册亨县财政收支情况（2007—2011年）

册亨产业发展基础薄弱、经济规模偏小，发展面临压力很大。土地制约严重，基础设施滞后，境内主干道网络尚未形成，公路建设历史欠账较多，水利设施薄弱且严重老化，电力和通信设施落后。信息网未覆盖到村。全县唯一仅有的21.96平方公里工业园区，不仅零星片状分本，而且尚处于初建期，道路、供水、供电、供气、交通、通信、网络、绿化等未完成，招商引资难度较大。另外，教育、医疗、文化等社会事业发展滞后，公共服务体系不健全，就业和社会保障压力加大，居民收入增长缓慢。可见，在促进区域协调发展、构建和谐社会的时代背景下，像册亨县这样西部地区典型的落后山区县，迫切需要来自中央以及其他地区更多的财政转移援助。

4. 生态保护区需要横向财政转移支付支持

从调研地区情况看，册亨和十堰都肩负着重大的生态保护或建设任务，目前还没有来自其他生态受益区给予生态补偿方面资金。册亨是国家重点生态功能区县，由于珠江上游两大支流南、北盘江在县境内交汇，肩负着建设珠江流域重要生态安全屏障的任务；同时也是我国西南地区重要的生物资源宝库，生态保护和建设意义重大，任务艰巨（见表3）。为此，从生态补偿的角度看，珠江下游地区有必要给予册亨县一定额度的生态性财政横向转移支付。

表3　贵州省册亨县生态功能区及其重点任务

主要内容		重点任务
森林生态功能区	珠江流域防护林及天然林保护	建设双江镇南亚热带沟谷季雨林、岩架镇森林生态系统、者楼镇赖子山森林生态系统、者楼镇者冲口阔叶林区；加强草山草坡治理力度，加快岩溶地区、石漠化地区治理
地貌多样性保护区	设立地貌多样性保护区	以冗渡睡美人、夯达瀑布群、庆坪河谷瀑布群、央凡溶洞、岩架镇洛凡燕子洞、者楼镇红旗村平寨森林公园、威旁大寨喀斯特地貌、威旁龙井天坑、八渡巨型龙王石等为重点保护，防止各类经济活动对自然遗存地貌的影响和破坏
动植物保护区	设立重点动植物物种保护区	扎实做好生物物种资源保护和管理的基础性工作，建立长效机制，加强能力建设；以野生珍稀动植物物种为重点，加强自然保护区管理，完善生物多样性保护体系
水源涵养保护区	南北盘江及支流水源保护	小型水利水保工程；者楼河、庆坪河、弼佑河、秧坝河、板坝河、乃言河、板其河、者告河防洪及河道综合治理工程

注：仅“十二五”期间，按计划就需要投资23.9845亿元用于生态建设和保护工作任务，任务较重。

十堰市辖内的丹江口市（县级市）属于南水北调中线工程的核心水源区，为保障水源质量，库区的生态环境建设和保护工作任务多、要求高，在这一过程中也不可避免地牺牲部分经济建设项目建设来换取水源质量的保护。调研座谈中，当地政府部门代表也提及相关要求。从优化区域资源配置和平衡区域发展的角度看，今后可探索建立南水北调工程沿线水源受益地区对丹江口水库库区及上游地区的横向财政转移支付。

（三）完善有中国特色的区域间横向转移支付体系

目前，我国横向转移支付的实践主要围绕以下几个领域展开，巨大自然灾害灾后恢复重建和突发事故救助、资源开发与生态环境补偿、民族团结和民族文化保护等相关领域。完善有中国特色的横向转移支付内容体系，要很好地围绕我国传统的横向转移支付实践，不断规范和丰富内容。应根据“责任共担、成果共享”的原则，构建有中国特色的横向财政转移支付的架构体系、运行模式和组织体系。比如，对于巨大自然灾害灾后恢复重建和突发事故救助、资源开发与生态环境补偿，要按照责任共担的原则开展横向转移支付工作，对于民族团结和民族文化保护，则要按照成果共享的原则开展横向转移支付工作。

1. 建立区域间横向转移支付的制度或法理依据

作为区域间横向转移支付主要形式的对口支援和生态补偿，目前还没有制度性或法理性依据，尤其是对口支援，往往是作为政治任务下达。对于为何要开展区域间横向转移支付，目前还主要限于理论研究层面，主要有共同致富论、民族团结论、生态补偿论、权力均等论、自然灾害论等不同的依据，但在实践层面缺乏制度性或法理性依据。因此，要加快建立区域间横向转移支付的制度甚至法理依据，只有这样，才能使得我国区域间横向转移支付由政治任务逐步演变为一种制度化的经常性财政行为，才能使得区域间横向转移支付在实践操作过程中做到有法可循或有规可依。

2. 完善有中国特色的区域间横向转移支付内容体系

目前，我国区域间横向转移支付的实践主要围绕以下几个领域展开：巨大自然灾害灾后恢复重建和突发事故救助、资源开发与生态环境补偿、民族团结和民族文化保护等相关领域。完善有中国特色的区域间横向转移支付内容体系，要很好地围绕我国传统的区域间横向转移支付实践，不断规范和丰富内容。应根据“责任共担、成果共享”的原则，构建有中国特色的区域间横向财政转移支付的架构体系、运行模式和组织体系。比如，对于巨大自然灾害灾后恢复重建和突发事故救助、资源开发与生态环境补偿，要按照责任共担的原则开展区域间横向转移支付工作，对于民族团结和民族文化保护，则要按照成果共享的原则开展区域间横向转移支付工作。

3. 合理确定区域间横向转移支付标准

对于区域间横向转移支付实践，目前有定量和定性两种标准，其中定量标准一般按照不低于上一年度财政收入1%确定，定性标准则对横向转移支付规模没有定量要求，具体规模往往由支援方和受援方双方友好商榷后确定，而且呈现逐年有所增长的态势。在区域间横向转移支付实践中，有定量要求的区域间横向转移支付更容易操作，因为有中央政府或者上级政府的定量要求，支援方很容易将其纳入当地的财政预算，区域间横向转移的资金来源渠道非常明确。而定性的区域间横向转移支付，则在操作层面面临诸多困难，特别是在纳入当地财政预算之中时，则面临很大困难。在我国预算制度日益规范的背景下，区域间横向转移支付标准也应该日益规范化，要在纵向转移支付的大背景下，根据灾后恢复重建的资金需求、生态价值或生态足迹、人均财力等诸多方面综合考虑区域间横向转移支付的标准，既不过度增加支援方的负担，又能满足受援方的合理诉求，使区域间横向转移支付成为纵向转移支付的有益补充。

4. 探索有效的区域间横向转移支付绩效考评体系

区域间横向转移支付在当前既是一项重要的政治任务，又是发达地区对落后地区（灾区、生态功能区）的人文关怀，因此，有中国特色的区域间横向财政转移支付绩效考核体系必须既体现公平，又兼顾效率；既体现政治意图，又遵循经济规律；既着眼于受援地，又兼顾于支援地。目前对区域间横向转移支付的对口支援工作的绩效考核评价往往是以“交钥匙”、“开支票”等实物量为标准考核，而对于这部分资金使用的是否有效，是否使用到恰当的领域，往往缺乏针对性的绩效评价和政绩考核。探索有效的区域间横向转移支付绩效考评体系，一方面要体现对支援方的激励性考核，即考核转移支付的规模和质量，并出台相应的激励性政策；另一方面要体现对受援方有效使用横向转移资金的约束性考核，确保区域间横向转移资金能够在受援方的合适领域得到高效利用。

参考文献

[1] 王恩奉．建立横向财政转移支付制度研究［J］．改革，2003（1）．

[2] 张立军．横向财政转移支付制度国内研究文献综述［J］．科技向导，2011（30）．

[3] 姚原．关于我国建立横向转移支付制度的探讨［J］．财金研究，2010（9）．

[4] 杜振华，焦玉良．建立横向转移支付制度实现生态补偿［J］．宏观经济研究，2004（9）．

[5] 钟晓敏，岳 瑛．论财政纵向转移支付与横向转支付制度的结合［J］．地方财政研究，2009（5）．

[6] 郑雪梅．生态转移支付——基于生态补偿的横向转移支付制度［J］．环境经济杂志，2006（7）．

[7] 高琳．我国建立横向财政转移支付制度的一个模式［J］．地方财政研究，2008（7）．

[8] 王磊．转移支付制度国内研究文献综述［J］．山东工商学院学报，2007（2）．

[9] 贾若祥．区际经济利益关系研究［J］．宏观经济管理，2012（7）．

[10] 贾若祥．实施主体功能区战略下的区域发展模式转变研究［J］．中国经贸导刊，2012（11）．

[11] 贾若祥．“十二五”时期我国区域发展新理念和新格局［J］．中国中小企业，2011（6）．

[12] 廖红丰，马玲．横向财政转移支付的合作博弈分析［J］．郑州经济管理干部学院学报，2005（2）．

Research on Regional Horizontal Fiscal Transfer Payments

Jia Ruoxiang

(Institute of Spatial Planning and Regional Economy, National Development and Reform Commission, Beijing 100038, China)

Abstract: Based on the literature review, the concept, characteristics significance of regional fiscal transfer payments are analyzed in this research. Regional fiscal transfer payment is a kind of fiscal arrangement among different regions in order to balance regional fiscal power by certain ways without profit. The regional horizontal fiscal transfer payment bears the following characteristics, no - profit, diversify, and logistics. The regional horizontal fiscal transfer payment plays the role in the field of regional fiscal power balance, internalization of economic externalities, and regional coordinated development. Two theoretical regional fiscal transfer payment models are established including general theoretical regional fiscal transfer payment model and theoretical regional fiscal transfer payment targeting certain areas. The corresponding fiscal transfer payment models are also analyzed. Based on the above theoretical analysis, the regional fiscal transfer payment practice is analyzed. The characteristics, the problems and the trend of regional fiscal transfer payment practice are probed.

Keywords: horizontal fiscal transfer; regional coordinated development; theoretical model of horizontal fiscal transfer; regional policies

中国经济“点—轴”的演变及引申：“六五”—“十二五”*

张贡生*

摘　要：20世纪后20年，中国经济增长“点—轴”基本上沿着经济区→经济区网络和城市网络→基地+新型乡镇+经济技术开发区、沿海开放城市和开放地带→经济区域、综合型经济带、综合经济圈、外向型经济区、新的经济带→“以线串点，以点带面”、“承东启西、纵贯南北”、积极培育新的经济增长点和经济带的路径而演化。进入21世纪之后，围绕“三纵两横”的轴线，加快新城市群建设和更具特色的经济区建设，成为区域经济协调发展的主线。为进一步加快区域经济发展，今后在点—轴建设方面，一是应对区域板块给予重新划分；二是应尽快建立经济区域城市群政府联盟组织机构，认真落实相关规划；三是打通“断头路”。

关键词：五年规划　经济区　城市群　经济带　经济增长极

* 国家社会科学基金项目“基于空间优化的产业转移与区域经济协调发展研究”（批准号：11CJL059）的阶段性成果之一。

* 张贡生（1963—），男，山西襄汾人，兰州商学院教授、硕士研究生导师。研究方向：区域与城市经济。

改革开放以来，中国经济之所以能够取得令世人瞩目的成就，除了邓小平同志倡导的“一心一意搞经济建设”和“和平的国际环境”之外，最根本的一点就是政府决策层根据资源禀赋条件和市场经济变化的规律对经济增长极点和轴线的选择。对此，给予系统的梳理，不仅有助于深化理论研究，而且有助于指导区域经济协调发展，进而实现国民经济又好又快的发展。

一、经济增长“点—轴”的内涵与外延

关于“点—轴开发”，陆大道先生（1986）曾经指出，是指“在全国或地区范围内，确定若干等级的具有有利发展条件的线状基础设施轴线，对轴线地带的若干个点——中心城市给予重点发展。”[1] 这里的“点”主要是指各级居民点和中心城市；相对于“点”的“轴”则是指由交通、通信干线和能源、水源通道连接起来的“基础设施束”。毫无疑问，“轴”对附近区域具有很强的经济吸引力和凝聚力。与此相伴随，轴线上集中的各种设施通过产品、信息、技术、资本流动等，对附近区域具有强大的扩散和辐射作用[2]。伴随着区域经济的发展，“点—轴”必然发展到“点—轴—集聚区”。事实上，“集聚区”也是“点”，是规模和对外作用力更大的“点”。在此基础上形成的“发展轴”可能具有不同的结构与类型。[3]

在此基础上，贺有利、张仁陟（2007）进一步指出，“点”的作用相对于“轴”的作用是主要的，“点”相对于“轴”更加突出。“点”的相互沟通形成互通的交通网和信息网络，从而形成了点轴密集的“群”。点轴群理论是在点状和轴状增长极的基础上，增加了生产力分布的新形态——群。实质上是增加了群状增长极。该理论认为，一个国家或地区的经济发展按照点状增长极，再到点状和轴状增长极，最后到点状、轴状和群状增长极的模式发展，呈现点、点轴、点轴群的发展规律和点、轴、群的空间布局特点。“点轴群”是生产力空间分布形态不同的三种经济增长极。在“点轴群”三种形态的经济增长极中，由于集聚效应和辐射效应，“群”往往成为最主要的增长极，并成为主要的发展力量，甚至成为一个国家或者地区乃至全球增长和发展的“引擎”。

相对于“点轴群”的是“面”。这里的“面”，是指一个国家或地区甚至全球。“点轴群”中的“点”是相对“面”来讲的，是相对于国家或地区甚至全球来讲的“点”。“点”一般表现为城镇，不仅包括特大城市，而且还包括村镇、工矿点。“轴”是相对于“面”来讲的，是相对于国家或地区甚至全球来讲的“轴”，“轴”实质上是“点”的带状集合，是特殊形状的“点”。“点轴群”中的“轴”不仅是指点之间的连通，而且包括“点”的带状集合形成的“经济带”、“城市带”，“轴”一般表现为沿海地带、沿江地带和沿交通线地带。总之，“带状”经济的分布就是“轴”，带状的增长极就是轴。“点轴群”中的“群”是相对“面”来讲的，是相对于国家或地区甚至全球来讲的“群”，是相对于“点”和“轴”来讲的“群”，是点和轴的密集集合，是特殊形状的“点”，是特殊形状的“轴”。总之，“群状经济”的分布就是“群”，“群状”的增长极就是“群”。“群”一般表现为“城市群”。[4]

综上所述，区域经济增长的极点可能表现为微小的星状状态——比如农村集贸市场的形成；但也可能表现为“集聚区”——比如义乌小商品市场聚集区，永康五金交电聚集区；或者经济区——比如成渝经济区、南贵昆经济区、大都市圈等；或者城市群——如长株潭城镇群、长三角城市群、城市集群；以及在此基础上形成的发展轴——比如沿海地带、沿江地带、沿交通线地带等。总之，点、线轴、群、带在不同的经济发展阶段，其内涵和外延可能不尽相同，但如果能够顺应经济发展的要求，将其连接在一起，形成合力，必将驱动一个国家或地区经济发展步入快车道。

二、“六五”——“十五”时期：经济增长“点一轴”的演化

改革开放伊始，由于受当时经济发展水平的局限，所以邓小平同志首先倡导非均衡的区域经济发展思想。受此思想影响，“六五”计划（1982）提出“首先是编制以上海为中心的长江三角洲的经济区规划，以山西为中心包括内蒙古西部、陕北、宁夏、豫西的煤炭、重化工基地的经济区规划。”[5]很显然，前一个经济增长极属于中国改革开放的前沿阵地，后一个则属于能源基地。

1984 年中共提出有计划的商品经济思想，加之在全国范围内已经开始全

面的城市经济体制改革，所以“七五”规划（1985）提出“逐步建立以大城市为中心的、不同层次、规模不等、各有特色的经济区网络”；“重点发展中小城市和城镇。鉴于我国地域广阔，交通不便，信息不灵，中小城市的发展也不应当过于分散，应当以大城市为中心和交通要道为依托，形成规模不等、分布合理、各有特色的城市网络。”[6]此时，经济增长极点已经演化为“经济区网络”、“城市网络”，且要以“交通要道为依托”“重点发展中小城市和城镇”。受此规划影响，以上海等特大城市为中心的周边开始进行另外一种形式的经济增长极点——卫星城镇的建设。

进入20世纪90年代初期，虽然当时中国正处于治理整顿时期，但是“八五”计划（1990）仍然提出：“煤炭工业，要加快统配矿的建设，特别是加强山西、陕西、内蒙古西部和宁夏能源基地的建设”；“以乡镇企业为依托建设一批布局合理、交通方便、具有地方特色的新型乡镇”；“巩固和发展已开辟的经济技术开发区、沿海开放城市和开放地带”[7]。由此可见，此时的经济增长极已经延伸到“新型乡镇”、“经济技术开发区”，在此基础上，重点发展“沿海开放城市和开放地带”这一发展轴。

1992年，中共十四大提出中国经济体制改革的目标就是要“建立社会主义的市场经济体制”。这本身就告诉我们，中国仍将继续加快经济体制改革的步伐，从而促进经济的发展。受此制度安排影响，“九五”规划（1995）明确提出：要“按照市场经济规律……以中心城市和交通要道为依托，逐步形成7个跨省区市的经济区域。”“长江三角洲及沿江地区”应“依托沿江大中城市，逐步形成一条横贯东西、连接南北的综合型经济带”；“环渤海地区”应“依托沿海大中城市，形成以辽东半岛、山东半岛、京津冀为主的环渤海综合经济圈”；“东南沿海地区”应“形成外向型经济发达的经济区”；“西南和华南部分省区”应“发挥沿海、沿江、沿边和农林水、矿产、旅游资源丰富的优势，以对外通道建设、水电和矿产资源开发为基础，依托国防工业的技术力量，形成全国重要的能源基地、有色金属和磷硫生产基地、热带亚热带农作物基地、旅游基地”；“东北地区”应“加快老工业基地改造，搞好图们江地区开放开发，综合开发农业资源，发展深加工，形成全国重要的重化工基地和农业基地”；“中部五省地区”应“以陇海、京九、京广等铁路干线为纽带，形成重要的农业基地、原材料基地、机械工业基地和新的经济带”；“西北地区”应“以亚欧大陆桥为纽带，加快水利、交通建设和资源开发，形成全国重要的棉花和畜产品基地、石油化工基地、能源基地和有色金属基地”[8]。由此可见，该规划不仅对各经济区域的主导产业给予了全面的规划——从而使得各经济区域的内核更加充实，而且为中国经济增长轴的建设指明了方向，同时为后来区域协调发展思想的形成奠定了基础。也正因为此，所以在此阶段尽管中国经济深受亚洲金融危机的影响，但经济增长速度仍然保持在8%以上，并带领亚洲乃至全球经济回暖。

1999年6月17日，江泽民同志审时度势，提出应“不失时机的实施西部大开发战略”。受此思想影响，“十五”计划（2000）改变过去东中西部地区的提法，按照西、中、东部的次序指出：“西部”应“依托亚欧大陆桥、长江水道、西南出海通道等交通干线，发挥中心城市作用，以线串点，以点带面，有重点地推进开发”；“中部”“要发挥承东启西、纵贯南北的区位优势和综合资源优势，……以沿重要水陆交通干线地区为重点，积极培育新的经济增长点和经济带”。同时，提出三个“带动”。一是“继续发挥东部沿海地区在全国经济发展中的带动作用”；二是“注意发展城市间的经济联系，发挥中小城市对小城镇发展的带动作用”；三是“在着重发展小城镇的同时，积极发展中小城市，完善区域性中心城市功能，发挥大城市的辐射带动作用”，进而提出“走出一条符合我国国情、大中小城市和小城镇协调发展的城镇化道路。”[9]由此亦可见，进入21世纪之后，从政府规划的角度讲，已经将点、轴、面三者紧密地联系在一起，希冀能够在全国范围之内形成“小聚集、大分散”、区域协调发展的战略格局。

综上所述，20世纪后20年，中国经济增长“点—轴”基本上沿着经济区规划→经济区网络和城市网络→基地+新型乡镇+经济技术开发区、沿海开放城市和开放地带→经济区域、综合型经济带、综合经济圈、外向型经济区、新的经济带、13个基地→“以线串点，以点带面”、“承东启西、纵贯南北”、积极培育新的经济增长点和经济带，三个带动的路径而演化。这样的制度安排，不仅为各地区特色产业的形成起到推波助澜的作用，而且为细分经济区，进而形成新的经济增长“点—轴”奠定了基础，从而为区域经济协调发展以及整个中国经济转型升级铺平了道路。

三、“十一五”——“十二五”时期：经济增长“点一轴”的重新界定及空间布局

继“十五”计划提出三个“带动”之后，“十一五”规划（2005）进一步提出：“珠江三角洲、长江三角洲、环渤海地区，要继续发挥对内地经济发展的带动和辐射作用，加强区内城市的分工协作和优势互补，增强城市群的整体竞争力。”这样的思路本身就给珠江流域经济带、长江流域经济带和黄河流域经济带的建设提供了清晰的路线图。“十一五”规划同时提出：“有条件的区域，以特大城市和大城市为龙头，通过统筹规划，形成若干用地少、就业多、要素集聚能力强、人口分布合理的新城市群。”[10] 中国共产党第十七次全国代表大会进一步将这一思想概括为“走中国特色城镇化道路，促进大中小城市和小城镇协调发展，形成辐射作用大的城市群，培育新的经济增长极。”由此可见，新城市群将代替城市成为未来中国区域经济增长的战略支撑点——换句话说，未来一定时期之内，哪个城市群发展的步伐快，哪个地区的经济发展亦将加快。也正因为此，所以在 2009 年和 2010 年国务院、国家发展和改革委相继批复了 14 个经济区规划（见表 1）——堪称史无前例。这些规划的相继实施，不仅使得中国免受始于 2008 年的美国次贷危机和后来的欧洲债务危机的影响，而且还为世界经济尽快度过危机做出巨大贡献。

表 1　2009 年和 2010 年批复的 14 个经济区定位

时间	规划名称	战略定位
2009-01-07	珠江三角洲地区改革发展规划纲要	探索科学发展模式试验区；深化改革先行区；扩大开放的重要国际门户；世界先进制造业和现代服务业基地；全国重要的经济中心
2009-05-14	支持福建加快建设海峡西岸经济区的若干意见	两岸人民交流合作先行先试区；服务周边地区发展新的对外开放综合通道；先进制造业重要基地；我国重要的自然和文化旅游中心

续表

时间	规划名称	战略定位
2009-06-10	江苏沿海地区发展规划	把加快建设新亚欧大陆桥东方桥头堡和促进海域滩涂资源合理开发利用作为重点，着力建设我国重要的综合交通枢纽、沿海新型工业基地、重要的土地后备资源开发区和生态环境优美，人民生活富足的宜居区
2009-06-24	横琴总体发展规划	粤港澳地区区域性商务服务基地；与港澳配套的世界级旅游度假基地；珠江口西岸的区域性科教研发平台和建设融合港澳优势的国际级高新技术产业基地
2009-06-25	关中—天水经济区发展规划	全国内陆型经济开发开放战略高地；全国先进制造业重要基地；全国现代农业高技术产业基地；彰显华夏文明的历史文化基地
2009-07-01	辽宁沿海经济带发展规划	东北地区对外开放的重要平台；东北亚地区的重要国际航运中心；建成具有国际竞争力的临港产业带；建成生态环境优美和人民生活富足的宜居地区
2009-08-30	中国图们江区域合作开发规划纲要	我国沿边开发开放的重要区域；我国面向东北亚开放的重要门户和东北亚经济技术合作的重要平台
2009-09-23	促进中部地区崛起规划	包括山西、安徽、江西、河南、湖北和湖南六省。中国重要的粮食生产基地；能源原材料基地；装备制造业基地和综合交通运输枢纽
2009-12-02	黄河三角洲高效生态经济区发展规划	加快山东东营、滨州、潍坊、莱州港口建设，建设临港产业区，形成北部沿海经济带，建成全省生态产业基地、新能源基地和全国的循环经济示范基地
2009-12-12	鄱阳湖生态经济区规划	全国大湖流域综合开发示范区；长江中下游水生态安全保障区；加快中部崛起重要带动区和国际生态经济合作重要平台

续表

时间	规划名称	战略定位
2009-12-24	甘肃省循环经济总体规划	基本形成以有色金属新材料为主的金昌循环经济基地、以石油化工冶金有色为主的“兰白”循环经济基地、以清洁能源和冶金新材料为主的“酒嘉”循环经济基地；金昌、白银、陇西、华亭、武威黄羊5个国家试点园区；形成3条农业循环经济产业链、6条工业循环经济产业链
2009-12-31	国务院关于推进海南国际旅游岛建设发展的若干意见	到2020年，旅游服务设施、经营管理和服务水平与国际通行的旅游服务标准全面接轨，初步建成世界一流的海岛休闲度假旅游胜地
2010-01-22	皖江城市带承接产业转移示范区规划	合作发展的先行区；科学发展的试验区；中部地区崛起的重要增长极；全国重要的先进制造业和服务业基地。实现与长三角分工合作、优势互补、一体化发展，成为在全国有重要影响力的城市经济带
2010-03-19	青海柴达木循环经济试验区总体规划	重点构建盐湖化工循环型产业、金属产业、油气化工循环型产业、煤炭综合利用产业以及高原特色生物产业和可再生能源产业等六大产业链

应当说，“十一五”规划提出的新城市群建设以及后期相继批复的14个各具特色的规划为“十二五”规划分区域确定经济增长极点和轴线铺平了道路。正因为此，所以“十二五”规划（2010）依据西部、东北、中部和东部的顺序对中国的经济增长极给予了详细规划（见表2）。

表2　经济增长极和经济增长带

	经济增长极	经济增长带
西部地区[13]	推进重庆、成都、西安区域战略合作，推动呼包鄂榆、广西北部湾、成渝、黔中、滇中、藏中南、关中—天水、兰州—西宁、宁夏沿黄、天山北坡等经济区加快发展	以线串点、以点带面

续表

	经济增长极	经济增长带
东北地区	重点推进辽宁沿海经济带和沈阳经济区、长吉图经济区、哈大齐和牡绥地区等区域发展	
中部地区	重点推进太原城市群、皖江城市带、鄱阳湖生态经济区、中原经济区、武汉城市圈、环长株潭城市群等区域发展	加快构建沿陇海、沿京广、沿京九和沿长江中游经济带
东部地区	打造首都经济圈，重点推进河北沿海地区、江苏沿海地区、浙江舟山群岛新区、海峡西岸经济区、山东半岛蓝色经济区等区域发展，建设海南国际旅游岛	推进京津冀、长江三角洲、珠江三角洲地区区域经济一体化发展

在此基础上，“十二五”规划进一步提出：应“加快重点口岸、边境城市、边境（跨境）经济合作区和重点开发开放试验区建设，加强基础设施与周边国家互联互通，发展面向周边的特色外向型产业群和产业基地，把黑龙江、吉林、辽宁、内蒙古建成向东北亚开放的重要枢纽，把新疆建成向西开放的重要基地，把广西建成与东盟合作的新高地，把云南建成向西南开放的重要桥头堡，不断提升沿边地区对外开放的水平”；“在东部地区逐步打造更具国际竞争力的城市群，在中西部有条件的地区培育壮大若干城市群”；“深化粤港澳合作，落实粤港、粤澳合作框架协议……打造更具综合竞争力的世界级城市群。”诸如此类的规划，既是对新的区域经济增长极的布局，更是对培养世界级的经济增长极的一种战略设想，同时，更是对形成新的开放格局的一种全新的谋划。

关于经济增长轴，“十二五”规划在“积极稳妥推进城镇化”中首次提出应“构建以陆桥通道、沿长江通道为两条横轴，以沿海、京哈京广、包昆通道为三条纵轴，以轴线上若干城市群为依托、其他城市化地区和城市为重要组成部分的城市化战略格局，促进经济增长和市场空间由东向西、由南向北拓展。”这既是对过去五年规划关于经济增长带和经济增长轴的肯定、凝练和发展，更是对未来中国经济发展带的一种谋划。为强化城市群内部城市之间和城市群之间的联系，该规划提出应“以轨道交通和高速公路为骨干，以国省干线公路为补充，推进城市群内多层次城际快速交通网络建设”，并“建成京津冀、长江三角洲、珠江三角洲三大城市群城际交通网络，推进重点开发区域城市群的城际干线建设”。

四、结论

综上所述，支撑中国未来经济发展的支点和骨架已经基本形成（见图1）。但是，在其形成和发展过程中，下述几个问题尚有待于理论的深化和实践的探索。

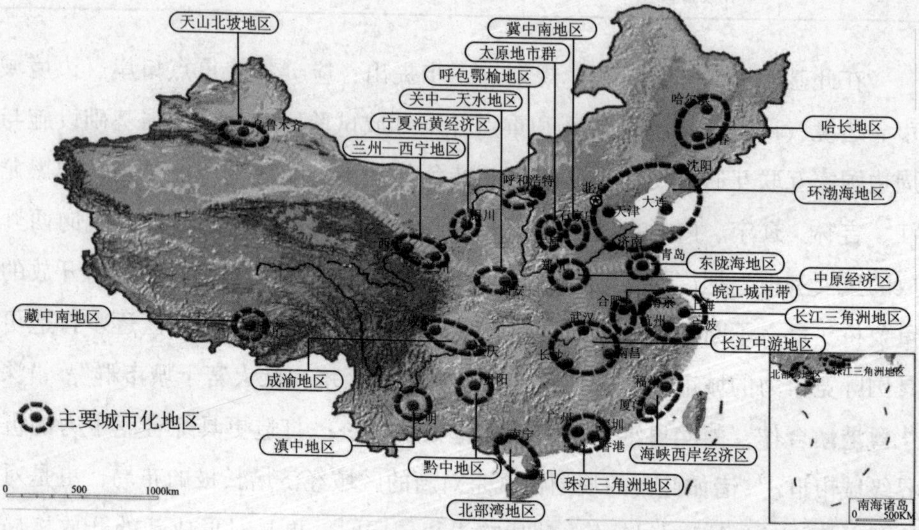

图1 中国经济增长“点—轴”空间布局

（一）关于沿海城市经济带的范围划分问题

中共十八大报告在第八章“大力推进生态文明建设”的第一节“优化国土空间开发格局”当中明确提出应“提高海洋资源开发能力，发展海洋经济，保护海洋生态环境，坚决维护国家海洋权益，建设海洋强国。”[14] 此前的《中华人民共和国国民经济和社会发展第十二个五年规划纲要》第十四章也提出应“推进海洋经济发展”，“坚持陆海统筹，制定和实施海洋发展战略”，“优化海洋产业结构”，“制定实施海洋主体功能区规划，优化海洋经济空间布局”，“统筹海洋环境保护与陆源污染防治，加强海洋生态系统保护和修复”。可见，沿海省份作为同质性区域，国家必将面向未来制定统一的海洋经济发展战略和政策，促进该区域发展。但是，从目前的区域板块划分来讲，辽宁被划分到东北地区、广西被划分到西部地区，在一定程度上，形成“掐头去尾”式的板块——这种划分方法，既没有抓住“沿海”一词的本质特征，也不利于相关政策的制定和实施。因此，我认为，完整的沿海城市经济带应由12个省区市即北京、天津、河北、山东、江苏、浙江、上海、福建、广东、海南、辽宁和广西组成。这样的划分，既有利于海洋经济发展战略的制定和贯彻落实，更为重要的则是有利于保护海洋生态环境，实现中华民族的伟大复兴。与此类似，西部板块也是一个不太科学的概念。这是因为，西北地区和西南地区无论是自然禀赋，还是经济发展都呈现出明显的差异性；不仅如此，而且仅新疆而言，国土面积达到166万平方公里，比沿海地区要大许多，很笼统地将地域上相邻的西北和西南合并为西部地区，既不利于生态环境的保护，也不利于有针对性的区域经济发展政策的制定和落实。因此，在今后的规划中，建议将新疆、西藏和内蒙古（内蒙古横跨中国的西部地区、中部地区和东部地区和东北地区。中国的三大防沙带有两大防沙带在这里。一定程度上讲，内蒙古在防沙、固沙和绿化方面的结果如何，直接影响着沙漠以南地区的经济和社会的发展）单列，在此基础上，独立出来西北板块（包括陕西、甘肃、青海、宁夏）和西南板块（重庆、四川、贵州、云南）。

（二）关于经济区与城市群之间的区别及相关问题

由前文表2和图1可见，相关规划对两者之间的关系并没有加以严格的区分——即都将其作为经济增长的点来对待。毫无疑问，两者存在着许多重复的地方，如经济区内存在着许多大大小小的城镇。但是，我认为两者在许多方面存在着不同。第一，从词义上看，前者更多强调的是一个相对小的面——面面俱到，后者则更侧重于立体的突出的点；第二，任何一个经济区，本身都需要城市作为其经济增长极，带动它的发展——或许组团式的城市群更有利于经济区的建设和发展——而且，任何经济区规划都必须有城市体系规划；第三，从全球化的角度来讲，更多强调的是城市和城市群与世界的对接，作为经济区，可以看作是腹地；第四，实践层面上，城镇体系规划和城市群规划属于住房与城乡规划建设部，经济区规划属于国家发展和改革委员会。在此基础上，今后无论是经济区建设还是城市群建设，均应当尽快建立经济区或城市群政府联盟组织机构——独立于省级政府。行政级别上高于省级、低于部级。其职能就在于：一是根据自然禀赋、现有的经济和社会发展水平，制定经济区或城市群发展的阶段性目标；二是对该区域的产业给予重新定位；三是根据国家和各省区的主体功能区规划，制定详细的优化开发区、重点开发区、限制开发区和禁止开发区规划，实施严格的生态环境保护规划；四是磋商解决经济区或城市群建设过程中的重大问题。在此尤其值得一提的就是，无论是经济区还是城市群建设，在制定规划的过程中，一是要注意边界的划定，并确保该区域内部首先实现一体化，然后逐步向外推进；二是规划的制定和实施本身就是“有形之手”在干预市场经济的运行，目的就在于促进区域经济更好、更快的发展，因此，政府更多的工作则是在为市场经济的运行“铺路搭桥”——提供公共服务，而不应当与民争利；三是经济区或城市群作为经济增长极，只是一个相对的概念，应注意保持与腹地之间的关系，即不应当使腹地边缘化；四是对任何一个经济区或城市群的功能定位，都应当从与世界的联系、在全国经济发展当中的作用和与腹地的关系三个方面加以分析，切忌形成新的与世隔绝的“藩篱”。

（三）关于“断头路”的建设问题

如图1所示，虽然昆明到贵阳的快速交通已处于规划和建设阶段，但是，作为南贵昆经济区组成城市之一的南宁与昆明和贵阳之间并没有快速交通规划。这是其一；其二，与其相邻的海南省未来五到十年也没有快速交通与其相连接；其三，从北京经呼和浩特和银川到兰州及西宁或乌鲁木齐之间，也出现了北京到呼和浩特、银川到兰州、兰州到乌鲁木齐之间快速交通断头路；其四，兰州到成都，再到昆明之间，必须绕道重庆。这既是快速交通规划的一大缺失，更是制约区域经济协调发展的一大瓶颈。笔者认为，十二五规划期内应加快这些地区规划论证和地质勘探工作，十三五规划期内争取建成并交付使用。不仅如此，中西部地区的许多城市群内部亦存在轨道交通、高速公路、国省干线公路和多层次城际快速交通网络断头路，甚至城乡之间的断头路，因此未来十年之内应通过各种手段打通这些断头路，以适应区域经济发展的需要。

参考文献

[1] Lu Dadao. A scientific configuration of industrial allocation in China in 2000 [J]. Geographical Science, 1986, 6 (2).

[2] 陆大道. 工业的点轴开发模式与长江流域经济发展 [J]. 学习与实践, 1985 (2): 1-6.

[3] 陆大道. 关于“点—轴”空间结构系统的形成机理分析 [J]. 地理学报, 2002 (1): 1-6.

[4] 贺有利，张仁陟. 点轴群理论的分析 [J]. 兰州大学学报（社会科学版）, 2007 (4): 118-123.

[5] 全国人民代表大会常务委员会. 中华人民共和国国民经济和社会发展第六个五年计划（1981—1985 年）[EB/OL] http://www.law-lib.com/law/law_view.asp? id=95143.

[6] 中共中央关于制定国民经济和社会发展第七个五年计划的建议 [EB/OL]. http://www.china.com.cn/cpc/2011-04/12/content_22343550.htm.

[7] 全国人民代表大会常务委员会. 国民经济和社会发展十年规划和第八个五年计划纲要 [EB/OL]. http://www.npc.gov.cn/wxzl/gongbao/2000-12/28/content_5002538.htm.

[8] 全国人民代表大会常务委员会. 国民经济和社会发展第九个五年规划纲要 [EB/OL]. http://ishare.iask.sina.com.cn/f/20897687.html.

[9] 全国人民代表大会常务委员会. 国民经济和社会发展第十个五年规划纲要 [EB/OL]. http://ishare.iask.sina.com.cn/f/20897687.html.

[10] 全国人民代表大会常务委员会. 国民经济和社会发展第十一个五年规划纲要 [EB/OL]. http://ishare.iask.sina.com.cn/f/20897687.html.

［11］根据中华人民共和国国家发展和改革委员会网站整理而得。

［12］全国人民代表大会常务委员会．中华人民共和国国民经济和社会发展第十二个五年规划纲要［EB/OL］. http://www.gov.cn/2011lh/content_1825838.htm.

［13］2010年6月的国务院《关于进一步实施西部大开发战略的若干意见》将西部地区的经济增长极点划分为三个层次。一是成渝、关中—天水和广西北部湾（经济区）等具有全国影响的经济增长极；二是呼（和浩特）包（头）银（川）、新疆天山北坡、兰（州）西（宁）格（尔木）、陕甘宁等（经济区）西部地区新的经济增长带；三是滇中、黔中、西江上游、宁夏沿黄、西藏"一江三河"等（经济区）省域经济增长点。

［14］胡锦涛．坚定不移沿着中国特色社会主义道路前进 为全面建成小康社会而奋斗［EB/OL］. http://news.hfhouse.com/html/Other/121109/R148B1352423048.html.

Point—Axis Evolution and Extension of China Economic from Sixth Five - Year Plan to Twelfth Five - Year Guideline

Zhang Gongsheng

(Lanzhou University of Finance and Economics, Lanzhou 730020, China)

Abstract: From 1980s, the "Point - Axis" of China economic growth is along a certain path to evolution, which is the economic area → network of economic area and urban → base + new township + economic - technological development area, coastal open cities and open zone→ economic zone, comprehensive economic zone , comprehensive economic circle, export - oriented economic area, the new economic zone → “ the line through point, sector out from point to area ”, “ the junction of the east and the west, the penetration of north and south ”, and it should actively cultivating new economic growth point and economic zone the path and evolution. Since the world has entered the new century, around the “Three Vertical and Two Horizontal” axis, to accelerate construction of new urban agglomerations and more distinctive economic zone have become the main line of the coordinated development of regional economy. In order to accelerate regional economic development, it is should construct the “Point - Axis” . Firstly, regional plate should be given re-drawing. Second, economic zones or urban agglomerations government coalition should established, the relevant planning should be earnestly applied. Thirdly, “Dead end Highway” should be completed.

Key words: Five - year Guideline; Economic Area; Urban Agglomeration; Economic Zone; Economic Growth Pole

城镇化与资源型经济转型：关系、机制与互动路径*

郭文炯　白明英*

摘　要：在资源型经济转型中，城镇化与城镇发展扮演什么样的角色？如何通过城镇化发展模式的调整来推动资源型经济转型发展？文章以山西省作为案例，将资源型经济问题的“三部门”模型与“核心—边缘”模型结合起来，分析了资源型区域特殊的工业化和城镇化空间关系。文章提出，加快中心城市、城镇群发展，构建高效、集约的城镇组织结构，调整资源收益分配机制，倾斜用于城市基础设施建设、公共服务体系建设，形成新型产业集聚与创新增长的空间和产业结构升级的引擎；整合城矿关系，促进矿城融合绿色发展，推动资源型城市“再城市化”；实施“大县城”战略，理顺城矿乡关系，建立新型城乡统筹发展模式，是资源型经济转型具有现实意义的路径。建立完善资源收益分配机

* 国家社会科学基金项目（11BJY049）。

* 郭文炯（1965— ），男，山西汾阳人，硕士，太原师范学院城镇与区域发展研究所，所长，教授。研究方向：城市与区域发展。

制、城镇群一体化发展机制、矿业城市和煤电集团对接融合机制、以煤补农的长效机制等和基于提高交易效率的规划、财税、产业、土地、公共设施供给等政策，是促进资源型经济转型与城镇化协同发展的重要保障。

关键词：资源型区域　经济转型　城镇化　城镇空间组织

一、问题的提出

煤炭资源地区既具有独特的经济结构和产业演变特征，也形成了特殊的空间结构特征。20 世纪 60 年代，欧美部分老工业基地沦为“问题区域”，70 年代以后荷兰、尼日利亚等国家出现了“资源诅咒”现象，资源诅咒、资源型经济转型问题成为学术研究的热点问题。在我国，资源型区域曾经是国家工业化发展的重要支撑和城镇化发展的重点区域。但是，从 20 世纪 80 年代后期，这些地区相继出现了不同程度的资源型经济问题，经济结构、经济增长、居民收入、资源环境、社会就业等一系列危机逐渐显露，资源型区域转型发展问题既受到学者的关注，也得到政府的高度重视。2007 年 12 月，国务院发布了《关于促进资源型城市可持续发展的若干意见》，积极推进资源型城市转型发展工作。

目前，关于资源型区域经济问题及转型发展的研究主要集中于“结构—增长”分析和“制度—增长”分析两个方面。例如，关于资源型经济问题的理论解释主要有：荷兰病导致反工业化（Corden and Neary，1982，1984）；资源财富引发寻租效应（Baland and Francois，2000）；资源丰裕对物质资本与人力资本的挤出（Gylfason，2001）；资源租金引起内战爆发进而制约经济增长（Lujala，Gleditsch and Gilmore，2005）；资源商品价格变化无常（Collier and Goderis，2007）等。国内关于资源型经济转型研究，主要集中于资源型经济如何转型的相关理论、资源型经济转型的难点、模式和途径等方面，其中产业转型是资源型经济转型的核心内容之一（张复明、景普秋，2006）。

区域经济系统包括产业结构子系统和地域子系两个方面，从区域经济结构演进角度看，产业子系统表现为产业结构的有序演变，地域子系统表现为城镇化的发展，两者相互作用，共同影响着区域的经济发展。而在关于资源型区域经济转型发展研究中，更为注重资源结构、产业结构和制度分析，而往往忽视相应的城乡空间结构研究。事实上，城镇化及城乡空间结构对区域经济结构及其发展具有强烈的反馈效应，在资源型经济转型发展时期，城镇化及城乡空间结构重组是区域结构调整的重要任务之一。

山西省作为典型的资源型省区，经济发展进程基本上是依赖于其自然资源特别是矿产资源对资本的吸引力，发展采掘、能源及相关的重化工业，生产和输出初级产品来推进工业化的进程。与此相应，走出了以资源型产业推动为主的资源开发速生型城镇化发展模式（石忆邵、朱卫锋，2004）。2010年，同意设立“山西省国家资源型经济转型综合配套改革试验区”，希望通过改革试验，率先走出一条在更大范围内实现资源型经济转型发展的新路子，为全国其他地区加快资源经济转型和经济发展方式转变，实现科学发展和社会和谐发挥示范带动作用。在转型发展的大背景下，城镇化与城镇发展扮演什么样的角色？如何通过城镇化发展模式的调整来推动资源型经济转型发展？本文拟以山西省作为案例，以工业化与城镇化空间协调为主线，探讨资源型区域转型发展中城镇化的现实需求与战略取向问题。

二、资源型经济问题及其城镇化发展特征

（一）区域工业化与城镇化的互动关系

经济发展主要是指一个经济结构的转变过程，具体地说，就是一个工业化的过程。工业化是社会经济发展中由农业经济为主过渡到以工业经济为主的一个特定历史阶段和发展过程，从经济系统本身来看，既涉及经济发展水平，又涉及经济结构的变革，其中心内容就是经济结构的成功转换。城镇化也是一个影响极为深远的社会经济变化过程，是人口向城镇集中、非农活动向城镇的集聚、城镇景观地域推进过程和人类生活方式、价值观念转变四个过程的统一，它本质上是一种空间过程，即人口、生产要素和经济活动的空间集中过程。

目前，对于工业化与城镇化的认识，大多停留在对新古典增长理论认识基础之上，认为工业化在先，城镇化在后，工业化是因，城镇化是果，工业化才是经济增长的根本。事实上，工业化与城镇化是区域社会经济发展中密切联系的两个侧面，工业化更多地关注社会经济发展中经济结构的变动，而城镇化更多地关注社会经济发展中空间结构的变动，两者共同作用构成了区域社会经济发展的整体。工业化从生产、消费需求和结构转变方面为推动城

镇化发展，城镇化通过空间结构的转变，为非农产业发展提供有利的空间环境，创造市场需求，促进工业化的发展。

有学者认为，工业化和城市化内生出现的环境条件是一国经济体的总和交易效率高低。工业化通过推动交通技术和设备、交易技术和设备、生产技术和设备的生产效率，提高一国经济体的总和交易效率，而城市化则通过将交易、生产活动集中在较小地理范围内获得了交易成本节约，从而更进一步推动个人层次的劳动分工或厂商层次的规模经济。于是，在一般均衡框架中，交易效率的动态演进推动了工业化和城市化，而工业化和城市化又推动了交易效率提高，更高的交易效率又成为经济更进一步发展的前提，从而整个经济发展也会进入持续健康发展的快车道（赵红军、尹伯成、孙楚仁，2006）。

空间集聚效应是工业化与城镇化整合发展的重要机制。工业化与城镇化整合发展的内在机制是在市场原则作用下，厂商、居民和社会组织的空间集聚效应及形成的循环累积因果效应。新经济地理学认为，只要存在规模报酬递增，并且存在运输成本，即使在一个地方初始条件完全相同的区域内，在经济的自我演进过程中仍会产生集聚。经济在城市集聚，存在着分享、匹配、学习三个方面与其先天地理条件无关的规模效应。从经济发展规律来说，经济集聚将是大势所趋，世界各国经济都在向少数大城市或大都市圈集聚，而且越是发达的国家，经济集聚程度越高（陆铭、向宽虎、陈钊，2011）。

城镇化和产业结构升级之间也具有内生的互动机制：因城市发展而来的高端资源的集聚，能够形成诱使产业结构升级的高端需求和供给；城市自身形成的多元化集聚，使得专业化分工的规模经济效应和创新产生的概率大大增加；伴随着城镇化而来的第三产业发展和社会资本整备也对产业结构升级产生直接的影响（陈建军、陈菁菁、黄洁，2009）。世界发达国家的城市化经验表明，当一国的工业化达到一定阶段时，城镇化可以增加第三产业的就业弹性和就业规模，提高服务业在产业结构中的比重，城镇为技术研发和推广提供了难得的支撑平台，是人力资本提高和知识积累的大熔炉，制造业结构转型和升级也必须依赖城市化的推进来完成。

按照工业化与城镇化的互动关系的一般规律，在区域工业化初期、中期，不平衡增长的空间布局模式应是常态的选择模式，不平衡的模式必须通过经济在特定区域范围内的集中或聚集来实现，“空间集中化”是人口与经济格局重组的基本战略，加快城市化进程，促进区域“中心”——城市带、中心城市的发展，以空间结构调整为平台，带动产业结构优化升级，是实现经济发展转型的现实选择。

（二）资源型经济问题及“三部门模型”

资源型经济主要是指以煤、石油、天然气等能源资源，以及铁、铜等矿产资源开发为主导的经济体系。20世纪以来，伴随矿产资源开发，资源型区域凸显了诸多问题，如资源损耗和生态环境破坏、产业结构单一化与反工业化、短期经济增长波动与长期经济增长滞缓以及寻租、就业矛盾、安全事故、收入差距等，即“资源诅咒”现象。概括起来，资源型经济问题主要表现在四个方面：一是矿产开发带来的资源损耗和枯竭及生态环境破坏；二是产业结构方面，矿产品的高价格波动性导致矿业收益的波动，引起要素在资源部门与非资源部门之间的流动；矿业的高资产专用性与低产业关联性，导致高沉淀成本与资源部门对生产要素的锁定效应，造成资源型区域的反工业化与产业单一性等发展难题；三是短期经济增长波动与长期经济增长滞缓；四是矿产开发收益分配得不合理及由此带来的矿业寻租现象和腐败问题、收入分配差距扩大问题，区域经济长期增长衰退及由此带来的矿工失业问题及其他相关社会问题等（张复明，2011）。

对“资源诅咒”最早的解释是“荷兰病”模型。1982年，Corden和Neary将经济体系分为可贸易的能源部门（Energy）、可贸易的制造业部门（Manufactures）与不可贸易的服务业部门（Services），探讨了资源部门的兴旺对非贸易部门、可贸易部门（制造业部门）的影响，进而阻碍经济增长的结构性机制。张复明等（2008）在三部门模型的基础上探讨解释资源型经济形成的自强机制，提出，在资源丰裕区域，由于制造业部门人力资本投资门槛的存在，容易导致对资源部门的投资偏好。一旦资源部门成为主导部门，便会形成资源部门对经济要素特殊的吸纳效应、资源部门的扩张与延伸使产业家族形成粘滞效应、工业化演进过程中的沉淀成本与路径依赖形成对资源功能的锁定效应，产生发展的路径依赖，陷入资源优势陷阱，从而导致资源型经济的自强机制。

施祖麟、黄治华（2009），从经济视角构建了一个包含资源部门、制造业和服务业三部门的动态模型，模型的动态过程显示，资源型地区经济在面临外部资源价格突然上升的冲击时，收入的提高使得家庭会同时增加制造品和服务品的消费支出，制造品的贸易性特征导致支出漏出到其他地区，服务品的非贸易性促使本地服务部门扩张，并从制造部门中吸收劳动与资本，制造业因而萎缩，经济结构单一化。然而，恰恰正是制造业及其具有的正外部效应，才是长时期经济增长的关键动力和必要基础，制造业的萎缩使得资源丰裕地区必然缺乏长期增长的动力。

景普秋、范昊等（2010），从矿产品价格波动性强、制造业部门属于规模报酬递增的部门而资源部门是缺乏技术进步的部门、制度是外生的三个基本假定出发，构建了基于可耗竭资源开发的区域经济发展模型，该模型以两部门（资源部门、制造业部门）为基础，要素流动与要素结构变化、产业演进、经济增长为主要变量，提出在同样的资源赋存条件下，由于资源开发强度、开发集约度、资源依赖度、资源租金收益分配极化度、资本转化度不同，其结果造成资源在区域经济发展中的作用是不一样的，可能形成三种区域经济模式：即资源推动型、资源主导型、资源诅咒型。从总体上看，资源对经济发展起推动作用，成为经济发展的区域优势与经济增长的引擎；也可能在资源价格的冲击下，或者某一项政策实施不力，带来阶段性的常态、甚至病态特征，但通过适当制度调控，能够保证经济沿既定的轨道前行，不受资源开发的约束。资源诅咒型的病态发展模式，多见于矿产品价格的突然上升、大规模资源的突然发现，引起资源产业在短时期内的突然繁荣而政治、经济体系无法适应的国家或区域。

（三）资源型经济区域的“三区域”结构

煤炭资源地区由于资源部门建立和快速发展形成的以资源部门为主体的经济非农化及工业化进程以及由于资源部门的繁荣、自我强化与资源依赖导致的“反工业化”，必然伴随着经济空间的变动，形成特殊的空间结构与城镇化特征。总体特征表现为，由于制造业部门、资源部门的空间关联性以及在空间的集聚经济效果不同、要素分布地域与产业布局指向性差异，造成城镇化与工业化及经济发展的偏差，城镇化进程与工业化进程的偏离（景普秋等，2011）。

城镇化本质上是一种空间过程，即人口、生产要素和经济活动的空间集中过程。理解资源型区域的城镇化特征需通过人口集中、产业集聚、生产要素流动的空间过程。“核心—边缘”理论提供了一个关于区域空间结构和形态变化的解释模型。借鉴J. R. 弗里德曼的“核心—边缘”模式，资源型经济区域可划分三类地区：核心区、工矿区、边缘区。核心区是区位优越、交通方便，具有人口集聚、制造业、服务业集聚条件的城镇密集区和区域性中心城镇；工矿区为拥有丰富的矿产资源，有开发的条件，以采掘业为主导区域，由于煤炭资源分布的特殊性，这类区域一般分布于丘陵、山区；边缘区为以农业生产、生态功能为主导，经济较为落后的区域。这三类发展条件、区域功能不同又相互联系、相互作用的地域构成了煤炭资源型经济的区域系统。

按照核心—边缘理论揭示的一般发展规律，一个空间系统发展的动力是核心区的大量创新，并向外扩散影响到边缘区的经济社会发展，进而作用于整个系统，促进国家发展。区域空间结构的演化经过低水平均衡发展阶段—极核发展阶段—扩散发展阶段—高水平均衡发展四个阶段，在后工业化阶段之前，极化效应居主导，资金、技术、人口都倾向于向核心区域集聚，劳动力一般都由边缘区域流向核心区域，极少倒流。近年来，“核心—边缘”理论原来严格区分城市经济学与区域经济学的方法在新经济地理的发展过程中两者已经开始了融合。克鲁格曼（Paul Krugman），构造了一个两区域的模型，使“核心—边缘”理论发展到了一个新的阶段，引入了制造业产品在消费和生产的多样化效应，以及市场的前向和后向联系所导致的自我增强正反馈效应，强调了企业规模经济、运输成本和移民的相互作用在经济空间聚集和城市形成中的作用机制强调对称均衡的经济增长率要小于核心—边缘结构均衡的经济增长率，因此，集聚可以提高经济的增长速度。

（四）“三部门三区域”双重演进模型

尹继东、张文（2007）通过一个“两产业三部门”的理论模型，分析了我国经济从传统农业经济向现代非农经济过渡（工业化）与从传统农村经济向现代城市经济过渡（城市化）的双重演进关系，提出双重演进既可能相互促进，也可能相互制约，而扩展城市非农部门是我国实现双重演进的前提和必由之路。结合资源型区域“三部门”模型和核心—边缘理论，也可以构建一个资源型区域“三部门三区域”结构来作为分析资源型区域城镇化的框架（图1）。

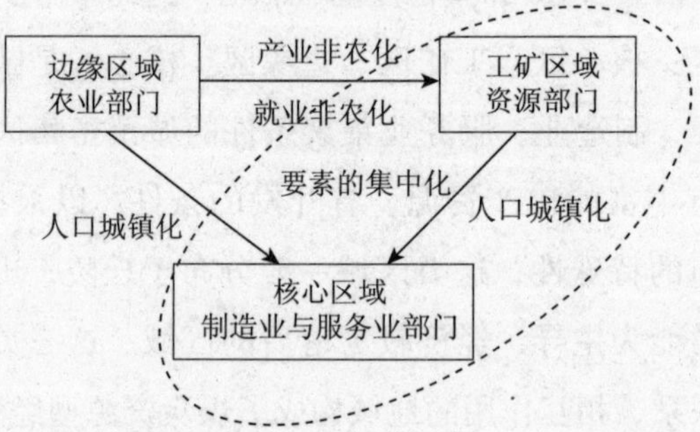

图1　资源型区域“三部门三区域”结构示意图

上述“三部门三区域”的资源型区域工业化与城镇化发展模式，揭示出资源型区域发展中面临着两个同等重要的任务，一个是从传统的农业经济向资源型经济转变进而通过资源型经济型向城市非农经济转变，另一个是从传统的农村社会向工矿区或工矿城镇转变进而向现代的城市社会转变。与一般区域不同，由于资源型产业区位的特殊性，资源型区域在城镇非农部门之外发展一个庞大的资源部门，空间上形成了一个特殊的工矿区域。工矿区域由于其区位不同可能形成“向上过渡区”、“向下过渡区”，区位不佳、建设条件差的工矿区将走向逐步衰退的边缘区，依托原有中心地城镇，区位条件、建设条件相对较好的工矿区形成工矿城市，并逐步转型为区域中心城市。

根据景普秋、范昊等提出的由于资源开发强度、开发集约度、资源依赖度、资源租金收益分配极化度、资本转化度不同，可能形成资源推动型、资源诅咒型等区域经济模式，不同模式的经济结构与核心——边缘结构特征见表1。

表1　资源型区域发展模式与经济结构、空间结构演进特征

项　目	资源推动型优态发展模式	资源诅咒型病态发展模式
基本假定	资源部门具有内生技术进步或制度内生且有效	资源部门缺乏内生技术进步，制度内生且被弱化
区域经济增长	经济增长稳定，长期持续稳定增长	经济增长波动，长期经济增长滞缓
经济结构演变	资源型产业、产业延伸加工、相关产业开发、替代产业培育，产业结构的多元化、高级化	资源型产业繁荣、资源依赖，产业结构单一化与反工业化
区域发展能力	人力资本积累、技术进步持续、制度创新能力强	人力资本挤出、技术进步挤出导致区域创新能力和创新活动衰退，资源产权、开发与收益分配制度缺失，可持续的资本形成能力和可递进的资本形成机制缺失
空间分工	边缘区生态、农业，工矿区资源部门，核心区制造业、服务业部门，形成垂直分层、梯度协调的分工格局	边缘区生态、农业，工矿区强资源部门和服务业，核心区弱制造业、服务业，形成水平、同构的分工格局
核心边缘关系	强核心—边缘结构，核心区域集聚效应、人力资本、技术创新能力强，对边缘区域的创新扩散与人口集聚力强，形成核心、边缘结构清晰，空间集中演进的结构模式	弱核心—强边缘结构，人口与生产要素重点向工矿区集聚，核心区制造业、服务业发展滞缓，人力资本挤出、技术挤出导致中心区集聚效应，创新环境恶化，对边缘区的影响与带动能力低下，导致低水平均衡状态的空间格局
劳动力与人口城镇化	劳动力实现由农业部门向资源部门再向城市非农部门的合理转移，部分工矿区“向上过渡”，向区域中心城镇转化，中心城市由于制造业和服务部门发展对劳动力人口形成强大的吸引力	劳动力向资源部门转移，滞留于工矿区，导致区域工业化的“虚高度化”与城镇化的“虚高度化”，核心区人口集中趋势弱化，中心城市发展滞缓

续表

项　目	资源推动型优态发展模式	资源诅咒型病态发展模式
工业化与城镇化关系	资源部门繁荣带来经济发展，推动核心城市发展，城市发展而来的高端资源的集聚，促进专业化分工的规模经济效应和创新产生促进产业结构升级，工业化与城镇化互动	资源部门繁荣，挤出制造业、人力资本、技术进步，经济分散化导致核心城市发展滞缓，核心城市规模效应弱化及偏态的城市创新功能，制约制造业集聚，制约产业结构升级，形成缺乏城市化支撑的工业化

（五）资源型区域城镇化基本特征与问题

山西省作为典型的资源型省区，走出了以资源型产业推动为主的资源开发速生型城镇化发展模式，概括起来山西城镇化特征及问题如下：

第一，城镇化水平与速度“虚高度化”。山西省在工业化与城镇化进程中，资源型产业单兵突进，非资源型产业落后，资源型部门的繁荣带来人口非农化的快速转化和统计上城镇人口的迅速增长。2010 年，山西省城镇化水平 48.05%，接近全国平均水平，全国各省、市、区中位列第 16 位。2000 年以来，城镇化水平年平均增幅 1.3 个百分点。但是，新增城镇人口中每 3 个人当中就有 1 个是农民工。大量半城镇化的“亦工亦农”人口，造成一种高度城镇化的假象。而许多城镇建设质量低下，载体功能不健全，与其说是城镇化地域，不如说是工矿地区、工矿点。全省城市人均日生活用水量、工业废水排放达标率、人均公共绿地面积、城市燃气普及率、每万人拥有公共汽（电）车等方面指标都与全国平均水平相差甚远。

第二，经济与城镇人口空间分布的“边缘化”。从核心与边缘经济与城镇人口布局动态分析，按照“山西省主体功能区划”地域分类，城市化与新型工业化地域（实际上包含了大量的资源型城市）GDP 占全省的比重由 2000 年的 61.7% 下降到 2010 年的 59.4%，城镇人口占全省的比重由 2000 年的 70.74% 下降到 2010 年的 66.68%，城镇化年均增长率 1.18%，GDP 年均增长率 19.8%，均低于全省平均水平。而全省 18 个新兴采煤县 GDP 占全省的比例由2000年的13.9%提高到2010年的21.7%；城镇人口占全省的比例由2000年的8.82%提高到2010年的10.02%；2000年以来，GDP年均增长率达到24.5%，城镇化水平年均提高1.44个百分点，远高于全省、城市化与新型工业化区域的发展速度。

第三，中心城市人口与经济集聚与扩散效应弱化。山西省缺乏在全国具有较强竞争力和影响力的特大城市。全省22个城市中，小城市13个，比重为59.09%，高于全国32.14%的平均水平。2000年以来，11个中心城市城镇人口与GDP年均增长率大部分低于全省平均发展水平。城市平均规模较小，加之工矿城市居多，以单一型生产功能为主，其技术创新、文化教育、生产服务、商贸流通职能不完善，对区域的辐射功能较弱，难以带动区域的整体发展。

表2　2000年以来山西省11个中心城市的人口与经济年均增长率

	城镇人口（%）	GDP（%）	备注
全省平均	3.94	17.4	
大同市	1.66	15.17	资源型
朔州市	1.62	24.33	资源型
忻州市	0.77	15.00	
太原市	2.03	18.59	
阳泉市	0.91	14.81	资源型
吕梁市	1.67	22.50	资源型
晋中市	1.41	15.64	
临汾市	1.43	16.31	
长治市	1.70	11.30	
晋城市	3.03	13.07	资源型
运城市	0.96	14.64	

第四，资源型城镇内部结构的二元化。在城市建设管理方面，企业与政府之间的“二元结构”问题突出，长期存在“大企业、小政府”的现象。按照企业模式建设的设施与城市设施的要求相去甚远。同时，企业与城市政府

之间管理权限又互有交叉，各部分往往从各自利益出发，各自为政，缺少必要的协调和统一，从而给城市建设带来人为的矛盾。

三、基于资源型经济转型的城镇化路径

（一）资源型经济转型对城镇空间组织的要求

在当前信息化以及经济全球化背景之下，资源型经济转型发展已经不仅仅局限于产业的转型，其内涵至少应包括三个方面：一是经济发展动力由资源依赖型向创新驱动型转变；二是产业结构由单一支柱产业结构向新型多元的现代产业体系转变；三是经济增长方式从粗放型增长向节约、集约式转变。山西省资源型经济转型发展，根本上是从“矿产资源依赖型经济”向“人力资本开发和科技创新驱动型经济”的转型和跨越（张复明，2007）。从区域发展战略角度分析，资源型经济转型发展的战略重点应包括：第一，加快人力资源开发与区域创新体系建设，促进发展动力的转型；第二，重点改造提升资源型产业，大力发展非资源型的加工业和第三产业，培育壮大继续替代产业，实现主导产业多元化；第三，加快发展循环经济、资源清洁高效利用、节能改造、清洁生产和生态修复，促进经济发展方式转型。

在转型发展背景下，经济发展的要素、新产业的企业区位因子与区位指向、产业的空间组织等均会发生新的变化。城市是现代区域社会经济要素及产业的核心空间载体，产业结构的演进和高度化会不断对城镇空间结构和组织模式提出新的要求。同时，产业结构演进也必须有城镇空间结构和组织模式的持续优化和协同作为支撑（沈玉芳，2008）。改革开放以来我国区域发展实践说明城镇化发展迅速、城市体系变化明显的地区，也是产业结构不断调整与升级的经济发达地区，城镇化的快速推进对区域经济总量增长、新兴产业发展及产业结构升级发挥了重要的拉动作用。同时，区域产业结构调整与优化又极大地促进了城市职能结构、城镇化地域形态的转变及城镇化进程的加速（李诚固、郑文升、王晓芳，2004）。

具体来说，资源型经济转型对城镇空间组织提出的新要求可概括为以下方面：

第一，创造良好的转型环境需构建高效、集约、可持续的空间格局。根据区域发展非均衡模型和区域经济与人口分布变动的波动推进过程，在区域发展的相当长时期内，人口与经济的空间集中化是区域发展的内在规律，非均衡发展是区域空间结构演进的主旋律。但是，基于资源型产业特殊的区位特征，资源型区域人口与经济活动分布散化是空间结构的一般特征。杨开忠等在《中国西部大开发战略》中，依据规模经济和空间交易费用理论提出，导致西部发展滞缓的因素很多，但其中最核心也是可改变的是人口分布基础上形成的区域格局，进而提出，“实行人口与经济的地理集中，重组西部地理空间格局是西部大开发的战略枢纽”（杨开忠等，2001）。处于工业化中期阶段的资源型经济转型发展同样需要重组人口与经济空间格局，按照市场规律，促进人口和生产要素向优势地区集中，通过构建高效、集约、可持续的空间格局，来提高区域营利能力，进而提高区域竞争力。

第二，促进人力资本开发和科技创新需要依靠大城市的快速成长。人力资源的空间集中是形成区域知识网络的空间基础，是专业化人力资本积累和知识外溢效应的前提条件，也是形成区域创业与创新环境的人文基础。城镇发展实践表明，多数创新来自发达国家的大城市。只有城市，特别是大城市和都市区，才能将具有不同知识结构的群体、不同消费层次的社会阶层、不同的产业，结合在一个空间中，进而大大节约信息传播的成本，形成知识集约利用的外部性，形成了创新的源泉。所以，城市的集聚经济更具有创新特征和抗周期的能力（陈建军、陈菁菁、黄洁，2009）。

第三，产业结构优化升级需要构建新型的空间载体。资源型转型的核心是产业结构的优化升级，产业结构优化升级重点表现在两个方面，一是，资源型产业链的延伸，从资源开发走向资源型深加工、并沿产业链向深加工方向升级；二是，促进新型产业的发展，发展服务业、发展研发产业、发展非资源依赖型制造业、高新技术产业。这两个方面，都需要资源与要素重组，企业与产业的集聚，并通过这些要素聚集与扩散带来的动力加速区域产业结构的调整与升级，只有城市特别是大城市地区才能提供这样的支持，发挥对区域产业结构调整与升级的支撑作用。

2. 基于资源型经济转型的城镇化路径

山西省城镇化推进要适应资源型经济转型发展的内在要求，协调工业化与城镇化的关系，将城镇发展放在优先位置，调集更多的资源特别是公共资源用于城镇发展，优化城镇化发展方式，培育和发展辐射全国性的重点城市和城市群，积极构建与区域发展阶段相适应高效、集约、开放、可持续的城镇体系组织结构。城镇化的基本路径包括：

第一，调集更多的资源特别是公共资源用于城镇发展。根据资源型区域转型发展的“三部门三区域”分析框架，发挥“核心”——城镇的集聚效应、扩展城镇的非农经济是实现双重演进的前提条件也是调整经济结构、促进经济增长的新发动机。没有交易效率的提高而有暂时的工业化，但难以有持续的经济发展，城镇化与交易效率的关联度要大于交易效率与工业化的关联度。促进资源型经济转型需纠正工业化偏向，将城镇发展放在优先位置，通过建立资源收益分配的新机制，将公共资源倾斜用于基础设施建设、公共服务体系构建，增强城镇对产业、人口的吸引力。

第二，构建新型产业集聚与创新增长的空间和产业结构升级的引擎。城镇群是区域参与经济全球化、国际竞争、区域竞争，引领经济社会发展的重要支撑。资源型区域要把城市群崛起作为提升区域核心竞争力的重要途径，把中心城市和城市群建设摆在区域空间发展的核心位置。以具备城镇化和新型工业化集聚区位和发展条件的重点开发空间为依托，以特大城市为中心，整合中心城市与周边城镇发展关系，提高城市群新型产业集聚、人口集中、创新资源集聚的能力，使城市群成为现代服务业、新型工业的发展平台，成为要素集聚、产业集群、经济集约的增长高地，成为牵引资源型经济转型发展的新经济增长极和新兴经济生长空间。

第三，促进矿业城镇向区域性中心城镇转型。资源型区域发展导致核心—边缘理论中一类特殊的过渡区域——工矿区，其中，依托原有中心地城镇形成了部分矿业城镇，由于历史和体制方面的原因，矿业城市既是城市，又是矿业工业基地，产业结构单一、环境污染问题突出，按照企业模式建设的设施与城市设施的要求相去甚远，与腹地区域缺乏必要的生产组织联系。

如何促进这一部分城市“向上过渡”，实施“再城镇化”战略，大力提高城市发展的质量和效益，建立弹性、高效的城市经济开发体系，提高城市资本集聚、产业更新、技术创新、综合服务与示范功能和城市综合承载能力，促进城市由工业生产中心向现代人居中心转化是城镇化战略的重要环节。而促进矿业城市“再城市化”，关键是整合“矿城关系”，按照“矿城融合、一体发展”的思路，构建矿城、矿地融合发展平台，推动矿城、矿地、矿城与腹地联动、协调发展，强化工矿企业与地方企业的技术与经济联系，推动工矿企业更好地融入地方经济体系，促进各种要素的正常流动和优化配置，特别是要依托工矿企业的技术、人才和要素集聚优势，带动城市的绿色转型和区域综合发展，推动产业融合、技术融合和社会融合。

第四，构建具有竞争力的县域空间结构，协调边缘区经济发展与生态功能的矛盾。县域城镇化发展，应采取“大县城”发展模式，把县城建设作为推进县域城镇化的战略突破口，通过大县城建设，带动小城镇、中心村的发展。应以县（市）域为单元，县城为核心，统筹城乡规划建设管理，统筹城镇化和新农村建设，以工业向园区集中、人口向城镇和中心村集中、土地向规模经营集中的“三集中”为导向，加大县域城乡居民点和产业布局的调整力度，着力打造集约、高效、可持续的城乡空间格局。

第五，构建产业集聚与人口集中相适应的发展格局，把产业发展与城市规划建设联系起来。根据城镇体系结构，合理规划和整合各类园区布局，合理确定各城镇产业园区的定位和发展方向，形成大中城市以发展新兴产业为主导、大县城和中心镇以特色产业为支撑的产业园区发展格局。加快培育产品加工度深、企业依存度高、产业关联度大、市场竞争力强的特色产业集群，通过产业集群的发展，推动所在城市以及城市群的发展，进而实现产业集聚与人口集中相适应的合理格局。改变“缘矿建镇”的传统做法，推进“长距离通勤模式”（LDC）的发展，优化工矿区域产业与人口集聚格局。统筹城镇与产业园区布局，按照经济、生态、宜居功能复合的要求，形成产城融合、良性互动的发展态势。

3. 资源型区域经济转型与城镇化互动的机制体制创新

充分利用“山西省国家资源型经济转型综合配套改革试验”平台，建立完善资源收益分配机制、城镇群一体化发展机制、矿业城市和煤电集团对接融合机制、以煤补农的长效机制等体制机制，建立基于提高交易效率的规划、财税、产业、土地、公共设施供给等政策。

其中，资源型区域独特的机制创新包括：一是，探索建立资源收益在中央、省、市、县、乡、村各级合理分成的体制机制，资源收益向工业化资本的长期转化机制，提升资本形成能力和转化能力。二是，探索建立矿业城市与煤电集团对接融合的体制机制，重点包括城、矿基础设施改造及共建共享的体制机制，城、矿公共服务资源整合利用的体制机制，城、矿就业、社会保障、社区服务等社会管理一体化的体制机制，以转型工业园区为载体、矿地共同打造新型主导产业体制机制。三是，建立资源型企业可持续发展准备金制度，主要用于环境恢复与生态补偿、发展接续替代产业、解决煤矿历史遗留问题和矿山企业关闭后的善后工作。四是，建立以城带乡、以煤补农长效机制，逐步强化矿山企业和帮建村、乡、县的利益联结，实现双赢、多赢目标，推进村矿、村企、乡企、县企和谐发展。

参考文献

[1] 张复明，景普秋．资源型经济及其转型研究述评［J］．中国社会科学，2006（6）：78－87.

[2] 石忆邵，朱卫锋．中国城镇化的地域组织模式及其发展研究［J］．中国工业经济，2004（10）：13－20.

[3] 赵红军，尹伯成，孙楚仁．交易效率、工业化与城镇化——一个理解中国经济内生发展的理论模型与经验证据［J］．经济学，2006（4）：1041－1065.

[4] 陆铭，向宽虎，陈钊．中国的城市化和城市体系调整：基于文献的评论［J］．世界经济，2011（6）：3－25.

[5] 陈建军，陈菁菁，黄洁．空间结构调整：以加快城市化进程带动产业结构优化升级［J］．广东社会科学，2009（4）：13－20.

[6] 张复明．资源型区域面临的发展难题及其破解思路［J］．中国软科学，2011（6）：1－9.

[7] 张复明，景普秋．资源型经济的形成：自强机制与个案研究［J］．中国社会科学，2008（5）：117－130.

[8] 施祖麟，黄治华．“资源诅咒”与资源型地区可持续发展［J］．中国人口·资源与环境，2009（5）：33－36.

[9] 景普秋，范昊．基于矿产开发的区域经济发展模式：理论假说与个案研究［J］．中国软科学，2010（10）：124－132.

[10] 景普秋等．基于可耗竭资源开发的区域经济发展模式研究［M］．北京：经济科学出版社，2011.

[11] 尹继东，张文．论我国工业化与城市化的双重演进——基于劳动力转移理论的实证分析［J］．南昌大学学报（人文社会科学版），2007（1）：90－94.

[12] 张复明．资源型经济理论解释内在机制与应用研究［M］．北京：中国社会科学出版社，2007.

[13] 沈玉芳．产业结构演进与城镇空间结构的对应关系和影响要素［J］．世界地理研究，2008（4）：17－24.

[14] 李诚固，郑文升，王晓芳．我国城镇化与产业结构演变的互动变化趋势研究［J］．人文地理，2004，19（4）：50－54.

[15] 杨开忠等．中国西部大开发战略［M］．广州：广东教育出版社，2001.

[16] 陈建军，陈菁菁，黄洁．空间结构调整：以加快城镇化进程带动产业结构优化升级［J］．广东社会科学，2009（4）：13－20.

The Urbanization and the Economic Transition of Resources: Relations, Mechanism and Interactive Patterns

Guo Wenjiong Bai Mingying

(Urban and Regional Development Institute, Taiyuan Normal University, Taiyuan 030012)

Abstract: In the economic transition of resources, what is the role of urbanization and urban development? How to promote the economic transition of resources by adjusting urbanization development model? In this paper, taking Shanxi province as a case, we combine the "three departments" model of the economic problems of resources with the "core – edge" model to analyze the spatial relationships between industrialization and urbanization in the resource area. We put forward the following point of view: create a new pattern of spatial and the upgrading of the industrial structure to promote the industry agglomeration and innovation of growth by speeding up the development of major city and urban clusters, constructing the efficient and intensive urban organization structure, adjusting the allocation mechanism of resource income, increasing investment of urban infrastructure construction and the construction of public service system. Integration the relationship and promote the collaborative development of urban and mining area to guide the "reurbanization" in resource cities. Implementing the "big county" strategy and straightening a relation of cities, mining towns and counties can establish a new mode of integrated of urban and rural development. All the above are the practical patterns of economic transition of resources. To set up and perfect the allocation mechanism of resource income, the mechanism of urban agglomeration integrated development, the integration of the mining cities and coal - electricity groups, the long - effect mechanism of using coal mine income to subsidize agriculture. While the supply policies of planning, taxation, industry, land and public facilities based on improving trading efficiency also are the important guarantees to promote the economic transition of resources and integrate the development of urbanization.

Key words: resource area; economic transition; urbanization; urban spatial organization

2006 年来我国三大都市圈城镇体系演变比较及结构优化*

姜　军　安树伟*

摘　要：近年来，我国沿海三大都市圈城镇体系逐步完善，城市规模结构日趋合理；不同规模等级城市人口变化差异很大；特大城市数量保持稳定，城市的区域分布格局基本未变。三大都市圈特大型城市的集聚效应有待提高，土地的城镇化大大超前于人口的城镇化。因此，应加快大城市的发展，注重提升都市圈的开放度和国际化功能；构建都市圈圈内与圈际的统筹管理与协商机制；完善综合交通体系，促进要素资源的高效流动。

关键词：三大都市圈　城镇体系　结构优化

---

* 国家社会科学基金重点项目：《都市圈内中小城市功能提升的模式与路径研究》（批准号：13AJL014）的阶段性成果之一。

* 姜军（1990—），男，安徽贵池人，硕士学位，西北大学经济管理学院在读研究生；安树伟（1969—），男，山西沁县人，博士学位，首都经济贸易大学城市经济与公共管理学院教授。研究方向：区域经济学，城市经济学。

长江三角洲、珠江三角洲和京津冀三大都市圈中具有全国性影响的大型都市圈，有两个横跨省级行政区，均有望培育出具有国际影响力的巨型城市群。而不论是城市、人口和产业集聚程度，还是中心城市规模和辐射范围，它们都位居全国前列（刘荣增，2010）。城镇体系是区域经济的骨架，是带动区域经济增长的极核（杨万钟，1994）。研究三大都市圈城镇体系结构特征及演变规律，制定合理的城镇体系发展对策，对促进区域经济增长、社会发展与加速都市圈内部经济一体化进程和圈际之间的资源配置具有十分重要的意义。

一、我国三大都市圈的范围界定

都市圈的概念最早起源于美国 1910 年提出的大都市地区（Metropolitan District），欧洲的定义则更偏向于大都市区的中心城市在欧洲甚至世界具有控制力的首都城市和大城市（陈睿，2007）。而我国学术界对都市圈概念的认识是在分析总结国外都市圈研究和发展实践的同时，结合对我国城市化发展实际考察的基础上逐步形成的，可以总结为都市圈是指在一定地域范围内，以发达的道路交通为纽带，围绕中心城市形成的包含若干个大、中、小城市和镇村组成的具有紧密联系的功能性区域（刘江华等，2010）。

长三角大都市圈是以上海市为中心，包括江苏省的南京、镇江、扬州、泰州、苏州、无锡、常州、南通和浙江省的杭州、嘉兴、湖州、宁波、绍兴、舟山、台州等十六个地级以上城市及其所辖的 58 个县（县级市）①、953 个建制镇、118 个乡。总土地面积 99610 平方公里，2011 年全区总人口 8450.7 万人。

珠三角城市群有小珠三角与大珠三角之分（姚士谋，2006），前者是指广东珠江三角洲地区的 41690 km^2、香港 1070 km^2 和澳门地区 27.3 km^2，陆地总面积为 42787 km^2；小珠三角地区仅指广东的珠江三角洲地区。为便于对比

① 县及县级市资料来源于《中国统计年鉴（2011）》、《江苏统计年鉴（2011）》和《浙江统计年鉴（2011）》。

分析，本文研究范围为小珠三角行政范围中的广州、深圳、珠海、佛山、江门、肇庆、惠州、东莞、中山等城市及其所辖所有县市。

学术界一般认为，京津冀都市圈是以北京、天津为双核心，包括石家庄、唐山、秦皇岛、保定、张家口、承德、沧州、衡水和廊坊及其所辖县市，占地总面积约为192519平方公里，2010年总人口约为7780.8万人。

二、2006年来我国三大都市圈城镇体系的演变

（一）都市圈城镇体系逐步完善，城市规模结构日趋合理

2010年三大都市圈地区人口大于800万人的城市有4个、400万~800万人之间的城市3个、200万~400万人的城市4个、100万~200万人的城市9个、50万~100万人的城市14个、20万~50万人的城市36个、小于20万人的城市30个。与2006年相比，三大都市圈城市总数增加了1个，100万以上人口规模的城市数量总数减少1个，50万~100万人的城市数量略微减少，20万~50万人的中等城市增加了7个，小城市数量减少了3个（表1）。

表1　2006—2010年我国三大都市圈不同人口规模城市数量增减情况

单位：万人、个

年份	>800	400~800	200~400	100~200	50~100	20~50	<20	合计
2006	5	2	6	8	16	29	33	99
2010	4	3	4	9	14	36	30	100
2010年比2006	-1	1	-2	1	-2	7	-3	1

注：本文中城市人口规模的计算方式为城区人口与城区暂住人口之和。

资料来源：根据住房和城乡建设部．中国城市建设统计年鉴（2007）［M］．北京：中国建筑工业出版社，2008；住房和城乡建设部．中国城市建设统计年鉴（2011）［M］．北京：中国计划出版社，2012，相关数据整理。

（二）不同规模等级城市人口变化差异很大

2006—2010年，三大都市圈城市总人口增加1.2%，400万~800万人的

巨型城市人口增加幅度最大（70.5%），20 万～50 万人的中等城市次之（23.4%），城市人口规模 100 万～200 万的城市人口规模则增加 15.6%；200 万～400 万人的超大城市人口减少幅度最大（32.3%），核心城市和小城市人口规模有所减少①。2010 年人口大于 100 万的特大城市人口合计为 9989.3 万人，占不同城市规模总人口的 79.5%，中小城市仅占 12.5%（表2）。巨型城市人口扩张尤为明显，其深层次原因主要来自以下两个方面：一方面，经济内在的集聚效应使得资源（包括中西部地区劳动力人口）不断向利用效率高的地方集中，因而特大规模等级城市人口增加 1.2%，巨型城市人口增加则高达 70.5%；另一方面，我国都市圈内部的发达地区（如上海等地）的经济扩散效应明显，对周边地区的经济发展（如苏州、无锡、常州等地）产生明显的拉动作用，处于倒 U 字形的后期扩散发展阶段（俞路等，2007）。

表 2　2006—2010 年中国三大都市圈城镇体系人口规模分布变化

城市规模等级	2006 年		2010 年		2010 年比 2006 年增加（%）
	数量（万人）	比重（%）	数量（万人）	比重（%）	
>800 万	6158.50	50.1	5892.7	47.3	-4.3
400 万～800 万	998.8	8.1	1702.6	13.7	70.5
200 万～400 万	1519.9	12.4	1028.8	8.3	-32.3
100 万～200 万	1103.3	9.0	1275.3	10.2	15.6
50 万～100 万	1144.1	9.3	998.2	8.0	-12.8
20 万～50 万	886.4	7.2	1093.5	8.8	23.4
<20 万	500.5	4.1	455.9	3.7	-8.9
合计	12311.5	100.2	12347.0	100.0	51.2

资料来源：同表 1。

（三）特大城市数量保持稳定，城市区域分布格局未变

2006—2010 年，我国三大都市圈城市人口规模总体呈现上升趋势，共同

① 巨型城市为城市人口规模在 400 万～800 万，超大城市是指城市人口规模在 200～400 万，核心城市的人口规模界定为大于 800 万，特大城市泛指城市人口规模大于 100 万人，作者定义。下同。

特点是人口规模100万及以下的城市快速发展，而特大城市数量保持稳定。其中，长三角地区中等城市的数量大幅增加，大城市则明显较少，珠三角地区以中等城市增加为主，京津冀都市圈大城市增加2个，远超其他规模等级城市增加的数量；人口在100万~200万的城市除珠三角都市圈增加一个外，其他两个都市圈均无变化；珠三角都市圈核心城市数量减少一个，其他规模等级城市数量变动不大；京津冀地区城市规模基本不变（表3）。

表3　2006—2010年全国三大都市圈不同规模城镇变化情况

单位：个

地区	年份	>800万	400万~800万	200万~400万	100万~200万	50万~100万	20万~50万	<20万	城市合计
长三角	2006	1	1	4	3	11	19	13	52
	2010	1	1	3	3	7	26	11	52
	±	0	0	-1	0	-4	7	-2	0
珠三角	2006	3	0	1	3	2	3	5	17
	2010	2	1	0	4	2	4	5	18
	±	-1	1	-1	1	0	1	0	1
京津冀	2006	1	1	1	2	3	7	15	30
	2010	1	1	1	2	5	6	14	30
	±	0	0	0	0	2	-1	-1	0
三大都市圈	2006	5	2	6	8	16	29	33	99
	2010	4	3	4	9	14	36	30	100
	±	-1	1	-2	1	-2	7	-3	1

注：以上地级市数据与其所辖的县级市具有一定的重合关系。

资料来源：同表1。

对比一下三大都市圈内部的城市人口规模结构，京津冀都市圈最具“金字塔形”结构，这与沈玉芳（2010）得出长三角城市群最具“金字塔形”的结构特征不一致。但是长三角城市群内部城市的综合发展水平更高，且总体上符合位序—规模结构却不容置疑。而珠三角因为改革开放后才得到大力发展，尤其是毗邻香港的地缘优势极为突出，但是它的城镇数量偏少，城镇体系有待进一步完善。珠三角城镇化的空间模式也开始从“小集聚、大分散”向“大集聚、小分散”的格局转变，而且未来应是以广州和香港两大城市为核心的环珠江口多中心巨型城市区域，必将以全新姿态崛起于世界地理版图之上（许学强等，2009）。

（四）三大都市圈城镇化进程不一

1993—2011 年，全国城镇化率从 28.0% 上升到 51.3%，增长近一倍，平均每年增长超过 1 个百分点；同期京津冀都市圈和长三角都市圈的城镇化率则略微下降，分别从 62.5% 下降到 58.3%，58.0% 下降到 55.6%。珠三角都市圈的城镇化率的变动幅度极为特别，从 1993 年的 24.1% 上升到 2003 年的 30.7%，这段时间比较平稳，十年间提高了 6.5 个百分点；而在 2004 年却从 38.9% 一跃而成 60.7%，远超全国平均水平，年增幅达 20% 以上，主要

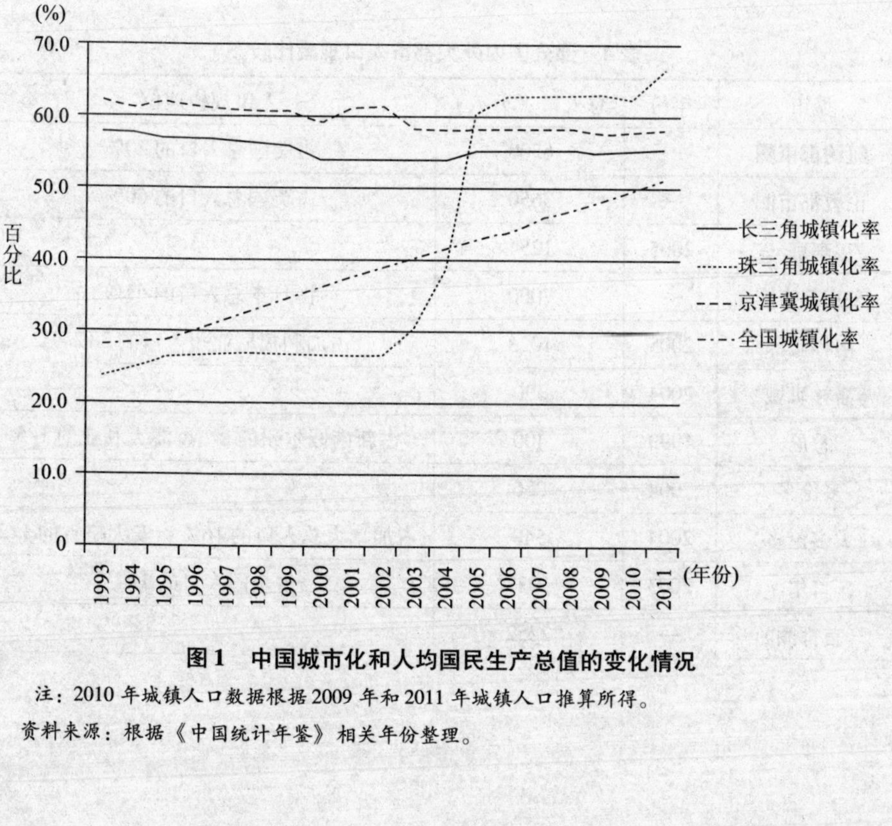

图 1　中国城市化和人均国民生产总值的变化情况

注：2010 年城镇人口数据根据 2009 年和 2011 年城镇人口推算所得。

资料来源：根据《中国统计年鉴》相关年份整理。

原因是统计数据调整的缘故。2011年，珠三角都市圈的城镇化率（66.5%）位居三大都市圈首位，比长三角城镇化率高10.9个百分点，比京津冀高8.2个百分点，比全国水平高15.2个百分点。

三、我国三大都市圈城镇体系演变过程中存在的问题

（一）特大型城市的集聚效应还是有待提高

世界上的国际化大都市发展都是以人口集聚为必要前提的（屠启宇、金芳等，2007）。2010年北京、上海、广州三大城市城区人口相比2006年有了很大的增加，但在所属地区的比例并不高（表4），中国特大型城市的人口密度也大大低于巴黎、伦敦、东京和纽约等国际化大都市（表5）。长三角都市圈占全国总人口比重最高达13.7%，珠三角都市圈总人口比重最低，仅为8.5%。

表4　部分国内外大都市人口规模比较

城市	年份	总人口（万人）	人口规模地位
纽约都市圈	—	6500	占美国总人口的20%
伦敦都市圈	—	3650	占英国总人口的60%
东京	2005	1254	
东京都市圈	—	7000	占日本总人口的61%
洛杉矶郡	2005	1023	占加利福尼亚州人口的28%
（洛杉矶城）	2004	390	
悉尼	1999	400	占新南威尔州的2/3、澳大利亚的1/5
多伦多	2004	256	
（大多伦多）	2004	540	占加拿大总人口的16%、安大略省的1/2
首尔	2003	1028	占全国人口的1/4
（首都圈）	—	2252	

续表

城市	年份	总人口（万人）	人口规模地位
圣保罗州	—	4000	占巴西人口的22%
约翰内斯堡	2001	323	占南非人口的7.2%
北京	2010	1686	占京津冀三省（市）的43.9%
京津冀都市圈	2010	3576	占全国总人口比重9.1%
上海	2010	2302	占苏沪浙三省（市）的34.6%
长三角都市圈	2010	5411	占全国总人口比重14.0%
广州*	2010	869	占广东省的19.7%
珠三角都市圈	2010	3360	占全国总人口比重8.5%

注：*包括城区人口和城区暂住人口。

资料来源：根据屠启宇、金芳等（2007）；吴智勇（2006）；《中国统计出版社2009》；《中国城市建设统计年鉴（2011）》整理。

表5　部分国内外大都市人口密度比较

城市	年份	人口密度（人/km²）	城市	年份	人口密度（人/km²）
纽约	2000	10194	首尔	2003	26000（市中心区）
伦敦	2001	4486（内城8439、外城3469）	巴黎	2003	20448（巴黎市）927（大巴黎）
中国台北	2004	9649（市中心区27510）	新加坡	2007	6660
东京	2005	13510（中心城区）	香港	2008	6322
北京	2010	1383（城区）	天津*	2010	2152
上海*	2010	3630	广州*	2010	2261

注：*表示该数据包括城区人口和城区暂住人口。

资料来源：同表1。

（二）城市建成区平均人口规模有所减少，建成区扩张动力机制强劲

2006—2010年，除超大城市和中等城市人口规模减小外，核心城市人口规模增幅最大（19.6%），巨型城市次之（13.6%），小城市人口规模不发生变化不大。不同规模等级城市的建成区平均面积均有一定比例的增加（表

6），我国三大都市圈平均人口规模增加0.2%，城市总人口规模增加1.2%，但城市建成区面积平均扩大5.0%，建成区总面积增加6.1%。其中尤以核心城市建成区面积扩张为甚，城市用地增长率与人口增长率之比为25.0：1.0，这说明我国三大都市圈土地的城镇化大大超前于人口的城镇化已经成为一种常态。需要特别引起注意的是超大城市、中等城市甚至是在人口减少的前提下城市进行大规模扩张。对于核心城市来说，其经济的集聚效已远远超过其土地扩张速度，这迫切需要转变我国当前城市空间利用效率不高的状况；从其他规模等级城市来看，城市建成区的大规模扩张无疑可以使地方财政受益匪浅，是驱动城市无序扩张的重要因素之一且解释能力仅次于城镇人口因素（章新峰，2010），地方政府因而更加热衷于“建设新城”而不是“旧城改造”。

表6　2006—2010年中国三大都市圈城市城区平均人口规模与面积变化

城市规模等级	城市建成区平均人口（万人）			城市建成区平均面积（km^2）		
	2006年	2010年	2010年比2006年增加（%）	2006年	2010年	2010年比2006年增加（%）
>800万	1231.7	1473.2	19.6	294.6	695.2	136.0
400万~800万	499.4	567.5	13.6	557.5	708.5	27.1
200万~400万	253.3	257.2	1.5	210.3	294.0	39.8
100万~200万	137.9	141.7	2.7	112.8	169.6	50.3
50万~100万	71.5	71.3	−0.3	70.1	85.6	22.1
20万~50万	30.6	30.4	−0.6	30.6	35.6	16.2
<20万	15.2	15.2	0	16.4	19.2	17.2
合计	2239.6	2556.5	36.5	1292.3	2007.7	308

说明：*表示缺少北京市建成区面积数据。

资料来源：同表1。

（三）三大都市圈建成区扩张与其人口增加不一致

京津冀都市圈人口占三大都市圈比重有所增加，但是其建成区面积所占比重却在下降，这反映了其人口城镇化的速度大于其土地城镇化的速度，与长三角都市圈、珠三角都市圈相比更是如此；珠三角都市圈则恰恰相反，其建成区面积所占比重与其人口占都市圈比重的变化方向是相反的，这说明其土地的扩张速度要大于其实际人口的增长速度；长三角都市圈的人口比重一直稳定在44%左右，且其建成区面积近几年变化不大。

表7　2006—2010 年中国三大都市圈城市建成区人口及面积占比变化

比重／地区	建成区人口占总人口比重（%）			建成区面积占总面积比重（%）		
	2006 年	2010 年	年均增长率	2006 年	2010 年	年均增长率
京津冀	25.0	28.7	2.4	30.0	19.0	-8.70
长三角	43.5	44.3	0.4	41.4	47.4	2.70
珠三角	31.5	27.0	-3.0	28.6	33.6	3.30

资料来源：同表1。

四、未来我国三大都市圈结构优化的对策

（一）加快特大城市发展进程，注重提升都市圈开放度和国际化功能

我国特大城市和大城市还应得到相应的发展，尤其是人口规模超过 200 万人的城市群必须更快发展。土地不足、资源短缺的基本国情决定了中国的城市化不能走蔓延型、分散化、低密度的道路，而必须走紧凑型、集约化、高密度的道路（中国发展基金研究会，2010）。因此，进一步放松户籍的管制，减少制度性的阻碍以吸引人口的集聚；同时又避免城区“摊大饼式”的发展，低效率地利用城市空间，应努力提高城市人口的容积率，尝试建立“人地挂钩”机制未尝不失为当前的选择。

提升都市圈的开放度和国际化功能，一方面可以提高我国的国际地位，使我国具有更大的话语权，能在世界舞台上发挥更大的作用；另一方面，众多外企以及国外机构的进驻无疑会极大地活跃当地的市场经济，并促进该地区的制度创新和技术进步，从而加快带动都市圈的经济发展。

（二）强化圈内经济联系，促进城市间职能分工和错位竞争

《全国城镇体系规划（2010—2020 年）》表明，北京市定位于首都和国家

政治文化中心，天津市定位我国北方的经济中心和国际港口城市，上海市大力发展国际金融中心和国际航运中心，广州则谋求国际商务中心和华南地区科教文化中心。都市圈内核心城市的功能定位不同势必导致圈内各个城市的发展战略迥异，因此各个城市应根据各地人力、物力、财力情况，与特大城市相互协调、合理发展，建立多层面合作伙伴关系，才可能较好地发挥协作效应。

（三）构建都市圈圈内与圈际的统筹管理与协商机制

都市圈是由多个地域相连的城市组成，往往跨越了行政区域的界限，其未来的发展规划也需要各行政主体去协调落实。然而，仅仅依靠行政主体们严格自觉地执行规划是不现实的，由上级政府强制推行则会缺乏灵活性和积极性。因此，加快建立跨区域的统筹管理和协商机制，尽快成立专门的跨区域协调机构成为重中之重。此外，允许成立官方或民间的监督审查组织和发挥以公众为基础的舆论平台，确保跨区域规划的实施；允许将地方性的政策规划上升为法律条文则更能有效地保证政策的落实（刘江华等，2010）。

（四）完善综合交通体系，促进要素资源的高效流动

便利的交通条件是都市圈发展极为重要的基础，一方面它可以降低通勤成本，为人才及物更快速的流通创造条件，同时也能使资源在各城市间得到更有效地配置；另一方面，它还能在时间一定的前提下延长城市居民的通勤距离，从而为城市的扩张提供有力支持，而伴随着城市人口的不断增加，城市的集聚效应也将明显增强。此外，完善基本公共服务，建立健全社保医疗卫生体系，引导民间资本进入城市建设的相关领域，如何使市场能够更进一步地发挥作用，无疑会使我国城市化进程中的许多问题得到解决。

参考文献

[1] 刘荣增．基于城乡统筹视角的城镇密集区发展研究［M］．北京：科学出版社，2010：24-25.

[2] 杨万钟．经济地理学导论［M］．上海：华东师范大学出版社，

1994：190－196.

［3］陈睿．都市圈空间结构的经济绩效研究［D］．北京大学博士毕业论文，2007：60－61.

［4］刘江华，杨代友，张强，陈来卿．整合与超越——广州大都市圈发展研究［M］．北京：商务印书馆，2010：37－41，117－123.

［5］姚士谋，陈振光，朱英明．中国城市群［M］．北京：中国科学技术大学出版社，2006：175－183.

［6］俞路，蒋元涛．我国区域经济差异的时空分析——基于全国与三大都市圈的对比研究［J］．财经研究，2007（3）：17－28.

［7］沈玉芳．长三角地区城镇空间模式的结构特征及其优化和重构的战略构想［J］．科学发展，2010（2）：31－33.

［8］许学强，李郇．改革开放三十年珠江三角洲城镇化的回顾与展望［J］．经济地理，2009（1）：13－17.

［9］陈柳钦．城市群：城市化健康发展的主体形态［J］．中国矿业大学学报，2008（9）：68－73.

［10］屠启宇，金芳等．金子塔尖的城市：国际大都市发展报告［M］．上海：世纪出版集团，上海人民出版社，2007：219－220.

［11］章新峰．我国城市土地财政转型研究［D］．浙江大学硕士学位论文，2010（6）：34－39.

［12］吴智勇．世界六大都市圈［J］．地理教育，2006（6）：76.

［13］中国发展基金研究会．中国发展报告2010：促进人的发展的中国新型城市化战略［M］．北京：人民出版社，2010：70－94.

［14］住房与城乡建设部编．全国城镇体系规划（2010—2020 年）［EB/OL］．中国网新闻，http：//news. china. com. cn/rollnews/2010－02/10/content_561973. htm，2010－02－10.

The Analysis and Countermeasures of Urban System Evolution in China's Three Metropolitan Area

Jiang Jun　An Shuwei

(Northwest University, Xi'an 710127; Capital University of Economics and Business, Beijing 100070)

Abstract: In recent years, China's metropolitan urban system gradually improved and the structure of urban scale is becoming more and more rational. Also, the scale of different cities changes a lot. The number of large - sized city is remained stable, and the distribution pattern of our urban remained unchanged. The combined effect of China's large cities, however, it still needs to be improved. Also, it's normal that the urbanization of land is greatly ahead than the urbanization of population. Therefore, in the next few years, we should not only speed up the development of these large cities, but also focus on improving the openness and internationalization features of the metropolitan area. Even more important, we should build a system of coordination management and consultation mechanism between metropolitan circle. Improving integrated transport system and promoting the elements of resource can efficiently flow within the metropolitan area seems to be particularly necessary.

Keywords: Metropolitan area; Urban system; Structural optimization

农民收入结构视域下的农户间贫富差距研究

——以苏州市为例*

夏永祥　张　勇*

摘　要：以2004—2011年苏州市不同收入等级农民人均纯收入结构性数据为分析样板，论证了苏州市在稳定农民增收、缩小农村内部贫富差距等方面取得的显著成效。着重从农民收入结构入手分析不同收入等级农户间存在的结构性差异，在对苏州市农民收入差异及农户间贫富差距状况给出相应的经济学解释的基础上，演绎出一条基于农民素质和资本积累差异导致的农户收入结构性变化的客观规律，并从加快户籍制度改革、拉长农业产业链、强化政府转移性支付调控等方面提出缩小农户间贫富差距的政策建议。

关键词：苏州市　农民收入　结构性差异　农户间贫富差距

---

*　国家社科基金项目（11BJL032）的阶段性成果。

*　夏永祥（1955—），男，陕西武功人，苏州大学商学院教授，经济学硕士，博士生导师。研究方向：农村经济与区域经济。张勇（1990—）男，江苏宝应人，苏州大学商学院硕士研究生。研究方向：农村经济。

一、引言

且不论其历史文化底蕴如何深厚，仅在经济发展研究方面苏州就从来不乏学术界的广泛关注。从20世纪80年代中期到90年代初以乡镇企业发家而名声大噪的“苏南模式”，到21世纪初以利用外资发展地方经济见长的“苏州之路”，再到时下城镇化建设背景下城乡一体化发展水平领先全国的“苏州经验”，苏州无一不成为学术研究的焦点，争论不断，褒贬不一。纵观苏州自改革开放以来的三十多年发展，温铁军教授（2011）总结出其地方强势政府以及村社理性的作用长期主导着地方经济的发展，在市场经济不断深化的改革浪潮中这种作用路径又不自觉地同珠三角的“岭南模式”殊途同归，[1] 而这种强势政府往往受到自由市场主义者的诟病——笔者从不否认市场经济配置资源的能力是政府所不具备的，亦非常赞同我国的社会主义市场经济仍须不断改革深化，但是在社会保障体系建设、收入分配调控比如转移性支付等方面政府的行为职能确实具有相当的分量。本文亦将分析苏州市地方政府在缩小农户间收入差距方面的显著成效。并且，通过对2004—2011年苏州市七个不同收入等级农民人均纯收入结构性数据的分析，演绎出一条基于农民素质和资本积累差异导致的农户收入结构性变化的客观规律——市场经济中三次产业比较优势下的农户理性的必然结果。而这一客观规律正是户籍制度限制下农村内部贫富差距拉大的现实路径选择。据此，本文从加快户籍制度改革、拉长农业产业链、强化政府转移性支付的调控等方面提出缩小农村内部贫富差距的政策建议。

二、文献综述

自21世纪初“三农”问题提出以来，农民增收一直是学术界研究的热点课题。时下工业化、城镇化、农业现代化和信息化建设进程中提出的城乡一体化、农民专业合作经营等问题又为学术界提供一个研究农民收入问题的更为宏观、系统的研究视角，这方面的文章不知凡几。对于农民收入结构与农民增收方面的研究亦不在少数，全国视角，曾令秋（2007）在对国家统计局公布的新中国成立后我国农民纯收入的统计数据整理分析的基础上，研究表明我国农民纯收入结构中，工资性收入和家庭经营收入权重，一方面单项波动幅度大且相互挤兑；另一方面双项加总后又长期占有多数份额且比较稳定，据此提出紧抓工资性收入和家庭经营收入以及调整政府转移性支付的方式与方向来增加农民收入。[2] 地区视角，臧玉多、王伟（2011）通过对安徽省2000—2008 年的统计数据进行分析，得出安徽省家庭经营性收入不断下降，工资性收入不断上升，财产性收入与转移性收入绝对量和相对量都较小的结论；[3] 杨仁德等（2012）对 2006—2010 年贵阳市农民收入结构进行研究，提出加快城郊现代化农业发展、加快城镇化进程以及完善农村土地制度等优化农民收入结构、促进农民增收的措施；[4] 任继宏（2012）在对黑龙江省 14 个农村固定观察点和 1000 多个农户收入情况调查的基础上，重点强调了发展农业产业化、农业内种植业结构调整和依靠科技发展“绿色经济”等方面的农业内部增收。[5] 这些研究均单纯地以分析农民收入结构来给出相应的农民增收的建议，或强调农村劳动力的非农就业来增加工资性收入，或强调优化农业产业结构增加农民经营性收入，或强调政府转移性支付增加对农民的补贴，这些均无可非议，且十分有必要。然而，现有文献中几乎没有涉及对不同收入等级农户的收入结构性分析从而揭示农村内部农户间的贫富分化问题，而这恰恰是本文尝试性研究的创新之处，亦是本文研究的重点。

三、苏州市农民收入情况分析

2009 年全国城乡居民收入比高达 3. 33，为历史之最，而同期苏州市区居民人均可支配收入与农民人均纯收入之比仅为 2. 03，到 2011 年则下降为1. 93。① 显然，苏州市在城乡一体化进程中走在全国的前列。2012 年一份由华中师范大学中国农村研究院发布的《中国农民经济状况报告》显示，2011

① 资料来源：中国统计年鉴 2010，苏州市统计年鉴 2012，下文数据不做特别说明均来自历年苏州市统计年鉴或根据统计年鉴数据计算所得。

年我国农村居民基尼系数为 0.3949，正在逼近 0.4 的国际警戒线；收入最高的 20% 样本农户与收入最低的 20% 样本农户的差距有 10 倍之多。① 农村内部农户间的贫富分化现象开始引起各方广泛关注。而 2011 年苏州市收入最高的 20% 样本农户与收入最低的 20% 样本农户之比仅为 3.69，收入最高的 10% 样本农户与收入最低的 10% 样本农户之比也只有 5.37，远远低于全国水平，苏州市农户间贫富差距问题值得深究。

（一）总体人均纯收入情况

如表 1 所示，2004 年苏州市农民人均纯收入为 7503.48 元，到 2011 年增长为 17225.78 元，年均增长 12.6%，八年间每年增长比例分别为 11.7%、10.7%、12.9%、12.5%、10.0%、13.0%、17.5%，增幅呈现扩大的趋势。而 2011 年全国农民人均纯收入仅为 6977.29 元，苏州市农民收入总体水平明显高于全国水平。

表 1　2004—2011 年苏州市农民人均纯收入及收入结构统计表

年份 项目(元)	2004	2005	2006	2007	2008	2009	2010	2011
人均纯收入	7503.48	8381.28	9277.74	10475.49	11785.49	12968.89	14656.75	17225.78
工资性收入	5364.44	5912.95	6473.16	7243.01	7991.06	8703.73	9734.50	11250.19
家庭经营性收入	1593.17	1792.31	1876.60	2079.20	2421.38	2681.09	2975.23	3693.56
财产性收入	319.56	335.54	468.65	610.41	701.36	809.64	963.23	1159.28
转移性收入	226.31	340.48	459.33	542.87	671.69	774.44	983.79	1122.75

（二）总体收入结构情况

仍如表 1 所示，苏州市农民纯收入结构中工资性收入、家庭经营性收入、财产性收入和转移性收入均呈现不同幅度的增加趋势，而具体各部分所占人

① 资料来源：新华网，http：//news.xinhuanet.com/fortune/2012-08/21/c_112799377.htm.

均纯收入的比重变化如表2所示，苏州市农民的工资性收入占人均纯收入比重由2004年的71.49%逐年下降，一直降到2011年的65.31%；家庭经营性收入比重则呈现相对稳定的状态，但其内部来自于第一产业的收入占比由2005年40.7%下降至2010年的27.1%，来自于第二三产业的收入占比由2005年59.3%上升至2010年的72.9%；财产性收入和转移性收入比重均不断加大。财产性收入的快速增长主要得益于两个增长点的带动，一是租金收入。外来人口增多使得近郊农民出租住房的租金收入逐年增长，2010年农民租金收入占财产性收入的比重达59.5%；二是土地征用补偿收入和转让土地经营权收入。随着城乡一体化进程的不断加快，非农经济的不断发展，土地征用与土地经营权转让进程不断推进，2010年这两项收入占财产性收入的比重达17.8%。转移性收入主要以退休养老金为主，农民退休养老金收入占转移性收入的比重达73.0%。水稻、小麦种植补贴、农资增资补贴等农民转移性收入中各种政策补贴也成为一个重要增长因素。①

表2　2004—2011年苏州市农民收入结构占比统计表

占人均纯收入比重＼年份	2004	2005	2006	2007	2008	2009	2010	2011
工资性收入（%）	71.49	70.55	69.77	69.14	67.80	67.11	66.42	65.31
家庭经营性收入（%）	21.23	21.38	20.23	19.85	20.55	20.67	20.30	21.44
财产性收入（%）	4.26	4.00	5.05	5.83	5.95	6.24	6.57	6.73
转移性收入（%）	3.02	4.06	4.95	5.18	5.70	5.97	6.71	6.52

（三）不同收入等级农民人均纯收入情况

按照苏州市统计年鉴2004年以来的编制规则将样本农户收入划分为七个等级，即10%最低收入户，10%低收入户，20%中等偏下收入户，20%中等收入户，20%中等偏上收入户，10%高收入户和10%最高收入户，也就是在

① 资料来源苏州市统计局，苏州市统计调查公众网 http：//www. sztjj. gov. cn/Info_ Detail. asp? id =19151.

传统的五等分基础上再将低收入户和高收入户细分为最低收入户和最高收入户。这将有助于更加精确地分析高低收入农户间的贫富差距。

表3　2004—2011年苏州市七个收入等级农户人均纯收入及相关指标统计表

人均纯收入 / 年份	①最低收入户（10%）	②低收入户（10%）	③中等偏下户（20%）	④中等收入户（20%）	⑤中等偏上户（20%）	⑥高收入户（10%）	⑦最高收入户（10%）	⑦/①	（⑥+⑦）/（①+②）	标准差系数
2004	1856.30	3713.99	5193.34	6992.28	8970.79	12160.10	19873.19	10.71	5.75	0.64
2005	2711.69	4648.14	6060.27	7802.92	9938.44	12472.93	20115.95	7.42	4.43	0.56
2006	3341.96	5162.55	6694.56	8680.32	10992.85	14067.25	21317.29	6.38	4.16	0.53
2007	3285.62	5374.24	7500.05	9860.18	12781.28	16333.60	24218.70	7.37	4.68	0.55
2008	4969.61	6589.05	8449.47	10564.71	13577.83	17937.05	27463.65	5.53	3.93	0.54
2009	5541.42	7076.66	9080.78	11747.74	15083.52	19931.77	30161.84	5.44	3.97	0.54
2010	5929.02	8146.52	10340.54	13146.35	16810.37	22052.86	36189.27	6.10	4.14	0.57
2011	7182.00	9901.37	12521.24	15543.94	19401.56	24505.07	38595.32	5.37	3.69	0.51

表3罗列了2004—2011年苏州市七个收入等级农户人均纯收入数据，其中“⑦/①”即10%最高收入户与10%最低收入户收入的比值；“（⑥+⑦）/（①+②）”即20%高收入户与20%低收入户收入的比值；“标准差系数”即变异系数，由七组数据的标准差除以其加权平均数所得，通常用来反映数据的稳定性，数值越小说明数据的稳定性越好，本文用其来衡量不同收入等级农户间的贫富差距大小，数值越小说明农户间贫富差距越小，反之越大。由表3可知，从2004年到2011年，苏州市10%最高收入农户与10%最低收入农户的收入比值呈明显的下降趋势，从2004年的10.71下降到2011年的5.37；20%高收入农户与20%低收入农户的收入比值亦呈下降趋势，从2004年的5.75下降到2011年的3.69。客观地反映了苏州市高收入农户与低收入农户间的收入差距正在显著地缩小，而2004—2011年以来七组数据的标准差系数分别为0.64、0.56、0.53、0.55、0.54、0.54、0.54、0.57和0.51，七组数值虽然上下波动，但总体呈现出下降的趋势，说明苏州市农户间整体的贫富差距在缩小。

（四）不同收入等级农民收入结构情况

表4给出了2004年到2011年苏州市七个收入等级农户收入结构的统计数据，根据表4数据计算得出各部分收入占纯收入的比重表，如表5所示。

结合表4、表5可以发现：

第一，低收入农户尤其是最低10%收入农户的工资性收入所占比重呈下降趋势，由2004年的78.81%下降到2011年的62.28%，下降了16个百分点；转移性收入所占比重较大，并且呈现显著递增的趋势，其中2011年最低10%收入农户的转移性收入达1238.38元，占总收入的17.24%。

第二，中等收入农户的收入结构中长期以来以工资性收入为主导，普遍占到总收入的70%以上，也就反映了苏州大部分农户收入的主要来源是工资性收入；家庭经营性收入比重呈现下降的趋势；财产性收入和转移性收入均呈现快速增长的态势，以20%中等收入农户为例，2004年财产性收入和转移性收入分别为178.41元和222.45元，到2011年则相应地增加到971.87元和1211.41元，绝对量五倍多，相对总收入贡献率也翻了两倍多。

第三，高收入农户特别是最高10%收入农户，收入结构中最显著的特征表现为工资性收入比重大幅降低，从2004年的62.50%降到2011年的50.77%，2010年最低到49.37%；而家庭经营性收入比重呈现大幅上涨态势，从2004年的27.81%到2011年的35.81%，2010年最高达到40.58%；财产性收入亦是高收入等级农户收入的一个重要来源，2011年最高10%收入农户仅财产性收入一项就高达4274.42元，占到总收入的11.07%。

表 4　2004—2011 年苏州市七个收入等级农户收入结构统计表

项目 / 年份	收入等级	最低收入户（10%）	低收入户（10%）	中等偏下户（20%）	中等收入户（20%）	中等偏上户（20%）	高收入户（10%）	最高收入户（10%）
2004	人均纯收入	1856. 30	3713. 99	5193. 34	6992. 28	8970. 79	12160. 10	19873. 19
	工资性收入	1462. 99	2479. 42	3778. 12	5104. 04	6533. 13	9309. 78	12421. 46
	家庭经营收入	252. 01	1055. 61	1072. 04	1487. 38	1767. 11	1947. 22	5527. 67
	财产性收入	78. 22	120. 69	94. 69	178. 41	329. 36	617. 10	1586. 10
	转移性收入	63. 08	58. 27	248. 49	222. 45	341. 19	286. 00	337. 96
2005	人均纯收入	2711. 69	4648. 14	6060. 27	7802. 92	9938. 44	12472. 93	20115. 95
	工资性收入	1924. 06	3316. 09	4572. 23	5719. 95	7453. 55	9060. 30	11823. 37
	家庭经营收入	366. 04	920. 03	880. 78	1254. 67	1732. 89	2438. 13	7596. 27
	财产性收入	190. 21	150. 83	242. 33	386. 52	392. 35	598. 41	476. 26
	转移性收入	231. 38	261. 19	364. 93	441. 78	359. 65	376. 09	220. 05
2006	人均纯收入	3341. 96	5162. 55	6694. 56	8680. 32	10992. 85	14067. 25	21317. 29
	工资性收入	2449. 25	3807. 10	4874. 91	6313. 74	7984. 64	9840. 13	12618. 71
	家庭经营收入	290. 24	565. 27	1199. 59	1485. 57	1788. 48	3183. 65	7019. 65
	财产性收入	153. 11	255. 63	270. 98	521. 82	581. 14	637. 21	1102. 00
	转移性收入	449. 36	534. 55	349. 08	359. 19	638. 59	406. 26	576. 93
2007	人均纯收入	3285. 62	5374. 24	7500. 05	9860. 18	12781. 28	16333. 60	24218. 70
	工资性收入	2352. 57	3523. 37	5500. 16	7229. 55	9012. 42	10828. 11	15174. 26
	家庭经营收入	525. 48	987. 07	1124. 27	1477. 64	2302. 95	3835. 35	7115. 62
	财产性收入	159. 28	205. 76	348. 02	518. 50	864. 60	1187. 56	1422. 27
	转移性收入	248. 29	658. 04	527. 60	634. 49	601. 31	482. 58	506. 55

续表

年份 \ 项目	收入等级	最低收入户（10%）	低收入户（10%）	中等偏下户（20%）	中等收入户（20%）	中等偏上户（20%）	高收入户（10%）	最高收入户（10%）
2008	人均纯收入	4969.61	6589.05	8449.47	10564.71	13577.83	17937.05	27463.65
	工资性收入	3590.82	4850.67	6117.98	7560.42	10013.65	11611.32	14633.25
	家庭经营收入	599.06	1011.63	1258.46	1814.69	2037.71	3691.37	10479.06
	财产性收入	261.24	261.79	367.61	583.70	793.36	1620.47	1632.72
	转移性收入	518.49	464.96	705.42	605.90	733.11	1013.89	718.62
2009	人均纯收入	5541.42	7076.66	9080.78	11747.74	15083.52	19931.77	30161.84
	工资性收入	3272.24	4520.34	6380.40	8561.94	10978.32	12689.34	17311.88
	家庭经营收入	1110.66	1683.72	1666.84	1722.24	2255.50	4473.25	10015.90
	财产性收入	208.60	426.87	421.04	619.12	874.09	1924.16	2100.09
	转移性收入	949.92	445.73	612.50	844.44	975.60	845.00	733.97
2010	人均纯收入	5929.02	8146.52	10340.54	13146.35	16810.37	22052.86	36189.27
	工资性收入	3828.02	5941.21	7080.55	9679.79	12219.34	14385.64	17866.25
	家庭经营收入	777.57	952.63	1632.46	1710.25	2286.35	5254.52	14684.62
	财产性收入	351.78	362.54	633.30	805.21	1152.02	1517.73	2658.52
	转移性收入	971.65	890.14	994.23	951.10	1152.66	894.97	979.88
2011	人均纯收入	7182.00	9901.37	12521.24	15543.94	19401.56	24505.07	38595.32
	工资性收入	4472.88	7065.72	8551.05	11236.50	14033.35	16109.87	19593.61
	家庭经营收入	984.08	1231.59	2109.82	2124.16	2999.06	5284.56	13822.13
	财产性收入	486.66	408.12	745.84	971.87	985.49	1837.23	4274.42
	转移性收入	1238.38	1195.94	1114.53	1211.41	1383.66	1273.41	905.16

（五）苏州市农民收入情况的经济学解释

综合以上四点分析，苏州市农民收入的整体状况以及不同收入等级农户的结构性差异状况已经比较清晰，即苏州市农民收入水平整体领先全国水平，且收入增长幅度加快；农民收入仍以工资性收入为主要来源，但其比重呈现下降趋势，财产性收入和转移性收入比重快速增大；不同收入等级农户间的收入差距在不断缩小，低收入农户的转移性收入比重在加大，而高收入农户的工资性收入比重明显下降，家庭经营性收入和财产性收入比重快速增大。抽丝剥茧，借助经济学理论不难解释为什么苏州市的农民收入结构中以工资性收入为主导，高收入农户的工资性收入比重大幅降低，而家庭经营性收入比重大幅增长以及为什么苏州市农户间收入差距在不断缩小。

对于前两个问题其实均可以用市场经济中三次产业比较优势下的农户理性的概念来解释。三次产业比较优势，即通常情况下第三产业，的附加值高于第二产业，高于第一产业的普遍性规律。农户理性则是具有经济学中理性人特征的农户行为——精于比较权衡收益与成本，往往做出“效益—成本”最大化的利己选择。由于早期乡镇企业的发展积累，苏州市农村工业化水平显著高于全国水平，在工业就业与农业就业之间农户显然乐意获取报酬具有绝对优势的工业就业——这种农户理性也是刘易斯二元经济理论下农民非农就业转化的根本动力，直接导致了苏州市农民的收入结构中，工资性收入长期占据主导地位，而最高收入等级的农户工资性收入比重下降，家庭经营性收入比重上升的根本原因也是基于“效益—成本”权衡下的农户理性，这个农户理性只不过是在收入水平到达一定程度以后基于从事第二产业与第三产业比较的选择。[①] 而对于第三个问题则不得不强调苏州市地方政府在转移性支付方面所做出的努力，结合表4和表5，不难发现苏州市农民收入结构中转移性收入逐步扩大，直接贡献于农民收入的增长，更为重要的是，政府娴熟地运用这一工具加大对低收入农户的补贴力度，减少对高收入农户的转移支付，较好地控制了农户间收入差距的扩大，使得地方经济稳定、快速地发展。

---

① 这里将创办工业企业等笼统地归结为相较于工业劳动具有显著优势的第三产业就业。“收入达到一定水平”根据凯恩斯货币需求理论即满足了基本交易性需求和预防性需求之后的状态。

表5　2004—2011年苏州市七个收入等级农户收入结构比重统计表

项目	年份	2004	2005	2006	2007	2008	2009	2010	2011
最低收入户（10%）	工资性收入（%）	78. 81	70. 95	73. 29	71. 60	72. 26	59. 05	64. 56	62. 28
	家庭经营收入（%）	13. 58	13. 50	8. 68	15. 99	12. 05	20. 04	13. 11	13. 70
	财产性收入（%）	4. 21	7. 01	4. 58	4. 85	5. 26	3. 76	5. 93	6. 78
	转移性收入（%）	3. 40	8. 53	13. 45	7. 56	10. 43	17. 14	16. 39	17. 24
低收入户（10%）	工资性收入（%）	66. 76	71. 34	73. 74	65. 56	73. 62	63. 88	72. 93	71. 36
	家庭经营收入（%）	28. 42	19. 79	10. 95	18. 37	15. 35	23. 79	11. 69	12. 44
	财产性收入（%）	3. 25	3. 24	4. 95	3. 83	3. 97	6. 03	4. 45	4. 12
	转移性收入（%）	1. 57	5. 62	10. 35	12. 24	7. 06	6. 30	10. 93	12. 08
中等偏下户（20%）	工资性收入（%）	72. 75	75. 45	72. 82	73. 33	72. 41	70. 26	68. 47	68. 29
	家庭经营收入（%）	20. 64	14. 53	17. 92	14. 99	14. 89	18. 36	15. 79	16. 85
	财产性收入（%）	1. 82	4. 00	4. 05	4. 64	4. 35	4. 64	6. 12	5. 96
	转移性收入（%）	4. 78	6. 02	5. 21	7. 03	8. 35	6. 75	9. 61	8. 90
中等收入户（20%）	工资性收入（%）	73. 00	73. 31	72. 74	73. 32	71. 56	72. 88	73. 63	72. 29
	家庭经营收入（%）	21. 27	16. 08	17. 11	14. 99	17. 18	14. 66	13. 01	13. 67
	财产性收入（%）	2. 55	4. 95	6. 01	5. 26	5. 52	5. 27	6. 12	6. 25
	转移性收入（%）	3. 18	5. 66	4. 14	6. 43	5. 74	7. 19	7. 23	7. 79

续表

项目	年份	2004	2005	2006	2007	2008	2009	2010	2011
中等偏上户（20%）	工资性收入（%）	72.83	75.00	72.63	70.51	73.75	72.78	72.69	72.33
	家庭经营收入（%）	19.70	17.44	16.27	18.02	15.01	14.95	13.60	15.46
	财产性收入（%）	3.67	3.95	5.29	6.76	5.84	5.80	6.85	5.08
	转移性收入（%）	3.80	3.62	5.81	4.70	5.40	6.47	6.86	7.13
高收入户（10%）	工资性收入（%）	76.56	72.64	69.95	66.29	64.73	63.66	65.23	65.74
	家庭经营收入（%）	16.01	19.55	22.63	23.48	20.58	22.44	23.83	21.57
	财产性收入（%）	5.07	4.80	4.53	7.27	9.03	9.65	6.88	7.50
	转移性收入（%）	2.35	3.02	2.89	2.95	5.65	4.24	4.06	5.20
最高收入户（10%）	工资性收入（%）	62.50	58.78	59.19	62.66	53.28	57.40	49.37	50.77
	家庭经营收入（%）	27.81	37.76	32.93	29.38	38.16	33.21	40.58	35.81
	财产性收入（%）	7.98	2.37	5.17	5.87	5.95	6.96	7.35	11.07
	转移性收入（%）	1.70	1.09	2.71	2.09	2.62	2.43	2.71	2.35

四、收入结构性变动的客观规律演绎

根据对苏州市农民收入情况的经济学解释，并结合刘易斯二元经济理论，演绎出农民收入结构性变动的一般规律：工业化早期，农民收入以家庭经营性收入为主，工资性收入、财产性收入和转移性收入较少，农户间贫富差距很小；工业化迅速发展时期，普遍地，各收入等级的农户工资性收入比重加大并逐步占据主导地位，家庭经营性收入比重减少，财产性收入和转移性收入相应调整，而此时由于农户间农民素质差异的客观存在导致不同素质农民自然选择不同岗位所获得的工资性收入不尽相同，农户间贫富差距不断拉大；工业化发展成熟期或后工业化发展时期，家庭经营性收入和财产性收入呈上升趋势，工资性收入比重趋于下降，并逐步退出主导地位，此时由于不同收入等级农户间资本积累不同，高收入农户的收入来源逐步转向以第二三产业为主营业务的家庭经营性收入，低收入农户仍以工资性收入为主。

当然，此“客观”规律的背后始终存在一个客观现实，即我国长期存在的城乡二元户籍制度。正是由于我国的这一刚性制度约束，固化了城乡差别，阻碍了我国农村劳动力向城市转移，也就从根本上制造了现如今越来越明显的农村内部农户间贫富差距。因为根据刘易斯二元经济理论，农民非农就业以后理所当然地进入城市成为城市人口，并不会出现较大农村内部的贫富分化，似乎也不会普遍出现后工业化时期农户在第二三产业间的理性选择。

就我国国情下的这一特定客观规律再做进一步思考。市场经济的发展带来了资源高效的配置，同时也在无形中设计了残酷的筛选淘汰机制。农业就业与工业就业的农户理性选择阶段，由于农户间农民素质差异的客观存在，市场机制逐渐区分资源的优劣使得农户间开始出现贫富分化，而到了第二三产业农户理性选择阶段，由于以农户掌握资金量的多寡为主的资源拥有量不一，市场再一次自发地筛选，使得资金充足的农户创办私有企业、进入现代服务业等获取更多回报。这种市场筛选下的马太效应势必导致农户间收入差距的不断加大，农村内部贫富分化将会越来越大，这似乎也能成为解释当前我国农村内部贫富差距不断扩大的理论依据。而参照苏州市农户间收入差距非但没有扩大的趋势，反而逐年缩小的现状，可以解释为一方面苏州“村村点火，户户冒烟”的历史遗留下的高度密集农村工业化以及乡镇企业劳动密集型的企业性质吸纳了绝大多数农民工业就业并没有导致较大的农户间贫富分化；另一方面，苏州地方强势政府有效的转移性支付在直接促进农民增收和缩小贫富差距的基础上，间接地为低收入阶层的农民争取了“上游”空间，使得较低收入农户具备了提升和转化的初始条件，阶层间不至于固化。显然，苏州的特性是全国普遍所不具备的。

五、结论与建议

综上所述，从农民收入结构视角分析所得出的农户间贫富差距形成的客观规律具有制度约束的特定性，而以苏州市为例的农户收入分析亦体现出其特殊性与值得借鉴学习的宝贵经验，即强化政府在社会保障体系等方面的宏观调控职能，利用财政手段调节二次收入分配，短期中能够做到缩小农村内部的贫富差距；而从长期发展来看，必须形成配套于市场运作的制度保证，即打破原有的城乡户籍制度，促进劳动力顺畅流动，以实现农村内部与外部的有效对接。

既已厘清了一条我国特定国情下的客观规律，现对缩小农村内部农户间贫富差距给出以下建议：

第一，加快户籍制度改革，从根源上解决农村内部贫富分化问题。农村内部的贫富分化归根结底在于我国长期存在的户籍制度阻碍了农村人口向城镇转移，虽然从今年开始各地区已经尝试制定户籍制度改革的方案，但要取得实质性进展并不是一朝一夕之事，强调户籍制度改革是一项必要的长期性工作。具体户籍制度改革中央要制定明确的改革时间表，各地方政府亦需根据具体情况制订改革计划。户籍制度的改革是解决全国各地区的农村内部贫富分化问题的根本手段，虽然苏州市借助其历史地缘优势以及政府良好的调控使得贫富差距不断缩小，但从长久来看，政府转移支付的力量在市场对扭曲的制度安排进行的矫正面前逐步显得乏力，户籍制度改革势在必行。

第二，延长农业产业链，使低收入农户能够通过农业产业化经营增加家庭经营性收入。现代农业的发展不再是单纯地进行低附加值的农业生产，而是迫切需要拉长农业产业链条，在农业产业化经营、农产品流通、农产品精深加工等方面获取更高的利润。地方政府在组织农村集体土地流转时重点考虑低收入农户成为农业大户，并通过系列现代农业发展的培训指导提高低收入农户的家庭经营性收入，从而缩小与高收入农户的收入差距。

第三，强化政府转移性支付的功能。一方面，类似于苏州，要加大对农民离退休养老金的补助力度，让农民享有和城镇居民同等的社会福利待遇，这也是城乡一体化建设的客观要求；另一方面，政府的转移性支付不仅仅需要直接补贴来增加农民的收入，更为重要的是要通过职业技能培训、农业技术指导等方面对农民的素质进行投入，即舒尔茨所强调加大对人力资本的投入。从长远角度来看，这将成为农民持续增收的不竭动力。

当然，本文尚存在诸多不足之处，一方面由于统计数据的阶段性特点，并不能十分契合地验证总结出来的客观规律；另一方面本文单纯地就农村内部贫富差距问题进行了探讨，并没有将其放在城乡一体的整体环境之下系统分析，结论建议可能对于问题本身以外存在就事论事的片面性。

参考文献

[1] 温铁军. 解读苏南 [M]. 苏州: 苏州大学出版社, 2011.

[2] 曾令秋. 浅析农民收入结构与农民增收 [J]. 生产力研究, 2007 (3): 21-22.

[3] 臧玉多, 王伟. 农村居民收入增长的结构性变化与农民增收——基于安徽省的实证分析 [J]. 安徽农学通报, 2011, 17 (20): 7-10.

[4] 杨仁德, 吴晓波, 高建浩. 基于收入结构视角的贵阳农民增收问题研究 [J]. 现代化农业, 2012 (4): 44-46.

[5] 任继宏. 黑龙江省农民收入构成变动与增收对策研究 [J]. 黑龙江社会科学, 2012 (6): 73-76.

The Research of Income Gap Between the Rich and the Poor Peasants' in a Perspective of their Income Structure
——Taking Suzhou City as Sample

Xia Yongxiang　Zhang Yong

(Suzhou University, Suzhou business school, Jiangsu Suzhou 215021)

Abstract: Taking the structural data of per capita net income of farmers in different income levels from 2004 to 2011 of Suzhou having as an analysis model, the article demonstrates the remarkable results of Suzhou achieved to stabilize farmers' income and narrow the gap between the rich and the poor within the rural. Focusing on the analysis of the structural differences that exist between the different income level of farmers in the sight of farmers' income structure, and on the basis of giving the economics explain of the gap between the rich and the poor conditions and the difference between the farmers' income in Suzhou, the article makes the interpretation of an objective laws based on the differences of the quality of farmers and capital accumulation which lead to structural changes in household income, and makes policy recommendations of narrowing the gap between the rich and the poor farmers from speeding up the reform of household registration system, extending the industrial chain of agriculture, and strengthening the government transfer payments regulation.

Key words: Suzhou; Farms' income; Structural differences; the Gap between the Rich and the Poor farmers

北京紫竹院景区低碳发展对策研究*

侯晓丽　王晴雯*

摘　要：在当今“低碳”一词备受关注的背景之下，旅游景区作为旅游产业的重要环节之一，其低碳化的建设与改造对旅游产业的可持续发展有着重要意义。北京市作为我国的首都，其旅游景区向低碳方向的发展并不应当局限于对新建旅游景区的首次开发与规划建设，对于现有旅游景区的低碳化改造工作更应该要成为北京市旅游景区低碳化发展的重中之重。本文细致分析了北京紫竹院这一典型个例在低碳化发展中所具备的各方面优势，通过文献研究、参与式观察、访谈等方法发现目前景区内制约其低碳化发展的问题所在，并借鉴国外先进的低碳景区成功发展案例提出一条适合北京紫竹院公园的特色低碳发展之路。

关键词：低碳旅游景区　发展对策　北京紫竹院

---

*　本研究受教育部人文社会科学研究青年基金项目（10YJCZH042）资助。

*　侯晓丽（1977—），女，博士，副教授，北京工商大学商学院。研究方向：旅游开发与规划、旅游营销。

低碳的旅游景区发展模式不仅仅适用于新近规划的旅游景区，或本来就以自然风光为主的成熟旅游景区，已建成的旅游景区及其他各类型的旅游景区都同样需要向低碳化的方向发展。北京紫竹院作为北京市区内发展较为成熟的旅游景区的典型范例，在低碳旅游发展方面具有得天独厚的旅游资源、区位的优势，也得到了相关部门资金与政策方面的支持，这些都为其低碳旅游的发展提供了更加广阔的天地。

一、研究背景

近年来，复杂多变的天气、频发的自然灾害、各类环境污染都使得世界各地的人们深刻地意识到了人为破坏自然环境、不健康的生产生活方式，以及常规能源利用给人类所带来的全球气候疏散照明常等严重的环境危害。在此大背景下，“低碳经济”、“低碳技术”、“低碳发展”、“低碳社会”、“低碳城市”、“低碳生活方式”等一系列新概念、新政策也应运而生。于2009年12月7－18日在丹麦首都哥本哈根召开的哥本哈根世界气候大会更是受到了全世界几十亿人的高度关注，并得到了众多国家的积极响应。中国也在会议上做出了郑重承诺——截止到2020年，中国单位国内生产总值的二氧化碳排放量较2005年将下降40%～45%。

在我国乃至全球大力发展低碳经济的大背景下，旅游行业虽然具有先天的低碳性，却也并非绝对的无碳产业，其对全球温室气体排放负有5%的责任。大力发展旅游行业既能够实现节能减排的目标，又能够促进经济发展，故旅游行业更要大力推行低碳旅游。2011年1月，中华环保联合会与中国旅游协会旅游景区分会专家经过6个月测评研究，从全国申报的200余家景区中评定了首批50家在低碳建设方面成绩突出的旅游景区和地区作为“全国低碳旅游实验区”，北京圆明园、北京紫竹院位列其中。2012年9月，中华环保联合会和中国旅游景区协会举办全国低碳旅游发展大会，此次大会被誉为我国旅游行业首次“碳中和”大会。大会上，19家景区从50家“全国低碳旅游试验区”中脱颖而出，被中华环保联合会和中国旅游景区协会等单位评为首批全国低碳旅游示范区。其中并不包括北京圆明园、北京紫竹院。由此看来，北京市这两家景区在低碳旅游发展方面还有待改进。

近年来，随着我国国力的逐步强盛与经济的高速发展，我国的国际地位有了显著的提升，北京市作为中国的首都，更是受到了世界范围内的广泛关注。但不恰当增长方式带来的各种负面结果正在集中显现。北京人口高度密集，资源却极为短缺，改善生态环境和提升资源环境综合承载能力的任务尤其艰巨。

本文以北京紫竹院景区低碳旅游发展状况为重点展开研究，本文通过查阅中外文献，深入景区并进行参与式观察、访谈收集数据，发现紫竹院在发展低碳旅游方面存在的问题，提出解决对策。为北京市相关旅游景区实现低碳化转型提供参考，有助于北京市通过发展低碳经济实现建设“世界城市”的宏伟目标。

二、低碳景区研究现状及问题

（一）国外低碳旅游景区研究进展

自 2003 年英国首次提出“低碳经济”的概念以来，国外学者就针对如何发展低碳经济问题进行了大量研究，旅游行业作为推动经济发展的重要一项也进入了学者们的研究范畴。

通过对 Science Direct Online 外文期刊数据库（www. sciencedirect. com）进行相关文献的检索，以 low－carbon economic 为关键词进行检索后得到相关文献 122800 篇，以 low－carbon tourism 为关键词检索得到相关文献 5480 篇，而以 low－carbon tourism attraction 为关键词后的检索结果仅为 640 篇。由此可见，目前国外关于低碳经济、低碳旅游、低碳景区的研究关注度与研究结论是呈递减状况的。此外，检索结果还表明，国外低碳旅游的相关研究在注重定性分析的同时，也格外注重于定量分析，并主要集中于旅游行业与全球气候变化间的相互影响、旅游目的地的碳排放量测定及旅游行业内减少碳排放量的具体措施等三个方面。

表1 国外低碳旅游景区研究进展

研究方向	作者	发表年份	研究内容
旅游行业与全球气候变化间的相互影响	Natalia Tabatchnaia - Tamirisa	1997	用投入—产出的方法对夏威夷旅游者的能源需求进行了评估，探索了能源利用与旅游目的地之间的联系[1]
	Stefan Gssling	2002	认为能源利用是旅游业影响全球环境的重要方面[2]
	Susanne B. & Simmonsb David G. &Chris F.	2003	旅游者选择不同的出游方式、住宿设施甚至是饮食方式等都影响旅游过程的能源消耗和气候变化[3]
旅游目的地的碳排放量测定	世界旅游组织	2005	对旅游部门 CO_2 排放量的统计数据，飞机占40%，汽车占32%。交通部门占旅游部门总量的75%
	Joe Kelly & Peter W. Williams	2007	构建概念框架和能源利用模型，系统测定能源消耗和温室气体排放水平，为其管理决策提供了有效方法[4]
	Dick Sisman & Associates	2007	对旅游低碳足迹进行了系统而深入的研究，认为酒店能源消耗和废物处理应该予以足够重视[5]
	Nae - Wen Kuo	2009	运用 LCA（a Life Cycle Assessment）评价方法进行定量分析研究，表明旅游者能耗超过居民日常用量[6]
低碳旅游景区存在问题与对策的研究	Paul M	2004	发现国家公园管理模式中易出现游人过量，造成环境破坏；现代污染、干扰源涌入及商品化等问题。另外，资金短缺也成为了某些国家公园面临的重要难关[7]
	Tzu - Ping Lin	2010	对台湾地区五个公园旅游交通的碳排放进行测定后，认为应采取积极管理措施，通过价格调整，引导游客从使用私家车出行转向使用公共交通工具出行，及选择离居住地较近的旅游目的地[8]

（二）国内低碳旅游景区研究进展

在中国学术期刊网络出版总库中以“低碳旅游景区”为主题词检索得到的 400 多篇论文，其数量仅占到以“低碳旅游”为主题词检索到的相关文献总量的十分之一。其中，国内学术界对“低碳旅游景区”的研究主要集中在以下四方面：一是低碳旅游景区概念的研究，二是低碳旅游景区评价体系的构建，三是旅游景区碳排放源研究，四是低碳景区开发模式与实现途径的研究。

一是低碳旅游景区概念。杨占东（2012）认为所谓的低碳型旅游景区即是以旅游吸引物为依托，采用低碳化的建设和经营方式，以满足旅游者参观游览、休闲度假、健身科考等需求的独立空间区域[9]。陈启胜、李丽萍（2011）认为所谓“低碳景区”是指旅游景区在运行过程中通过各种技术和管理手段来极大地提高景区节能和环保水平，提高森林植被覆盖率，使景区碳排放量降低，碳汇能力增强的旅游区域[10]。侯文亮等（2010）认为低碳景区分为绝对型和相对型。绝对型低碳景区是指从前期建设、中期运营、后期管理等全过程严格低碳化的旅游景区；相对型景区是指提供休闲体验型旅游项目、节能型住宿设施、环保型出游工具、轻便化旅游装备等有限低碳旅游服务的旅游景区[11]。

二是低碳旅游景区评价。谭锦（2010）认为，低碳旅游景区的评价应从低碳旅游资源评价、低碳开发评价、低碳旅游认知度评价三方面入手[12]。雷琼（2010）提出生态 GDP 至上的景区评价理念，低碳旅游景区要尽快建立起“生态 GDP”体系，构建均衡、和谐的标准体系[13]。

三是旅游景区碳排放源。谢园方（2012）认为，旅游景区碳排放基于明确的地理空间尺度，指在旅游景区内部产生碳排放。除了为旅游者提供游览观光、娱乐休闲、餐饮住宿等旅游服务中的碳排放，还应该包括旅游经营管理单位日常办公和景区维护中的碳排放和景区内常住居民的日常生活碳排放[14]。吴晨等（2012）提出，旅游景区内的客运索道、观光巴士、游船等交通工具分别代表不同类型景区的主要交通方式，同时构成了旅游景区交通领域碳排放的主体，因此有必要对客运索道、观光巴士、游船等进行低碳改造[15]。沈子杨（2010）提到酒店新材料及能源投入使用后，整体节能 70%，加上60%采暖、制冷，节能效率高达88%，远远高于国家公共建筑节能50%的设计标准。酒店每年可节能2640吨标准煤、节电660万度，减少污染物排放8672.4吨[16]。徐波林等（2012）认为，餐饮是创建低碳景区的主要环节，其低碳发展直接影响着低碳景区构建[17]。吴铀生、马胜（2011）指出，只有提高消费者对低碳的认识，循序渐进地引导放弃高碳消费的习惯，同时加大高碳消费成本与采用必要的法律、制度、政策等手段，才能使人们在旅游中自觉地降低碳排放、减少碳足迹、善待环境、保护环境[18]。

四是低碳景区开发模式与实现途径。李小明等（2010）以江苏省丹阳市飞达村为例，从低碳旅游理念的推广、低碳旅游环境的营造、低碳旅游方式的推行3个方面重点探讨了如何构建低碳旅游社区，并建立了一个初级的低碳旅游社区评估体系[19]。郑琦（2010）认为低碳旅游是在低碳城市转型大背景下产生的一种新的旅游发展模式，应该从低碳旅游的市场拓展模式、产业开发模式、业态创新模式、技术推广模式等方面探索低碳旅游转型的路径[20]。侯晓丽、贾若祥（2011）认为在旅游景区建设环节，则可以普及节能减排的先进适用设备，比如太阳能照明设备等，减少碳排放，同时增加草地、林地面积，增加碳汇能力，通过“一减一增”分别从“碳源”和“碳汇”两个方面为发展低碳旅游做贡献[21]。陈启胜、李丽萍（2011）认为我国风景名胜区的管理模式引发了部分景区相关法规和政策不统一，规划和管理不完善，部分风景名胜区为追求经济利益，过度开发旅游资源，忽略对生态环境及资源的保护，从而导致景区环境遭到极大破坏[10]。杨占东（2012）认为低碳旅游景区的创建对策主要包括完善低碳旅游机制、科学规划合理开发、优化景区管理体制、创新低碳旅游开发要素等[9]。

（三）评述

综上所述，国内外学者针对于近年来兴起的低碳旅游相关研究都给予了高度的关注。国外学者步入“低碳”研究领域的时间相对较早，研究也更加细化深入，偏重于搜集数据后进行量化分析。国内学术界对低碳旅游景区的认识还停留在政府强制性、导向性的节能减排以及新能源的生产上，对低碳旅游景区的概念、评价指标体系研究处于定性研究的初期阶段，尚未形成较为完整的概念框架和可量化、可操作的评价指标体系。

通过广泛的文献资料查阅，并结合对于此方面的认知与理解，笔者更加认同陈启胜、李丽萍（2011）给出的关于低碳旅游景区的概念，即旅游景区在运行过程中通过各种技术和管理手段来极大地提高景区节能和环保水平，提高森林植被覆盖率，使景区碳排放量降低，碳汇能力增强的旅游区域[10]。

而关于旅游景区的碳排放源，笔者认为对其认定不应局限于食、住、行、游、购、娱六方面，碳源存在于旅游景区从初期规划，到中期运营，乃至后期维护整个过程中涉及的每一个环节。如景区的地理位置选择、景区内旅游资源的设置、餐饮企业的设置与运营，等等。此外，直接进入景区内进行参观游览活动的游客也是旅游景区内主要的碳排放源之一。

要想实现旅游景区低碳化，也应同时着眼于降低碳源碳排放量与提高碳汇能力这“一减一增”两个方面。根据北京市林业碳汇工作办公室（国际合作办）的数据，近 20 年来中国木本植物的生物量碳汇为 17 亿吨，其中森林 13 亿吨，森林外树木为 4 亿吨，两者分别约占植被总碳汇的 76% 和 24%。因此，旅游景区低碳化除强调减排外，还要重视景区植被的固碳能力。近年来，学者们（2012）也通过研究发现湖泊沉积物、竹林等都是十分有效，却常被忽视实现碳汇的途径[22]。

此外，从现有的研究成果中还可看出，特别是对于作为我国首都的北京市这一重点旅游城市的低碳旅游景区研究成果相对较少。北京市旅游景区作为发展北京市低碳旅游必不可少的载体，究竟该如何有效实现低碳，相关的具体研究明显滞后于实践的发展和需求。由于国外较国内较早涉足低碳旅游及低碳景区方面的研究，国外低碳旅游景区在发展模式等方面仍旧能够带给北京市低碳旅游景区启示，并供实际发展中依实际情况具体分析后借鉴。

三、紫竹院景区低碳建设现状

紫竹院公园位于北京市海淀区西北三环内，南与紫竹院路相接，北与国家图书馆相邻，东与首都体育馆隔路相望。公园始建于 1953 年，因为园内的西北部建有明清时期的庙宇——“佛荫紫竹院”而得名。全园占地面积达

47.35公顷，其中水面约占园区总面积的三分之一。南长河、双紫渠穿园而过，形成了紫竹院公园“三湖两岛一堤一河一渠”的基本格局。它是一座“幽篁百出，翠竿累万，以竹造景，以竹取胜”的自然式山水园。公园立意于竹文化的传播，设计精邃，布局新颖，模山范水并求其自然。

紫竹院公园是供游客免费入园参观的低碳旅游景区，于2010年通过了ISO体系认证。除先后获得过北京奥运会安保先进集体、北京奥运会残奥会服务保障先进单位公园等荣誉称号外，还被全国旅游景区质量等级评定委员会评定为国家4A级旅游景区。特别是在2011年1月，紫竹院公园作为在低碳建设方面成绩突出的旅游景区，成为了全国首批的50家“全国低碳旅游实验区”共建单位之一。

（一）紫竹院低碳旅游发展优势

1. 旅游资源优势

北京紫竹院作为北京市区内以自然式山水园林著称的景区，相对市区内其他景区来讲，旅游资源类型较为丰富且具有一定特色。经过笔者对于北京紫竹院公园的实地调研与相关资料研究，并依据我国旅游资源方面新的国家标准分类体系进行一一比对后，对北京紫竹院景区现存旅游资源进行了分类统计。统计结果表明，北京紫竹院景区园内共具有水域风光类、生物景观类、建筑与设施类、旅游商品类、人文活动类等五大类旅游资源。总体来看，北京紫竹院景区内的现有主要旅游资源均可定义为碳排放量低的低碳旅游资源。其具体方面如下：

第一，湖泊沉积物存碳量高。北京紫竹院全园占地47.35公顷，其中水面便达15.89公顷，约占全园总占地面积的三分之一，湖面甚为广阔。城市公园内的大面积湖水本就为公园的整体景观加分不少，不仅如此，湖泊作为自然水域风光类旅游资源，其本身也具有“零碳排放”的特点。再有，国际研究表明湖泊生态系统，特别是湖泊沉积物中储存了大量的碳，表明湖泊对于碳汇起到了重要作用。此外，目前可以在湖面上开展的各类活动，无论是夏季的游船，还是冬季的滑冰等，都具有相对其他活动而言较低的碳排放量。

并且，通过对游船动力等的技术改造还有可能进一步地降低其现有碳排放量。所以说，紫竹院公园内大面积的湖水为其长期的景区发展低碳化提供了极佳的先天条件。

第二，竹林较树林更具碳汇优势。北京紫竹院是生物景观类旅游资源最为丰富的城市公园之一，竹、荷、鸟类等均成为景区内独具特色的旅游吸引物。其中，特别值得一提的是紫竹院内种植的竹类品种超过 50 个，数量 40 余万株。同时，北京紫竹院也因其格外鲜明的竹文化而久负盛名。德中同行之家设计师马库思·海因斯多夫曾说过，竹材不仅可以表达低碳理念，同时也更加符合世界低耗、环保、可持续发展潮流。丹麦也提出，截至 2020 年全国实现零排放，而其采用的主要措施就是广植竹木，形成碳汇和碳源平衡的减排长效机制。经专家测算，每公顷的竹林平均每年可吸收空气中的二氧化碳量达 12 吨，是桉树等树木的 4 倍之多。此外，相同面积的竹林可比树林多释放 35% 的氧气。因此，北京紫竹院全园大面积的竹类绿化覆盖可以大量中和景区内的其他碳排放，从根本上便具有绝对的低碳发展优势。

第三，建筑与配套设施完善，免去施工建设碳排放。北京紫竹院是建园达 60 年之久的，各方面发展已较为成熟的市内旅游景区。江南竹韵、八宜轩、箫声醉月、筠石苑、斑竹麓、友贤山馆等景区建筑风格古朴素雅，与景区整体协调性十分融洽，浑然天成。景区内众多历史悠久的古老建筑以及较为完善的配套设施，都使得北京紫竹院免去了进行大规模施工建设的必要性，从而避免了因建筑施工而造成的不必要景区内碳排放。

第四，就地取材，竹制商品特色且低碳。作为旅游景区，是否能够为旅游者提供别具一格的特色旅游商品，以满足其旅游消费的需求，这也是旅游景区发展中不可忽视的重要环节之一。北京紫竹院的竹类植物无论从品种还是总数量上来讲都是十分丰富的，与竹相关的竹制纪念品也形成了景区内独具特色的旅游商品类旅游资源。如竹叶书签、竹根雕工艺品、竹简、竹纤维方巾、竹节状紫砂壶杯等都是北京紫竹院景区内现有的特色旅游纪念品。不仅充分做到了就地取材，其制作工艺也是相对低碳的。

2. 区位优势

北京紫竹院公园位于市区西北三环内，随着近年来北京市公共交通体系的完善，除多条公交线路均可直达该景区大门外，四通八达的地下轨道交通中的地铁4 号线与地铁9 号线的出站口也仅距公园大门200 余米，出站后步行也仅需5 分钟即可到达，交通十分便利。除陆上交通外，北京紫竹院公园内有南长河及双紫渠两条河流，通过水路还可从颐和园、动物园等景区搭乘整点出航的游船直达园内，水路交通也格外便捷。总体看来，游客完全可以借助便利的公共交通，或是选择较为低碳的自行车与电动车等交通工具替代高碳排放量的私家车。所以说北京紫竹院公园不但可进入性强，同时在交通方面也有十分成熟的条件以实现交通的低碳化。

3. 相关部门的政策支持

北京紫竹院这一市级公园自2006 年7 月起免费向公众开放，园内并未设置过多的娱乐项目，对于北京紫竹院来说，并没有过多其他的收入。但因其悠久历史与丰富的生物资源，长期以来也一直受到社会各界及相关部门的广泛关注与认同。近年来，北京市公园管理处等相关部门从资金、植物引进，到活动的开展、宣传等方方面面也同样给予了不同程度的政策支持，这些都直接推动了北京紫竹院景区低碳化进程的发展。

2009 年，北京紫竹院在北京市公园管理处等相关部门的政策与资金的双重支持下，充分运用高科技手段，不仅建立了公园内部的局域网络，同时也开始采用信息技术与生物工程技术。此外，公园内部更建成了全园自动化的节水喷灌网络系统，在节约大量用水的同时，也为园内的景观效果做出了贡献。

（二）紫竹院发展低碳旅游的瓶颈

《全国低碳旅游实验区》评分标准设置最高为100 分。其中，初始申请合计得分在70 分（含）以上的旅游景区，被认定为“全国低碳旅游实验区”。经过创建期，合计得分在90 分（含）以上的旅游景区，被认定为“全国低碳旅游示范景区”。

北京紫竹院作为首批50家“全国低碳旅游实验区”之一，初始申请合计得分在70分以上，属发展模式较为低碳的旅游景区。但经过创建期，北京紫竹院景区的合计得分并未达到90分以上，未被认定为“全国低碳旅游示范景区”。由此可见，北京紫竹院景区在向低碳化方面发展还有差距。结合笔者对于北京紫竹院景区的实地调研与观察，以及对景区内的游客进行随机抽样的访谈，并详细对照《全国低碳旅游实验区》评分标准的各项评分细则，发现一些问题，主要体现在以下几方面：

第一，景区内管理存在漏洞，导致土地裸露与私家车入园。作为一座以竹造景、以竹取胜的自然式山水园林景区，北京紫竹院内种植竹类超过50个品种40余万株，遍布园内，形成70余处大小竹林。但经过笔者在北京紫竹院景区内实地考察，发现景区内存在着至少5处土地大面积裸露无植物绿化覆盖的问题。对长期在园内进行锻炼的老人访谈得知，这数处土地无植被覆盖的情况已持续很长时间了，但一直未见公园管理部门对其进行重新修缮，而是任其发展。所以，景区对绿化方面的管理不善导致的修缮不及时影响了旅游景区低碳化发展。旅游景区内的植被覆盖率直接影响着景区碳汇能力的强弱，景区植被的固碳能力同减少景区碳排放量的重视度应当是处于同等地位的，因此景区的土地裸露问题也更加不容小觑。其次，由于景区内部管理不善而致私家车入园也是问题之一。北京紫竹院公园同许多旅游景区一样，明确规定了禁止机动车辆驶入园区内。但随着北京紫竹院免门票的实施，加之景区内部的施工工程，使得园区大门的管理出现了松懈。通过实地考察发现，数辆私家车辆停放在景区内。机动车是旅游交通中具有高碳排放量的交通工具之一，机动车驶入景区内使得景区内的碳排放量大幅增加。

第二，园内非必要餐饮企业，增添了额外碳排放。旅游景区的低碳化包括景区各环节低碳化的建设与发展，餐饮作为创建低碳景区的主要环节，其是否能够实现低碳发展也直接影响着旅游景区的低碳化程度。因此，旅游景区内的餐饮企业的设置应当做到从数量上满足游客需求即可，同时也应保证餐饮企业运营中尽可能减少碳的排放量。在游客的意识中，已经普遍认为景区内的餐饮企业首先在价位上偏高，其次在菜品设计上也并无新意，所以在时间及交通等条件允许的情况下，多数游客都不愿选择在景区内的餐饮企业内就餐。加之北京紫竹院位于市区内，交通十分便捷，游人在景区内逗留的时间通常为 2 小时左右，完全不具备在景区内就餐的必要性。而这一点在笔者对就餐时间段的景区内各餐饮企业的走访中也得到了印证，其上座率 60% 左右。而目前，北京紫竹院内建有包括竹韵餐厅、问月楼、紫竹院会所、食街等数家餐饮企业，对于一所位于市区内的旅游景区来讲，园内餐饮企业从总体数量上设置偏多。这既增加了景区内的碳排放量，同时也不利于餐食垃圾的集中处理。此外，从旅游景区的整体环境方面考虑，景区内的餐饮企业不应当直接影响园内的自然景观。北京紫竹院公园内的水榭当数景区内风景最美的景点之一，游客可漫步在亭台廊道间欣赏湖面景色。2012 年该区域经过封闭改建后变为消费区域，新建了景区内的餐饮企业之一——问月楼。原有水榭区域也被栏杆封闭，不时放着喧闹的音乐，直接破坏了原有安静闲适的氛围。据了解，问月楼属于高档消费类餐厅，配有专车于景区大门至餐厅间接送客人，所以其服务对象并不仅仅是北京紫竹院公园内参观游览的游客。但是，其造成的碳排放量却直接计入了景区内的碳排放总量，从而对景区造成了额外的碳排放。

第三，景区低碳宣传力度不足，游客低碳意识薄弱。北京紫竹院公园虽在 2011 年被中华环保联合会与中国旅游协会旅游景区分会专家评定为全国首批的 50 家“全国低碳旅游实验区”共建单位之一，但对于低碳旅游景区鲜有研究的人对此知之甚少。笔者在景区内实地观察发现，北京紫竹院公园内并未出现任何提倡游客进行低碳出游的宣传标志与广播。笔者也在对景区内的游客进行沟通访谈中发现，多数游客表示北京紫竹院公园的环境清幽，也没有过多的大型娱乐项目，却十分适合快速生活节奏的人们放松心情享受自然。但当笔者问及游客关于园内的低碳发展时，超过半数的游客都表示对此并不了解。再有，随着我国经济的高速发展与人们生活水平的不断提升，北京市私家车保有量在近年来有了大幅提升，游客对于私家车的依赖程度也随之逐年升高。位于北京市区内的北京紫竹院公园虽然公共交通与轨道交通均十分便捷，但通过对景区内游客的随机抽样访谈发现，近半数步行无法到达景区的游客还是更加偏向于选择以碳排放量高的私家车与出租车为交通工具前往景区。由此可见，游客这一参与景区内旅游活动的主体，在其游览过程中虽然能够亲身感受到其多方面的低碳化。但由于作为旅游景区本身的北京紫竹院公园对其低碳方面的宣传力度不足，游客在游览过程中并未真正树立起低碳出游意识。除旅游景区内部存在的问题外，入园游客的低碳意识缺乏也成为北京紫竹院目前在低碳化发展过程中所必须面临的问题之一。

综上所述，北京市紫竹院存在的低碳旅游发展问题实际上主要源于景区管理者的低碳意识不强，才直接或间接地导致了景区出现管理方面、餐饮企业设置方面、低碳宣传方面的问题。

四、紫竹院景区低碳发展重点

（一）软件低碳化：提高管理层低碳意识

旅游景区内部管理层人员的低碳发展意识缺乏是制约北京紫竹院低碳化发展的根源所在，所以，增强其低碳发展意识是北京紫竹院景区低碳化发展进程中的重中之重。作为旅游景区的管理者，只有真正树立起低碳发展意识，才能在景区发展中的各项决策及日常管理中实现景区的低碳化。

旅游景区务必加强管理力度，严格按照规章制度对景区进行日常管理运营，坚决杜绝私家车驶入景区内部的现象再次发生。同时，也要保证园内竹景绿化的及时修护，最大限度地提升景区的碳汇能力。除此之外，景区管理者还承担起景区内硬件设施的低碳化建设，以及对旅游者进行低碳旅游引导的责任。通过多方面的努力，以实现北京紫竹院的低碳化发展。

（二）硬件设施低碳化

旅游景区的低碳化发展与景区内的相关硬件设施的低碳与否息息相关，所以，景区内部的相关硬件设施也应通过依靠最新的低碳技术，以及科学合理的规划，来实现其低碳化。

在技术方面，北京紫竹院应当在目前现有的局域网络、信息技术、生物工程技术、自动化节水喷灌网络系统等基础上，尽可能多地采用更加先进的低碳技术，同时更多地利用低碳的新型能源。如在景区内可引入直饮水的设备技术，以替代瓶装水，减少垃圾的产生量等。同时，景区也可同高等院校合力开展相关低碳技术的研究，并在景区内设立试点将其研究成果付诸实践，观察其可行性，最终达到将景区在运营中自身造成碳排放量降至尽可能低的效果。

对于景区内餐饮方面的低碳化发展，首先应当从餐饮企业的数量、位置、规模等方面进行科学合理的设置，在充分保证游客的餐饮方面需求的同时，也使得餐饮碳排放量处于最低值。其次，在餐饮企业所需食材的选用方面，也应从运输、包装、存储等环节充分降低其所造成的能量消耗与碳排放量。再有，餐饮企业务必选择可重复利用的餐具，并做好餐具的消毒工作，从最大限度上杜绝因使用一次性塑料餐具而消耗的石化产品数量。此外，旅游景区的餐饮企业的建筑、装潢风格及自身推广等也应当在保证景区内整体环境氛围不被破坏的前提之下。

（三）针对游客的低碳行为引导

对于旅游景区来讲，在低碳经济的背景下，游客这一旅游全过程的参与主体对于低碳旅游方式的理解和实际行动显得格外重要。所以，旅游景区应当加大对游客低碳意识的宣传力度，积极倡导绿色旅游理念与方式，引导游客传统旅游观念、消费观念向着低碳化方向转变。只有游客真正的从食、住、行、游、购、娱全方位建立起低碳出游意识，才能够保证旅游景区低碳化发展最终取得可见成效。

首先，北京紫竹院位于市区内，公交地铁等公共交通设施完善，应当鼓励游客搭乘公共交通工具前往。而短途旅行者可徒步或骑自行车前往，既达到环保的目的又有益于身心健康。作为景区，紫竹院也可通过优惠方式来有效实现这一点。例如游客可凭当日车票等低碳交通方式的有效凭证换取部分游乐项目优惠券等。

其次，北京紫竹院应当在向游客宣传注意保持环境卫生及垃圾分类回收的同时，做好景区内的环境清理工作，并合理处理旅游垃圾，为游客提供一个良好的环境，从而引导游客自觉做到自带垃圾袋，自觉将垃圾回收，最终形成一个良性的循环。

再有，北京紫竹院作为以竹荷文化享誉全国的旅游景区，可充分整合园区内的相关旅游资源，合理利用全生态且无污染的原材料，生产以绿色、生态为导向的低碳旅游纪念品，如竹荷盆栽、竹制乐器、竹制工艺品等，使得游客在满足了自身旅游消费需求的同时，也在旅游消费过程中提升了自己对于低碳出游方式的广泛理解。

此外，旅游景区内也可以定期开展富有意义的低碳主题宣传活动，通过丰富多彩的主题文化活动起到宣传低碳出游理念、宣传北京紫竹院景区自身的双重功效。充分借鉴其他低碳旅游景区在此方面的有效方式，如游客可将导游图等留下供后来游客继续使用，或在观光游览的过程中亲身担任义务环保宣传员等，通过此类方式来让游客有机会对自己的旅游行为中所产生的碳排放量进行适当的补偿。

旅游景区在低碳旅游的宣传过程中实现低碳化是最易被忽视的一点。在景区内部，可通过园内的广播进行宣传，或举办大型的低碳化主题活动等。北京紫竹院可减少甚至取消纸质宣传物料的印制，采用低碳化的新媒体来起到景区宣传的效果。只有景区在点滴中践行低碳理念，才更能够真正对游客起到低碳出游的引导作用。

五、保障措施

（一）政策资金支持，推动景区加快低碳化进程

国家及地区的政策支持是低碳旅游景区建设的关键因素。首先，国家应当出台更加细化的政策法规，实现低碳旅游的标准化与制度化，从而进一步加快进入旅游景区全面低碳化发展的步伐。其次，还需要国家和地区从资金、政策等方面对旅游景区的低碳化建设多加扶持，尽可能地运用多种方式激励旅游景区加快推进低碳旅游方式的实现。

仅就政策方面而言，国外便有不少成功案例供我们借鉴参考。以美国为例，早在20世纪90年代美国便开始实施《清洁空气法》，2000年后又相继通并推行《能源政策法》、“先进能源计划”、《低碳经济法案》、《美国清洁能源安全法案》等。这些法案表明低碳经济的发展道路已经成为美国未来的重要

战略选择，一系列的严格立法对相关旅游企业的碳排放、低碳能源的使用进行了有效的约束。由于美国对于违法企业的惩罚较重，因此从法律的角度规范了美国低碳旅游企业者的行为。此外，在资金支持方面，奥巴马政府自2012年起，连续10年拨款150亿美元给环境署用于推广低碳技术市场化。在未来10年建立起一支能源基金，充分利用技术进步，提高效率，降低成本，减少排放。美国在发展低碳旅游的进程中，雄厚的资金支持与技术保障是重要的基础。

美国国家对于可再生能源、清洁能源，以及节能减碳方面给予的高度重视是特别值得我国学习的。但对于此类发达国家的低碳旅游景区发展政策我们并不能够完全照搬，在借鉴的同时还需要考虑北京市目前旅游景区的低碳发展情况。笔者认为，我国需要走有中国特色的低碳旅游发展之路。目前，我国需要制定相关政策进一步发展壮大绿色环保企业，支持旅游景区利用新能源、新材料，全面并及时地引进目前先进节能减排技术，以降低旅游景区内的温室气体排放量；制定旅游景区方面的权威低碳评定标准，并将对旅游景区的低碳旅游指标引入其常规的考核与管理之中，尽力让低碳旅游真正地成为一种时尚，也成为人们所自发追求的一种健康的全新生活方式。

（二）技术研发与创新，开拓景区新型低碳之路

相关领域科学技术的研发与创新是旅游景区向着低碳化发展的必要支持，同时也是实现旅游景区可持续发展的必由之路。然而，目前我国在低碳技术领域的发展还远远落后于发达国家。要提高这一水平，我们并不能够仅仅依靠于国外先进的技术成果转让。因此，我国应当在积极借鉴并吸收国外低碳方面发展先进理念的同时，加大在低碳技术方面的研发投入，以推动低碳技术方面的研究。例如，开发新能源技术，用清洁能源替代化石燃料，在为日常生活提供低碳排放量以至于无碳排放量能源服务的同时，也为旅游景区的低碳化发展提供必要的技术支持。

参考文献

[1] Natalia Tabatchnaia - Tamirisa, Matthew K. Loke, PingSun Leung, Ken A. Tucker. Energy and Tourism in Hawaii [J]. Annals of Tourism Research, 1997, 24 (2): 390 - 401.

[2] Gossling S. Global environmental consequences of tourism [J], Global Environmental Change, 2002, 12 (4): 283 - 302.

[3] Susanne B. , Simmonsb David G. , Chris F. . Energy use associated with different travel choices [J]. Tourism Management, 2003 (24): 267 - 277.

[4] Joe Kelly, Peter W. Williams. Modelling Tourism Destination Energy Consumption and Greenhouse Gas Emissions: Whistler, British Columbia, Canada [J]. Journal of Sustainable Tourism, 2007, 15 (1): 67 - 90.

[5] Dick Sisman & Associates. Tourism Destinations Carbon Footprints [R]. Cambridge, UK, 2007, 3.

[6] Paul M. Tourism' s Uneven Impact History on Cannery Row [J]. Annals of Tourism Research, 2004, 31 (4): 779 - 800.

[7] Nae - Wen Kuo, Pei - Hun Chen. Quantifying energy use, carbon dioxide emission, and other environmental loads from island tourism based on a life cycle assessment approach [J]. Journal of Cleaner Production, 2009, 17: 1324 - 1330.

[8] Tzu - Ping Lin. Carbon dioxide emissions from transport in taiwan national parks [J]. Tourism Management, 2010 (31): 285 - 290.

[9] 杨占东. 低碳经济视阈下的旅游景区建设研究 [J]. 旅游纵览, 2012, 3.

[10] 陈启胜, 李丽萍. 西部低碳景区综合集成管理模式的探索 [J]. 商情, 2011, 17: 41 - 41.

[11] 侯文亮. 低碳旅游及碳减排对策研究 [D]. 河南大学, 2010.

[12] 谭锦, 程乾. 论低碳旅游景区评价体系构建——以四川贡嘎燕子沟景区为例 [J]. 经济研究导刊, 2010 (11): 117 - 118.

［13］雷琼．低碳旅游景区管理研究［J］．现代商贸工业，2010（16）：46－47.

［14］谢园方．旅游业碳排放测度与碳减排机制研究——以长三角为例［D］．南京师范大学，2012.

［15］吴晨，李东和，汪燕．旅游景区的低碳交通模式研究［J］．资源开发与市场，2012，28（8）．

［16］沈子杨．论低碳酒店的营造［J］．商场现代化，2010，9.

［17］徐波林，李东和，刘燕桃，钱亚林．我国旅游景区餐饮低碳化模式研究［J］．河南科技大学学报，2012，30（6）．

［18］吴铀生，马胜．低碳消费是实现低碳旅游的关键要素［J］．西南民族大学学报，2011，7.

［19］李小明，张兆干，林超利．基于低碳经济背景下低碳旅游社区的构建研究——以江苏省丹阳市飞达村为例［J］．河南科学，2010，28（5）：626－630.

［20］郑琦．低碳旅游：低碳城市转型的模式创新［J］．学习与探索，2010（04）：126－129.

［21］侯晓丽，贾若祥．“低碳旅游”，从住行环节入手［J］．中国经济导报，2011－1－25（B05）．

［22］Xuhui Dong，N. John Anderson，Xiangdong Yang，Xu chen，Ji Shen. Carbon burial by shallow lakes on the Yangtze floodplain and its relevance to regional carbon sequestration［J］. Global Change Biology，2012：2205－2217.

Study on the Development Strategy of Beijing Purple Bamboo Park Low Carbon Tourism

Hou Xiaoli, Wang Qingwen

Business School of Beijing Technology &
Business University, Beijing 100037, China

Abstract: In the context of today's "low - carbon" of concern, one of the tourist attractions as an important part of the tourism industry, the construction and transformation of low - carbon sustainable development of the tourism industry is of great significance. Beijing, as the capital of our country, and its tourist attractions to the development of low - carbon direction should not be limited to the initial development and planning and construction of new tourist attractions, the low - carbon transformation of existing tourist attractions should become tourist attractions in Beijing low - carbon development a top priority. In this paper, a detailed analysis of the Beijing Purple Bamboo the typical one example of the development of low - carbon have advantages, through literature research, participatory observation, interviews and other methods currently scenic restricting the development of low - carbon problem, and learn from foreign advanced low - carbon scenic successful development case one suitable for the characteristics of low - carbon development path of the Beijing Purple Bamboo Park.

Keywords: low - carbon tourist attractions; development measures; Beijing Purple Bamboo Park

陕西省镇安县旅游客源市场开发研究*

张域东*

摘　要：镇安旅游业处于由公务型活动性市场向公务、商务和常规游客市场并行的转型阶段。镇安旅游业处于发展初期，存在客源市场基数相对较小、游客数量季节性波动、配套设施或产品类型不足、经营管理水平较低、景区开发及行业体系服务建设、项目建设发展缓慢等一系列问题。为了提升镇安县旅游业，应重新对发展战略进行重新定位，积极实施共生发展战略、生态战略、互联网营销战略。

关键词：镇安县　旅游客源市场　问题　开发建议

---

*　张域东（1993—），男，陕西省镇安县人，本科，西北大学经济管理学院旅游系。作者感谢西北大学旅游系邵金萍老师和杨永平老师对本文研究的帮助，感谢镇安县开发局给予的调研帮助。

一、导论

近十年来，随着国家经济发展的不断转型和政策导向的强化，镇安县历届县委政府审视县情研究强县富民之策，适时调整县域经济发展思路和产业结构，实施可持续科学发展战略，在主抓一产、提高二产的前提下，突出生态牌，把生态旅游产业确定为县上的朝阳产业，大力加强旅游建设，拉动县域其他旅游产业要素的共同发展。镇安旅游产业从2003年起步以来得到了快速发展。但镇安旅游业起步晚、行业发展不平衡、总量小、带动能力较低，生态旅游开发仍存在诸多制约因素，发展仍显不足。

本文研究的目的是在总结国内外相关文献和研究的基础上，通过实证调查研究，发现镇安县关中和陕南客源市场存在的特征，通过比较二者之间的差异，提出具有针对性和可操作性的镇安旅游市场开发策略与措施，推动镇安旅游业的健康、有序、稳定发展，为政府相关部门的政策制定提供数据支持与决策参考。本文研究内容主要包括以下六个部分：第一部分绪论主要介绍论文的研究背景，说明论文的研究目的、研究内容以及研究方法；第二部分文献综述；第三部分镇安县旅游客源市场的现状，主要介绍镇安县旅游客源市场外部环境分析和内部特征分析；第四部分主要介绍镇安县旅游客源市场存在的问题；第五部分主要介绍对进一步开发镇安县旅游客源市场的建议；第六部分对论文的研究成果进行总结，并说明研究不足以及研究展望。

二、文献综述

1. 旅游客源市场基本概念界定

目前我国国家统计局旅游统计采用的定义为：旅游者是指以休闲、娱乐、观光、度假、探亲访友、就医疗养、购物、会议、商务、文体活动和宗教信仰等为目的，离开常住国（或常住地），在目的地连续停留时间不超过12个月，且在目的地的活动不以获取报酬为目的的人。游客不包括因工作或学习在两地有规律往返的人。1991年6月，渥太华会议将旅游者定义为：一个到惯常环境之外的地方旅行、停留期在一个特定时间之内，且旅行的主要目的不是通过从事某项活动从被访问地获取报酬的人。

旅游客源市场是指一定时期内，某一地区中存在的对旅游产品具有支付能力的现实的和潜在的购买者。形成旅游客源市场必须具备旅游者、旅游购买力、旅游购买欲望和旅游购买权利等四个要素。旅游者数量是旅游客源市场规模的表现。对某一旅游接待地来说，旅游者数量越大，所需旅游产品数量越大，反之亦然。同时人们收入水平和可自由支配收入决定的旅游者购买力，也是旅游客源市场中的又一重要因素。如果没有具备这一条件，旅游市场只是一种潜在市场。旅游产品购买欲望也是形成现实旅游消费者的必要条件之一。

2. 国内外旅游客源市场研究综述

20 世纪 60 年代中后期国外就有有关对游客的分析。罗杰斯（Rodrers H B）1967—1969 年进行了英国的首次试验性全国游憩调查。20 世纪 80 年代出现 S. Smith《游憩地理学》和《旅游分析手册》、C. Gunn 在《度假景观：旅游区的规划设计》一书中以及 D. Pearce 在《当代旅游：地理学分析》等著作中都对客源市场的研究给予很高的重视，并且从简单的描述统计研究向更深入的解释性以及预测性的研究转变。国外对旅游客源市场的相关研究内容见表 1。

总之，国外学者在旅游客源市场研究方面比较广泛而且很深入，其所用的研究方法也是多种多样的，并创建了各种模型。然而，对于目的地客源市场空间分布及旅游目的地目标客源细分市场之间的差异性研究得比较少。

表 1　国外对旅游客源市场的相关研究

研究方向	主要观点及内容	
从游客的个体属性，分析具有不同特点的游客其不同旅游动因与旅游选择之间的关系	关于旅游动因的研究	Dogan Cursoy（2002）研究旅游目的地居民对游客的态度；C. Ryan（1998）运用定量研究方法测量休闲旅游动因；Dale Fodness（1994）探讨了旅游动因的测量；美国麦金托什（1983）将旅游动因分为身体健康、文化和地位与声望的动因
	关于游客行为的研究	Keith G. Debbage（1991）探讨了巴哈马群岛度假旅游的行为，指出时间限制和旅游地的地理位置是影响游客行为的重要因素
	游客选择目的地的行为研究	Clive L. Morley（1994）对旅游目的地的选择进行了尝试性分析；Seoho Um（1990）等研究了影响旅游目的地选择的态度因素
游客需求研究	lizabeth M. Lieux（1994）专门研究了老年旅游市场的住宿偏好，不同年龄的游客对住宿的偏好有着显著差异；Turgut Var（1990）则通过收集时间序列的数据进行分析，从而得出客源国的收入以及汇率对旅游需求的影响十分重大的结论	
旅游需求模型的应用	Kevin. Greenidge（2001）运用时间序列模型对巴巴多斯岛的游客数量进行了预测，并对影响游客行为因素的研究提出了有意义的角度；Sampol Catalina Juaneda（2000）运用回归模型对巴利阿里群岛的不同旅游细分市场进行分析，分析发现不同细分市场的旅游花费存在明显差异	

相对国外旅游客源市场研究而言，我国关于旅游客源市场的研究起步较晚，20 世纪 80 年代早期，基本上没有有关旅游客源市场的研究，大部分的研究都是围绕旅游资源开发、风景区规划、旅游区划等方面进行。这与我国旅游业的发展历程是紧密相关的，中国正式提出发展国内旅游是在 1981 年，大量旅游资源亟待开发，从而形成了“资源导向型”的旅游业发展思路，因而这段时间的旅游研究内容也以旅游资源为主。但是，随着我国市场经济的不断深入发展，旅游地对客源的空间竞争日益激烈，因此，旅游业开始向“市场导向型”转变。随着旅游业发展形势的变化，旅游学者逐渐注意到旅游客源市场研究的重要意义。1986 年，陈传康提出根据旅游者的层次结构对旅游

资源进行开发，于是国内有关旅游客源市场的研究开始不断深入。国内对旅游客源市场的相关研究内容见表2。

表2 国内对旅游客源市场的相关研究

研究方向	主要观点及内容	
游客行为方面的研究	20 世纪 80 年代后期	邢道隆（1986）通过抽样调查对北京市国内旅游市场进行分析；陈建昌、保继刚（1988）对游客决策行为和空间行为进行研究，研究发现，感知行为和最大效益原则对决策行为影响比较大；陈传康（1989）研究北京国内旅游者行为
	20 世纪 90 年代	林南枝、李天元（1996）对旅游市场游客行为进行了系统的研究；崔凤军（1997）对泰山游客需求的时空分布规律进行研究；林增学（1999）提出旅游消费行为的简单模式
旅游需求及预测方面的研究	孙根年（2000）提出本地趋势线的预测方法，并用这个方法对我国入境旅游市场的趋势进行分析，从而我国入境旅游市场客流量的提供趋势预测；卫海燕（2000）通过对上海主要境外旅游客源市场游客数量的分析、谢先全（2002）通过对福建主要境外旅游客源市场游客数量的分析，利用灰色预测方法建立了灰色预测模型，分别实现了对上述两个市场未来几年游客流量的预测	
旅游客源市场实证研究	绪才和丁登山（1997）对南京客源市场结构进行分析，提出南京市的市场定位和市场营销策略；李悦铮（1997）、王仕莲（2000）、沈振剑（1999）、宣国富（2001）等也分别运用相似的方法分析了不同区域的客源市场状况	

三、镇安县宏观旅游客源市场的现状

1. 镇安县旅游客源市场外部环境分析

20世纪后半期以来，特别是近十年来，旅游业以超过任何产业门类的发展速度悄然成为当今世界最大产业。旅游业的迅猛发展已是全球化的大趋势，所以从宏观大环境来看，镇安旅游业发展前景良好。

(1) 旅游需求特点的演变对镇安旅游市场的积极影响

随着社会经济的发展、人们生活条件的改善以及闲暇时间的不断增加，旅游已经成为或即将成为人们生活的基本需求之一。近年来我国国内旅游需求呈现如下变化趋势：动因上多受跟风影响、目的地上追求环境新奇、出行方式偏好自驾慢游、旅游越发注意主题和深度、行程愈发追求自主和个性、感受上偏爱游乐和刺激、旅游休闲追求健身和轻松。而镇安县的生态旅游正好符合上述旅游特点的演变趋势。另外精细旅游观念的增强使旅游者对廉价旅游、短程旅游需求将进一步扩大，从表3我们可以看出这种变化对辐射范围并不广的镇安县是很有利的。

表3 西安市民旅游倾向调查表

选项		是否知道镇安县	是否对廉价旅游感兴趣	是否对2小时左右的短程感兴趣
是	计数	153	322	254
	百分比（%）	40.26	84.73	66.84
否	计数	227	58	126
	百分比（%）	59.73	15.26	33.15

资料来源：在西安街头的实地采集数据后制表。

表4 西安市民对商洛旅游地兴趣的调查

选项		是否知道柞水县	是否知道金丝峡	前往商洛后是否对市内其他地区有兴趣
是	计数	342	348	234
	百分比（%）	90	91.58	61.58
否	计数	38	32	146
	百分比（%）	10	8.02	38.02

资料来源：在西安街头的实地采集数据后制表。

(2) 国内政策和国民观念的转变对镇安旅游市场的积极影响

国内政策上，第一，综合国际旅游发展趋势和国内旅游风向，国家更多的节假日会催生更多居民的旅游出行；第二，镇安所开发的生态旅游产品符合政府生态环保的理念，有环保补贴。国民观念上，第一，随着自驾游的流行，镇安凭借与西安的区位优势，很容易招徕游客；第二，大都市的居民更加看重享受清新的空气和纯净的自然，加之旅游休闲追求健身和轻松的理念，会使更多游客转向镇安的青山绿水。所以在市场经营中，只需把握机遇，做好宣传营销即可获得良好的客源市场。

（3）陕南秦岭区域旅游业的发展对镇安旅游市场的积极影响

目前秦岭已建成森林公园30个，其中国家级8个，风景名胜区19个，其中国家级3个，是全国风景名胜区和森林公园密度最大、等级最高、特色最明显的生态功能区。由此，镇安将获得的不仅仅是旅游开发，还包括经济建设、生态保护方面的发展机会。另外陕南三市已成为陕西独具特色的生态旅游区，旅游资源与关中、陕北乃至整个西北地区相比，具有很大的差异性、互补性和吸引力。镇安作为陕南旅游资源和区位均占优势的地区，自然成了旅游产业开发的重点地区。加之邻近的商南县和柞水县领跑陕南生态游，在省内外为陕南旅游项目闯出了名头，也为镇安生态旅游业的发展铺平了道路。

2. 镇安县旅游客源市场特征分析

（1）镇安县入境游客背景特征现状

根据镇安县旅游开发规划中客源背景调查资料，对入境游客背景特征得出以下结论，详见表5。

表5　镇安县近年来入境旅游客背景特征

调查项目	基本结论
性别结构	以男性为主，约占游客的70%以上，与其他成熟景区目的地男女游客比例构成不一样
年龄构成	25～50岁段的游客占60%以上，50～65岁段游客占20%，年龄段呈现“中间大、两头小”的特征，说明旅游产品开发需要多样化，或旅游景区可进入性差
职业构成	政府职员多，其次是商务人员和专业技术人员，总计占游客近60%，说明市场营销开发严重滞后

续表

调查项目	基本结论
客源地构成	以西安市客源为主，约占游客总数的45%，本县次之，周边县区来游览的人较少

资料来源：镇安县旅游开发规划。

（2）镇安县游客消费行为现状

针对游客的消费行为，本研究主要从信息渠道、出游方式、交通方式、旅游动机、总体感知、消费构成、食宿评价、停留时间和游览天数等方面对来镇安旅游的游客进行了调查，其中尤其对信息渠道和旅游活动偏好进行了陕南客源和关中客源的对比分析。

在关中游客的信息来源中，互联网为主要渠道，得分为3.60，其次为亲朋好友介绍，得分为3.49，旅行社得分为3.22，然后依次为博客、报纸、杂志，与陕南游客不同的是，关中游客更注重互联网的作用，为旅游信息来源的第一渠道。

在对陕南游客信息渠道对旅游出行重要性的调查中（如表6所示），朋友亲戚的介绍平均分最高，达到3.58分，旅行社和网站的得分也较高，为3.31分和3.30分，然后依次为报纸、旅游手册、博客、杂志，得分分别为3.05、2.98、2.97、2.93，从得分情况来看，人们较少依靠光盘。说明大部分游客旅游信息的来源渠道以传统的朋友亲戚介绍为主，同时随着我国旅游业的发展、旅行社的增多以及网络的普及，旅行社和网络在人们旅游信息的来源中也越来越占有重要的地位。另一方面，人们旅游信息来源的渠道也日益多元化，报纸、博客、杂志等媒介均成为人们旅游信息的来源。

表6　关中客源信息渠道

	N	极小值	极大值	均值	标准差
网站	364	1	5	3.30	1.021
旅行社	366	1	5	3.31	0.960
报纸	367	1	5	3.05	0.853
杂志	366	1	5	2.93	0.878

续表

	N	极小值	极大值	均值	标准差
旅游手册	360	1	5	2.98	0.903
亲友	366	1	5	3.58	0.868
博客	355	1	5	2.97	1.027
旅游广告	363	1	5	2.92	0.876
光盘	357	1	5	2.71	0.903

资料来源：在镇安景区的实地采集数据后制表。

表7　陕南客源信息渠道

	N	极小值	极大值	均值	标准差
网站	1070	1	5	3.6	0.892
旅行社	1071	1	5	3.22	0.897
报纸	1071	1	5	3.01	0.798
杂志	1069	1	5	3.01	0.813
旅游手册	1071	1	5	2.98	0.842
亲友	1068	1	5	3.49	0.875
博客	1066	1	5	3.1	0.919
旅游广告	1071	1	5	2.89	0.809
光盘	1068	1	5	2.75	0.776

资料来源：在镇安景区的实地采集数据后制表。

表8　关中和陕南客源信息渠道偏好比较分析

信息渠道		方差方程的 levene 检验		均值方程的 T 检验	
		F	Sig.	T	Sig.（双测）
网站	假设方差相等	13.201	0	5.329	0
	假设方差不相等			4.998	0
旅行社	假设方差相等	4.744	0.03	-1.596	0.111
	假设方差不相等			-1.544	0.123
报纸	假设方差相等	7.761	0.005	-0.845	0.398
	假设方差不相等			-0.818	0.414

续表

信息渠道		方差方程的 levene 检验		均值方程的 T 检验	
		F	Sig.	T	Sig. （双测）
杂志	假设方差相等	7.601	0.006	1.507	0.132
	假设方差不相等			1.452	0.147
旅游手册	假设方差相等	6.198	0.013	0.031	0.975
	假设方差不相等			0.03	0.976
亲友	假设方差相等	9.544	0.461	-1.788	0.074
	假设方差不相等			-1.796	0.073
博客	假设方差相等	4.834	0.028	2.344	0.019
	假设方差不相等			2.217	0.027
旅游广告	假设方差相等	5.082	0.024	-0.608	0.543
	假设方差不相等			-0.585	0.559
光盘	假设方差相等	2.32	0	0.948	0.343
	假设方差不相等			0.88	0.38

在对关中和陕南客源旅游信息渠道来源的差异比较中可以看出，互联网和博客的得分差异具有显著性，关中地区客源对互联网和博客两种信息渠道的倾向性要明显高于陕南本地游客。其他信息渠道的差异则不具有显著性。虽然两地在互联网方面的倾向性有差异性，但同时要注意到，互联网这一渠道在两者的得分都是比较高的，这说明互联网的信息传播能力对于陕南与关中客源市场来说都具有十分重要的作用，从而为营销策略的选择提供参考依据。

表9 关中游客旅游活动偏好

	N	极小值	极大值	均值	标准差
游览名山大川	359	1	5	3.59	1.015
游览风景区	369	1	5	3.84	0.883
购买土特产	363	1	5	3.2	1.015
访亲走友	361	1	5	3.28	0.967

续表

	N	极小值	极大值	均值	标准差
参观古建筑	359	1	5	3. 55	0. 979

资料来源：在镇安景区的实地采集数据后制表。

旅游活动偏好是指旅游者在出游时倾向选择哪些类别的旅游活动以及对旅游目的地相关旅游产品的选择偏好。在对关中游客旅游活动偏好的调查中，游览风景区最受调查者欢迎，得分为 3. 84 分；其次为名山大川、参观古建筑、访亲走友、购买土特产。可以看出人们在旅游行为偏好中，呈现出多样化的趋势，多数旅游活动都得到了 3. 5 以上的高分。同时表明关中游客注重游览自然风光与景色。

表 10　陕南游客旅游活动偏好

	N	极小值	极大值	均值	标准差
游览名山大川	1058	1	5	3. 36	0. 89
游览风景区	1051	1	5	3. 51	0. 865
购买土特产	1058	1	5	3. 21	0. 861
访亲走友	1051	1	5	3. 17	0. 83
参观古建筑	1060	1	5	3. 39	0. 871

资料来源：在镇安景区的实地采集数据后制表。

在陕南游客旅游活动的偏好上，游览风景区依然受欢迎程度最高，得分 3. 51，其次为参观古建筑和游览名山大川，但是可以看出访亲走友和购买土特产的偏好与其他偏好的差距有所缩小。

表 11　旅游活动偏好比较分析

旅游活动类型		方差方程的 levene 检验		均值方程的 T 检验	
		F	Sig.	T	Sig. （双测）
游览名山大川	假设方差相等	18. 398	0	－4. 036	0
	假设方差不相等		－3. 783	0	

续表

旅游活动类型		方差方程的 levene 检验		均值方程的 T 检验	
		F	Sig.	T	Sig. （双测）
游览风景区	假设方差相等	2.688	0.101	-6.232	0
	假设方差不相等		-6.172	0	
购买土特产	假设方差相等	22.325	0	0.225	0.822
	假设方差不相等		0.208	0.836	
访亲走友	假设方差相等	25.993	0	-1.998	0.046
	假设方差不相等		-1.854	0.064	
参观古建筑	假设方差相等	9.621	0.002	-2.761	0.006
	假设方差不相等		-2.606	0.009	

如表 11 所示，在对两地游客对旅游活动偏好差异的比较分析中，两地游客在对参观古建筑、游览风景区、游览名山大川的偏好差异上具有显著性，其他活动的偏好差异则不显著。其中，除了购买土特产，其他活动均是关中游客的偏好高于陕南客源游客。通过这种差异比较，可以总结出，关中客源市场以休闲观光目的为主，因此，在制定旅游产品策略以及价格策略时，应当注重关中客源市场偏好自然风光的特点从而有针对性提出相关建议。

最后结合全部调研数据分析，对镇安县客源市场的消费行为得出以下结论。详见表 12。

表 12　镇安县游客消费行为结论

调查项目	基本结论
信息渠道	以行政邀请和亲友介绍为主，30% 是通过宣传推介资料了解，其他信息渠道发挥的作用小，了解的渠道少
出游方式	近 40% 旅客是行政邀请，另 40% 是亲友结伴来镇旅游，组团游客不到 10%
交通方式和进入方位	80% 以上是自驾游或公务活动游，10% 是随团游，没有景区班线专车。进入方向以县城为主，其他县域周边进入的少

续表

调查项目	基本结论
旅游目的动机	以自然观光和行政事务为主，少量是休闲度假。调查中，多半受访者知晓镇安旅游景区，表示很希望来游览，但最终成行比例不高，原因是对镇安旅游了解的渠道少，对吃、住、行情况不熟悉
总体感知	游客对镇安自然景色赞许度达75%以上，认为比想象的要好。而对交通、购物、娱乐、行业服务评价很差
消费构成	吃、住、行的费用占旅游总费用60%以上，游览占20，购物占10%，娱乐占5%，其他占5%
对住宿餐饮的评价	食宿条件相对较好，比较喜欢农家菜肴，但价格较高，餐食供应不够灵活，点菜不便，要求桌餐的多。对餐饮、住宿服务评价较差
停留时间	半日游占5%，1日游占40%以上，1～2日游占40%，完整的2日游占10%，其他占5%
游览次数	对入境的游客问卷了解，80%以上的游客是首次来的，2次及2次以上的只占20%

（3）镇安县入境游客和旅游综合收入现状

镇安近年来入境游客数量和旅游收入都在逐年攀升，具体如下表：

表13　镇安县近五年入境游客和旅游综合收入数据表

年份	接待人数（万人次）	比上年增长（%）	综合收入（万元）	比上年增长（%）	占国民生产总值比重（%）
2008	51.2	528	12000	635	590
2009	80.6	294.8	24000	100	890
2010	120	49	45000	88	1290
2001	180	50	64000	42	1490
2012	320	78	144000	125	2590
合计	751.8		289000		

资料来源：镇安县旅游开发局。

总之，从上述对镇安县旅游客源市场的外部环境和内部特征分析得出，镇安县外部环境良好，但内在旅游业开发及行业体系服务建设均处在低水平、不均衡阶段的结论。

四、镇安县旅游客源市场存在的问题

镇安县旅游客源市场存在的主要问题如下：

第一，客源市场基数相对较小，旅游辐射能力较弱。镇安虽然区位优势明显，但旅游开发起步晚，产品形象影响小，旅游市场面相对较窄，市场规模基数相对较小，还不能形成“传导效应”。目前，镇安旅游客源市场主要是西安、关中本地的近距离市场，游客来源以中小尺度旅游市场为主。因此，客源结构不是很合理。为了提高对中远距离地区市场的辐射力，镇安还需要在基础设施建设、旅游产品开发、旅游精品培育、旅游宣传与促销等方面加大步伐。

第二，以自然观光游产品为主，游客数量季节性变化明显。由于旅游产品单一，加之是山地型的自然观光产品为主，这既无法增强对游客的吸引力，也不能提高经济效益。在客源年龄段上，大多吸引的是中间阶段的观光客，年少的不感兴趣、年老的可进入性差，失去了意向性客源。加之受冬季和早春季节影响，夏季又受暴雨洪水灾害影响，到镇安的游客数量具有明显的季节性变化规律，巩固市场的成本较高。由此，镇安要特别注意开发和促销适宜在旅游淡季出售的旅游产品，开发周边地区周末休闲度假旅游市场以及对旅游高峰期的客流分流引导。

第三，配套设施或产品类型不足，影响了后续市场发展。由于镇安旅游产品和旅游活动项目开发滞后，旅游开发水平不高，绝大部分旅游景区（点）处于粗放经营阶段，景区游娱项目开发单调，造成游客停留时间短，大量游客来去匆匆。尤其是组团旅游，大部分团体游客在镇安停留的时间不到一天。单纯的自然观光型产品，尤其该产品不是国际、国内著名的观光区，在国内外的旅游开发中，已经不受游客青睐。没有丰富甚至高品质的旅游产品和产品体系，导致游客消费时间太短、消费内容单一，消费水平偏低，消费结构不合理，自身经济收益直接受到影响，后续回头客难以保证。游客旅游消费主要集中在传统的“吃、游、行”上，旅游人均消费很低，经济效益不高。

调查统计显示游客用于食、宿、行的“钢性”消费比例之和约为70%，而其他弹性大的消费的比例偏低。因此，镇安要在积极进行基础设施、旅游接待服务设施等建设的同时，大力开发附加值高、经济效益好的旅游娱乐活动项目，加快旅游商品开发，促进旅游购物的发展。

第四，经营管理水平较低，游客对整体旅游环境印象欠佳。从游客对镇安的综合评价来看，认为镇安旅游资源非常好，与其他成熟景区发展过程阶段相比，开发建设的水平也比较好。但总体感觉旅游氛围不强，游客的心里享受如同大家去高档场所做客一样，没有被气氛“烘托起来”，旅游环境氛围亟待改善。同时，旅游“吃、住、行、游、购、娱”行业要素还远远不能满足游客的需求，旅游行业体系亟待建立。镇安旅游业要想有大的发展，必须把行业建设和改善旅游环境放在优先考虑的地位，否则难以使镇安的游客数量在短期内得到大幅度增长。

五、镇安县旅游客源市场的建议

针对镇安县旅游市场的发展现状与存在的问题，建议从以下几方面加以改善：

第一，重新进行战略定位。在空间定位方面，国内客源市场是镇安旅游客源市场的主体，也应该是未来镇安进行市场开拓的重点。本地市场（一级市场）选择以西安及周边、镇安周边（包括本市临近县区、安康市与镇安临近县区、湖北十堰市、西北地区）为核心的省内客源市场。辐射市场（二级市场）选择为陕西关中以北、山西南部、甘肃东南部、四川东北部、重庆北部、湖北西部、河南西部等周边省份客源市场。机会市场（三级市场）：主要包括以北京为主的京津唐地区、以上海为主的长三角地区、以广州为主的珠三角地区以及其他东部沿海经济发达省市客源市场。在功能定位方面，主要定位于观光游览类市场、休闲度假类市场、宗教文化体验类市场、水上旅游体验类市场。

第二，积极实施共生发展战略。综合镇安自然资源、交通区位、旅游资源品质、开发现状和未来客源市场预测，镇安旅游与秦岭周边省市旅游的关系实际是共生单元与共生系统关系，镇安生态旅游只是秦岭和陕南生态旅游共生系统的一个单元。共生系统的发展能带动和促进共生单元的发展，共生单元也可推动共生系统的发展。要达到镇安旅游与周边地区生态旅游的共生发展、共生进步，需要几方面能共同适应、互相激活、共同合作。镇安旅游与邻县生态旅游，这一共生体系中的其他共生单元之间形成互补型共生关系，即镇安旅游向北与柞水牛背梁和溶洞，向西与安康宁陕上坝河、汉中黎平，向东与山阳天竺山、商南金丝峡，向南与安康瀛湖等市县的旅游品牌和景区形成互补性竞争关系，是减少对抗，加强共生单元之间协同、集成、产出共同效益的基本前提。值得强调的是，营造良性共生环境是陕南生态旅游整体实力提高的客观需要。政府部门和旅游经营管理相关部门要制定合理的市场、产业政策诱导机制，制造环境因素对共生体的正向作用。要建立陕南片区合作机制，其直接切入点就是首先建立陕南区域旅游发展协作联席会议制度，进而建立大陕南以及辐射联系大关中为主的秦岭中央公园协作模式。重点在资源共享、基础共建、交通互连、线路互推、客源互送、政策互惠、信息互通、节庆互动、品牌共塑、优质共创、网络互补、争议互商等方面取得实质性进展。

第三，主打生态战略。以西安为中心的关中地区是镇安旅游的主要的、长远的客源市场。西安和咸阳成为大都市联合体后，人口将超过 1000 万人，加上周边地区，人口将近 1500 万人。关中地区旅游资源优势在人文方面，加上都市的污染和喧嚣，很多关中的居民希望到大自然放松身心，而长期以来，西安周边和秦岭以北的景区景点，西安和关中居民大多都去过多次，因而，眼光会转向一山之隔的陕南山水。所以镇安县必须要以生态为主打品牌进行宣传开发。

第四，实施互联网营销战略。前文的数据研究显示互联网和博客现已成为镇安县游客，尤其是关中客源的主要信息渠道，因此镇安县必须加强网络营销宣传。第一，镇安县旅游部门应该成立镇安县旅游门户网站，方便潜在客源查询相关旅游资讯；第二，镇安县旅游部门应该与互联网上的虚拟旅行社进行合作，在其官网上宣传镇安旅游景点；第三，针对博客用户，镇安县旅游与文化部门应该有目的地组织相关活动，如博主组团游、美文评选等，并且把活动通过各个门户网站加以呈现，从而扩大镇安旅游的影响力。

六、结论与研究局限性

本文首先对镇安旅游业进定性研究，发现镇安旅游业发展中的一些问题，主要为旅游业起步晚、行业发展不平衡、总量小、带动能力较低、生态旅游开发滞后等；然后结合对镇安旅游资源的实地调研，在对相关文献进行回顾的基础上，设计镇安旅游客源市场调查问卷，根据调查问卷的数据运用 SPSS 统计分析软件和 EXCEL 软件分析关中及陕南等镇安周边地区客源市场特征，包括背景特征、行为模式特征以及对镇安景区的偏好特征，并对两者的信息渠道特征和对镇安景区的偏好特征进行比较分析，发现两者之间的差异性；最后在对客源市场内外特征分析的基础上，对镇安县旅游客源市场的发展提出四方面建议，从而在游客心中树立良好的旅游形象，促进镇安旅游业的发展。

本文主要存在以下两方面的局限性：一是内容局限性，由于笔者时间、精力、能力有限，本论文仅针对镇安县省内客源市场进行研究，而省外市场及国际市场没有涉及；由于缺乏行业的实践经验，没有能够深入了解镇安旅游业的状况，在提出策略时略显理论性太强，而实践操作性欠佳；生态旅游和商务酒店业是镇安旅游业的一大特色，但由于时间关系，笔者未能针对这一特色进行访谈和调查，因而很遗憾地没能在这一方面进行深入研究。二是理论局限性，本文虽提出了定位策略和区域共生发展策略，但由于本人理论水平有限，在对定位理论和共生理论进行整合时，有一些不完善的地方，因此该理论有待在今后的实践中进一步完善。

参考文献

[1] 郭英之．韩国出境旅游市场与中国的营销战略［J］．亚太经济，2002（3）：32－36.

[2] 周曦．秦岭野生动物园客源市场特征研究［D］．中国优秀硕士学位

论文全文数据库，2008.

[3] 韩波．秦皇岛市旅游业市场营销的研究 [D]．中国优秀硕士学位论文全文数据库，2006.

[4] 张梅．我国旅游业的营销策略分析 [D]．中国优秀硕士学位论文全文数据库，2004.

[5] 陈小华．旅游客源市场分析理论与方法研究 [D]．中国优秀硕士学位论文全文数据库，2003.

[6] 刘邓．武夷山市旅游客源市场研究 [D]．中国优秀硕士学位论文全文数据库，2007.

[7] 胡平．中国旅游人口研究：中国旅游客源市场的人口学分析 [M]．上海：华东师范大学出版社，2002：56－57.

[8] 吴烨．中国丝绸之路之吐鲁番葡萄节旅游客源市场预测与开发研究 [D]．中国优秀硕士学位论文全文数据库，2007.

[9] 刘敏．西安城市居民短线旅游需求理论与实证研究 [D]．中国优秀硕士学位论文全文数据库，2009.

[10] 于全辉．用整合营销传播重构营销组合策略的思考 [J]．企业经济，2007 (12)：50.

[11] 赵荣．西安碑林的旅游客源调查与分析 [J]．国土开发与整治，1995 (1)：57－61.

[12] 吴必虎，唐俊雅，黄安民等．中国城市居民旅游目的地选择行为研究 [J]．地理学报，1997，52 (2)：97－103.

[13] 崔凤军，张建忠，杨永慎．泰山旅游需求时空分布规律及旅游者行为特征的初步研究 [J]．经济地理，1997，17 (3)：61－66.

[14] 林增学．旅游者消费行为模式及其相关因素的分析 [J]．桂林旅游高等专科学校学报，1999，10 (4)：21－25.

[15] 牛亚菲．旅游供给与需求的空间关系研究 [J]．地理学报，1996，51 (1)：80－87.

[16] 郑海．现代旅游市场需求的发展趋势 [J]．社会科学家，1998 (3)：36－41.

［17］宋章海．从旅游者角度对旅游目的地形象的探讨［J］．旅游学刊，2000（1）：63－67.

The Study of Tourist Market Exploitation on Zhen'an County in Shaanxi Province

Zhang Yudong

(Northwest University of China Xi'an 717127)

Abstract: The tourism market of Zhen'an is in the transformation from the period of official activities to the parallel stage of official, business and general tourist market. But in the stage, there are many problems in the development, such as the smaller market base, the number of tourists obvious seasonal variation, the low level of managemen, the lag of tourism industry system construction and project. in order to the development of , it should reposition the development strategy, actively implement the symbiotic strategy, ecological strategy and Internet marketing strategy.

Keywords: Zhen'an County; customer market of tourist; development suggestions

2000—2011 年重庆市城乡发展一体化水平分析*

白永秀　郭韵清　周江燕*

摘　要：十八大指出"城乡发展一体化是解决'三农'问题的根本途径"，这说明了坚持并不断深化城乡发展一体化是破解我国长期存在的城乡二元结构的突破点。重庆市作为我国最年轻的直辖市，其独特的自然地理环境、城市空间结构、经济地理布局都对城乡发展一体化有着很强的推动力。本文在构建城乡发展一体化评价指标体系的基础上，运用两步主成分分析法对重庆市2000—2011年城乡发展一体化水平进行测度，发现重庆市的城乡发展一体化存在城乡居民收入差距悬殊、城乡基础设施建设差距明显、农村社会保障体系不完善等问题。从就业、教育和农业产业结构转变角度，提出了重庆市城乡发展一体化的相关政策建议。

关键字：重庆　城乡发展一体化　指标体系　两步主成分分析法

---

*　本文系国家社会科学基金重大招标项目"西部地区形成城乡经济社会一体化新格局的战略研究"（批准号08&ZD027）的成果之一。

*　白永秀（1955—），男，陕西清涧人，西北大学经济管理学院教授，博士生导师。研究方向：社会主义市场经济理论；郭韵清（1991—），女，陕西西安人，西北大学经济管理学院硕士生。研究方向：城乡经济社会一体化；周江燕（1985—），女，河南南阳，西北大学经济管理学院博士生。研究方向：区域差异、城乡经济社会一体化。

一、问题的提出

中国在2001年后迈入了中等收入阶段。从国际经验来看，在中等收入阶段出现的问题和矛盾集中表现为经济建设与社会建设的不相协调。其中，社会建设滞后最显著的特征就是收入差距过大、城市化进程中形成新的二元结构，以及教育和人力资本投入不足造成产业结构失衡和粗放型经济增长等。

因此，中国发展过程中的主要矛盾已由如何推动经济发展向如何有效地进行社会建设及社会管理转变。在这一转变过程中，中国最大的问题是城乡社会建设和社会管理方面存在的巨大差距问题。而社会改革和社会制度建设滞后集中体现在农村社会改革和社会制度建设滞后，呈现出明显的城乡二元社会结构。中国社会目前广泛存在的收入差异、行业差异、城乡差异、区域差异等一系列差异都集中体现在城乡之间的差异。所以，破解中国当前和未来一定时期发展矛盾的切入点或解决主要矛盾的关键在于实现城乡发展一体化。

从改革的角度来看，后改革时代中国改革的重点和主要内容是社会改革，尽管经济改革和政治改革依然很重要。从经济改革、社会改革与政治改革三者之间的关系来看，经济体制改革的目标——中国特色的社会主义市场经济体制已基本建立，未来主要的任务是进一步完善这一体制。而政治体制改革在经济发展尚处于中等收入阶段、公民社会尚未形成的情况下，难以进行根本性的改革。而社会改革事关中产阶级的成长、公民社会的形成，同时也是市场经济体制完善以及政府与市场之间关系调整的内在要求，此外还是在将来实现以选举民主为核心的政治改革的制度基础。因此，这一阶段需要以社会改革为主题。而社会改革的核心在于社会制度的改革与建设，包括社会保障、医疗、教育、卫生、住房等基本公共服务制度的改革与建设，而基本公共服务制度的建设与完善最主要的是实现城乡居民权利的平等和统一，以保证社会的公平。

2000年以来重庆市的城乡发展一体化进程取得了巨大的成果，城市化率由2000年的35.6%提高到2011年的60.6%，人均GDP在2011年达到了

34500 元，在全国已经处于中等偏上的水平，但是重庆市在城乡发展过程中也存在着问题。本文试图从空间、经济、社会、生态环境四个角度来考察重庆市城乡发展一体化水平，并就相应问题进行分析，为重庆市今后城乡发展一体化工作提供理论依据，也为西部其他地区的统筹城乡工作提供借鉴。

二、城乡发展一体化文献综述

（一）城乡发展一体化含义

早在 20 世纪 80 年代城乡发展一体化问题就已被提出并研究。自此以后城乡发展一体化研究一直都是中国学者研究的热点问题，在长期的研究过程中不同的学者对城乡发展一体化概念也给出了不同的界定。截止到现在我国学术界对于城乡发展一体化还没有一个明确的定义。

党国英（2009）认为城乡一体化包含了两个方面的要求：一是农业现代化以实现农民收入水平逐步接近城市居民的收入水平，二是城市和农村之间要实现教育等社会公共服务的均等，城乡在医疗、卫生等方面差距缩小。李艳秋（2010）则将城市和乡村看作是一个整体，城乡发展一体化就是指使城乡经济和社会能够和谐发展，城市和农村的差别在不断缩小，最终城乡发展融合为一体的过程。任保平（2010）认为城乡发展一体化是当工业化和城市化发展到高级阶段时，以城市的发展带动乡村发展，以乡村的农业优势弥补城市的不足，城市和农村互为资源，相互服务，最后达到城市和农村之间在空间协调、经济发展、社会文明、生态环境、文化上协调发展的动态过程，城市与乡村最终实现相互结合。白永秀（2010）则将城乡发展一体化看做是中国实现经济社会发展的长期奋斗目标，它不仅包括了城乡的一体化，还包括了城乡在经济和社会的一体化，不仅是城乡的融合，同时也是农村和城市内部经济社会的不断发展。杨保军、赵群毅（2012）则认为城乡发展一体化是随着工业化和城镇化的不断深化而得以实现的，并依赖于工业化和城镇化向农村地区的扩散，是城乡关系演进的最终局面。综合以上各学者对于城乡发展一体化的界定，可以看出学者们认为城乡一体化绝不是城市和乡村没有区别，而是逐步减小城乡差距的一个过程，是一种城乡互动发展，从而达到以城带乡，以乡补城的良好发展局面。

（二）城乡发展一体化指标体系研究现状

在杨荣南（1997）的《城乡一体化及其评价指标体系初探》前国内还没有学者对于城乡发展一体化评价指标体系进行过研究，他参考了国内外各种社会发展指标体系后，初步确定了城乡发展一体化指标体系五个维度：城乡人口一体化、城乡生活一体化、城乡经济一体化、城乡空间一体化、城乡生态环境一体化，总计涉及了35个领域。顾益康、徐勇军（2004）在考虑了数据的完整性、数据间的可比较性和寻找数据的可行性以及借鉴了阿玛蒂亚·森对于社会福利指数研究的基础上，用城乡一体化发展度、差异度和协调度作为评估和反映某个地区城乡发展一体化的进程。常纪坡、马萍（2008）在参照了“全面建设小康社会目标与指标选择”和“农村全面小康评估指标体系”的指标体系后，构建了包括城乡经济融合度、城乡社会融合度和城乡生活融合度三个维度在内，总计11个单项基础指标的评价体系。完世伟（2008）对于指标的筛选问题采用了频度统计、理论分析和因子分析相结合的方法，最终确定了20个基础指标，评价指标体系由三层构成，城乡发展一体化综合评价指标作为综合指数，在总体上反映了城乡一体化发展状况，城乡发展一体化评价指标体系共由空间、人口、经济、社会、生态环境五个方面反映区域城乡一体化发展状况，具体为空间一体化指数、人口一体化指数、经济一体化指数、社会一体化指数、生态环境一体化指数，具体由20个指标构成。陈国生、陈威（2009）通过采用主成分分析法和其他统计分析法相结合的方法，构建了包括了城市经济发展水平、小城镇建设水平、社会发展水平、基础设施建设水平和农村经济发展水平的五个分析维度，共计19个基础指标数据的指标体系。李志杰（2009）认为应该将城市和农村之间的要素流通、政策影响和经济发展质量等因素作为测量城乡发展一体化动态发展的指标，这样既能反映城乡关系的纵向发展，更能体现出城乡发展在地区间的横向差异。在指标体系的设计上将影响城乡发展一体化进程的因素划分为自然环境、经济发展、社会文明、公共服务以及动态发展5个方面，再将5个方面拓展为27个基础指标，这样才能够既体现出城乡整体发展，又能表现出不同层次下的子系统。

（三）城乡发展一体化评价研究现状

白永秀、岳利萍（2005）运用聚类分析法对陕西省各地级市的城乡发展一体化进程进行分类，并将其城乡发展一体化进程分为三类，其中咸阳属于城乡联动型，西安属于极核带动型。席雪红（2009）在综合了河南省的经济、社会和生态环境发展情况后，构建了城乡经济发展、城乡社会进步、城乡生活水平、城乡人口发展和城乡生态环境和谐五个方面的城乡发展一体化评价指标体系，利用层次分析法和因子分析法对全国城乡发展一体化平均水平进行测度，确定河南省城乡发展一体化水平在全国所处的位置。马和、张远景、李晓娜（2009）以哈尔滨市域为例，运用AHP法确定权重和模糊关系矩阵进行模糊合成运算的方法，对哈尔滨各县市进行定量测度，文章中认为应大力发挥城乡两个优势，加快农业现代化进程；大力发展乡镇企业，加快农村工业化进程；加快农业科技教育转化为现实生产力的速度；加快建立健全城乡经济协调发展的管理运行机制。曹明霞在确定了相应的评价指标体系的基础上利用AHP方法，对苏州市的城乡发展一体化水平进行评价，测度结果表明，其城乡发展一体化水平在全国排名较高并且近年来表现出不断上升的趋势，其中2003—2004年为城乡发展一体化快速发展期；2005—2008年为城乡发展一体化持续稳定发展期，到2010年，苏州市城乡发展一体化水平已处于向城乡整体协调发展。焦必方、林娣、彭婧妮（2011）运用层次分析法和均方差决策法，从经济发展、生活水平、医疗和教育四个方面，选取了10个基础指标数据，结果发现长三角地区在2008年城乡发展一体化水平排名在全国是属于前列的，但1999—2008年该地区的城乡发展一体化水平却呈现出下降的趋势。

三、指标体系构建及评价方法选择

（一）指标选取方法

目前的城乡发展一体化研究主要采用理论分析法、频度分析法和专家咨询法等方法对评价指标进行选择。理论分析法通过构建城乡发展一体化的理论体系，来选择那些能够反映城乡发展一体化特点的指标；频度分析法通过对已有研究中涉及的有关城乡发展一体化评价指标进行频度统计，从中选择使用频率较高的指标；专家咨询法首先初步提出评价指标，然后通过征询专家意见，从而对指标进行调整完善。

本文综合使用理论分析法和频度分析法。在对城乡发展一体化的内涵与内容进行理论界定的基础上，确定城乡发展一体化水平评价的空间、经济、社会与生态环境四个维度。其次，采用理论分析与频度分析相结合的方法选择每一个维度的衡量指标。最终形成如表 1 所示的重庆市城乡发展一体化水平评价指标体系。

（二）指标体系的构成

我们用城乡发展一体化指数来反映城乡发展一体化水平。由于城乡发展一体化涉及的内容非常广泛，因此在指标体系构建过程中难以涵盖城乡发展一体化的所有方面，仅能反映城乡发展一体化的主要方面，从可量化的角度对城乡发展一体化状态进行基本的判断。根据城乡发展一体化的内涵、内容以及指标体系的构建原则与方法，我们构建的城乡发展一体化指数包括城乡空间一体化、城乡经济一体化、城乡社会一体化与城乡生态环境一体化四个维度。

表 1　重庆城乡发展一体化评价指标体系

目标层	方面指标	基础指标	单位	属性
城乡发展一体化	城乡空间一体化	X_1 城市化水平	%	正
		X_2 交通网密度	km/万 km^2	正
		X_3 旅客周转量	亿人次/公里	正
		X_4 城乡每百户家用汽车拥有量比	—	逆
		X_5 城乡每百户计算机量比	—	逆
		X_6 城乡每百户移动电话拥有量比	—	逆
		X_7 每万人限额以上批发零售业企业个数	个/万人	正

续表

目标层	方面指标	基础指标	单位	属性
城乡发展一体化	城乡空间一体化	X_8 人均长途光缆线路长度	公里	正
		X_9 人均邮电业务量	元	正
	城乡经济一体化	X_{10} 人均 GDP	元	正
		X_{11} 非农产业与农业产值比	%	正
		X_{12} 二元对比系数	—	正
		X_{13} 二元反差系数	—	逆
		X_{14} 非农业与农业贷款比	—	逆
		X_{15} 城乡全社会固定资产投资比	—	逆
		X_{16} 非农从业人员与农业从业人员比重比	—	正
		X_{17} 农村从业人员非农比例	—	正
		X_{18} 城乡居民人均收入比	—	逆
		X_{19} 城乡居民人均工资收入比	—	逆
		X_{20} 城乡居民家庭人均消费比	—	逆
		X_{21} 城乡恩格尔系数比	—	正
		X_{22} 机械化水平	万千瓦/万公顷	正
	城乡社会一体化	X_{23} 城乡基础教育经费投入比	—	逆
		X_{24} 城乡人均医疗保障支出比	—	逆
		X_{25} 城乡千人医院床位数比	—	逆
		X_{26} 城乡基本养老保险参保人数比重比	—	逆
		X_{27} 城乡居民家庭文教娱乐支出比	—	逆
	城乡生态环境一体化	X_{28} 万元 GDP 能耗	吨标准煤/万元	逆
		X_{29} 环境污染治理投资占 GDP 比重	%	正
		X_{30} 人均绿地面积	m^2	正
		X_{31} 农村安全饮用水普及率	%	正
		X_{32} 农村卫生厕所普及率	%	正

（三）评价方法选择

多指标综合评价方法根据权重确定方法的不同，可分为主观赋值法（相对指数法、专家打分法）、客观赋值法（熵值法、因子分析法）与主客观相结合的方法（层次分析法、网络层次分析法）等。已有研究对城乡发展一体化的评价主要采用相对指数法、专家打分法、层次分析法与因子分析法，近年来的少量研究开始使用主成分分析法。

相对指数法是将一系列指标变成可比的指数形式，然后进行简单加总或加权加总来评价的一种方法。但是这种方法无法剔除各指标之间可能存在的高度相关性，而且假定各个维度在城乡发展一体化中的作用是相同且恒定不变的。专家打分法是靠专家的经验进行赋权重的方法，主观性较强，受人为因素影响大。层次分析法是根据研究者对各指标重要性程度的主观认识对权重进行赋值的方法。这种方法的精确性在很大程度上取决于人们的经验，易受主观因素的影响，不适用于精度要求较高的问题。

因子分析法与主成分分析法属于客观赋权法，两者都可以避免主观赋权法存在的指标相关性、权重主观性等弊端，是广泛应用的指标合成方法。这两种方法通过降维，把多个具有相关性的指标约化为少数几个综合指标，可以在尽可能保留原有数据所含信息的前提下实现对统计数据的简化。相比较而言，因子分析法在应用上侧重于成因清晰性的综合评价，而主成分分析侧重于信息贡献影响力综合评价。因子分析法将原始变量分解为公共因子和特殊因子两部分，对新产生的主成分变量及因子变量计算得分，从而实现降维，但公共因子没有具体的经济含义。因此，城乡一体化各个维度的具体变化情况无法被刻画与描述。而主成分分析法的权重是根据数据自身的特征确定而非人的主观判断，所形成的权重结构可以反映各维度及各基础指标对于形成总指数的贡献大小，采用这一方法可以充分反映城乡发展一体化各个维度的变化情况。

从总体比较上来看，上述方法各有优劣。主观赋值法多采用主观评分的定性方法，其不足是易受人为因素影响，夸大或者降低某些指标的作用，而且运用此方法需要较大的信息量且成本较高，但其优点在于能够有效发挥专家和官员的经验价值。层次分析法的优点：能够将人的主观性用数量的形式表现出来，使之条理化、科学化，可以避免因存在主观性所产生的权重预测与实际情况不一致的情况。层次分析法的缺点：由于评价过程的随机性、评价专家的不确定性及认识上的模糊性，使得这种方法具有很大程度的主观臆断性。主成分分析法的优点：一是在将多个指标转化为少数几个主要分量的过程中而不降低信息损失量，从而简化数据结构；二是根据主成分的方差贡献率客观地确定权重，避免评价指标的共线性和权重确定的人为性，使评价结果更趋于客观、合理。主成分分析法的缺点是它只能在多个观察对象间进行排序，发现它们的相对位置以及相对差距，但无法测量其与目标的绝对差距。

基于以上认识，本文将运用两步主成分分析法来获得城乡发展一体化指数。第一步主成分分析法是以各分项指数的基础指标的均值化数据作为协方差矩阵的输入，来确定各基础指标在分项指数中的权重以合成维度指数。第二步主成分分析法是以各分项指数得分的均值化数据作为协方差矩阵的输入，得到各分项指数在城乡发展一体化指数中的权重以合成总指数，来对重庆城乡发展一体化的基本状态进行评价。

在进行主成分分析时，既可以使用相关系数矩阵，也可以使用协方差矩阵。已有文献一般采用相关系数矩阵，与此对应使用零均值（Z－score）的无量纲化方法后的数据作为主成分分析的输入。协方差矩阵则使用均值化的无量纲化方法后的数据作为主成分分析的输入。两者的区别在于前者由于各指标变量都具有单位标准差，可能低估或夸大不同指标的相对离散程度，而后者保留了各指标在离散程度上的特性，因此选择协方差矩阵作为主成分分析的输入。

四、2000—2011 年重庆市城乡发展一体化水平的总体评价

本文采用两步主成分分析法，从空间、经济、社会、生态环境四个维度对考察重庆市城乡发展一体化水平，对 2000—2011 年重庆市城乡一体化水平进行测度，据此准确把握重庆市城乡发展一体化的基本状态。

（一）数据来源与指标处理

本文采用的基础数据来源为中国统计出版社出版的《中国统计年鉴》、《中国城市统计年鉴》、《中国卫生统计年鉴》、《中国教育经费统计年鉴》、《中国社会保障统计年鉴》、《中国农村统计年鉴》、《中国农业统计年鉴》、《中国财政统计年鉴》、《中国交通统计年鉴》、《重庆统计年鉴》与统计快报及 CNKI 中国经济社会发展统计数据库，各项具体指标值均在相关统计数据基础上依据计算公式整理所得。部分统计数据有缺失的指标值，采取线性回归或非线性回归法获取（严格依据 R^2、调整后的 R^2 及 P 值而定）。此外，本章带入 SPSS19.0 中的数据，均通过逆向指标正向化与无量纲化的数据预处理，因此，数据质量较高，结果可信度较高。

（二）基础指标与方面指数的权重确定

表 2　各级指标的统计特征

维度	成分	方差贡献率（%）	累计方差贡献率（%）
城乡空间一体化	1	72.523	72.523
	2	21.244	93.767
城乡经济一体化	1	62.536	62.536
	2	22.698	85.234
城乡社会一体化	1	87.409	87.409
城乡生态环境一体化	1	91.255	91.255

根据表 2，可以看出度量城乡发展一体化的四个维度中，只有城乡社会一体化和城乡生态环境一体化第一主成分方差贡献率达到了 85% 以上，其余两个维度第一主成分方差贡献率都小于 80%，因此提取了两个主成分，使累积方差贡献率都在 85% 以上。这样主成分的提取对原始数据信息的综合能力比较强，具有较强的可靠性和合理性。

表3　各方面指数的系数向量与相应权重

方面指数	第一主成分系数	权重
城乡空间一体化	1.612	0.660
城乡经济一体化	1.121	0.459
城乡社会一体化	0.967	0.396
城乡生态环境一体化	1.081	0.443

由表3可以看出，在重庆市城乡发展一体化的四个维度中，城乡空间一体化所占权重最大为0.66；其次是城乡经济一体化，权重为0.459；城乡生态环境一体化和城乡社会一体化权重分别为0.443和0.396。城乡社会一体化在四个维度中所占权重最小，说明其对重庆市城乡发展一体化的影响最小，也是最应该加强的方面。

（三）2000—2011年重庆市城乡发展一体化测度结果

我们首先根据所得各基础指标的相应权重求得各方面指数值，然后采用相同的方法获得各方面指数的权重，合成城乡发展一体化指数值，测度结果见表3－3。

表4　2000—2011年重庆市城乡发展一体化指数测度结果

年份	方面指数				城乡发展一体化指数
	城乡空间一体化指数	城乡经济一体化指数	城乡社会一体化指数	城乡生态一体化指数	
2000	－0.638	0.171	0.650	0.237	0.020
2001	－0.703	0.285	0.677	0.324	0.079
2002	－0.898	0.478	0.716	0.316	0.050
2003	0.394	0.006	0.626	0.619	0.785
2004	0.273	0.209	0.629	1.261	1.084
2005	0.747	0.409	0.663	1.417	1.571
2006	1.039	0.725	0.645	1.913	2.122

续表

年份	方面指数				城乡发展一体化指数
	城乡空间一体化指数	城乡经济一体化指数	城乡社会一体化指数	城乡生态一体化指数	
2007	1.542	0.812	0.728	1.737	2.449
2008	1.900	1.246	0.758	1.947	2.989
2009	2.238	1.700	2.508	2.393	4.312
2010	3.036	1.954	4.911	2.920	6.141
2011	4.603	4.340	1.978	3.771	7.486

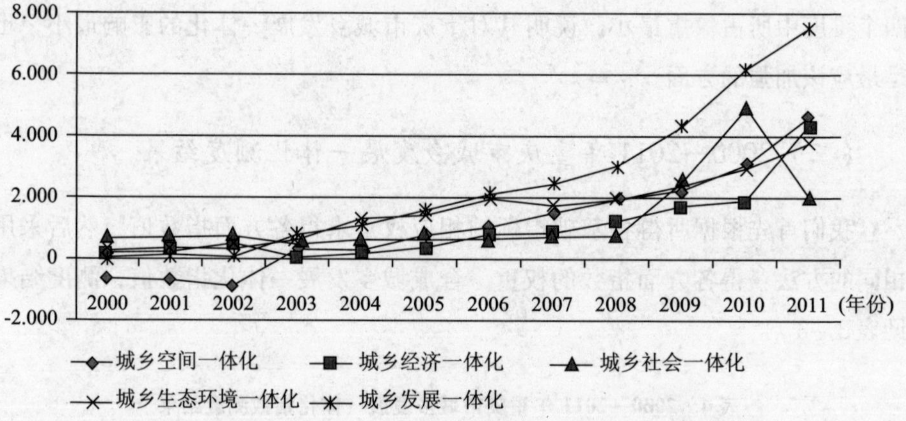

图1　2000—2011年重庆市城乡发展一体化指数

由图1可见，城乡发展一体化指数由2000年的0.02增长到2010年的7.486，期间除了2000—2002年增长比较缓慢以外，其余年份城乡发展一体化水平均保持了较快的增长趋势，尤其是2008年以后重庆市城乡发展一体化水平得到了快速提升。由图1可知城乡空间一体化和城乡发展一体化的发展趋势是趋同的，说明了城乡空间一体化对重庆市城乡发展一体化影响最大，这也和表4中的结果相吻合。

五、2000—2011 年重庆市城乡发展一体化水平的分项评价

在本节中，我们将分析 2000—2010 年 12 年间，重庆市城乡空间一体化、经济一体化、社会一体化和生态环境一体化四个维度的变化趋势。

（一）城乡空间一体化

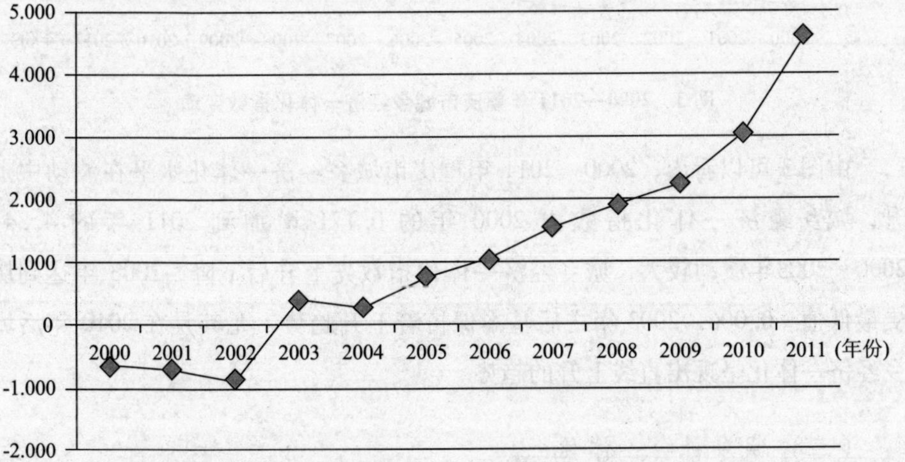

图 2　2000—2011 年重庆市城乡空间一体化指数变动

由图 2 可以看出，2000—2011 年重庆市城乡空间一体化呈现出整体向上发展趋势，个别年份略有波动。重庆市城乡空间一体化指数由 2000 年的 -0.638增加到 2011 年的 4.603，其中 2002 年为 11 年来的最低点 -0.898，2003—2004 年增长比较缓慢，2010 年之后增长幅度迅速提升，基本呈直线上升趋势。

（二）城乡经济一体化

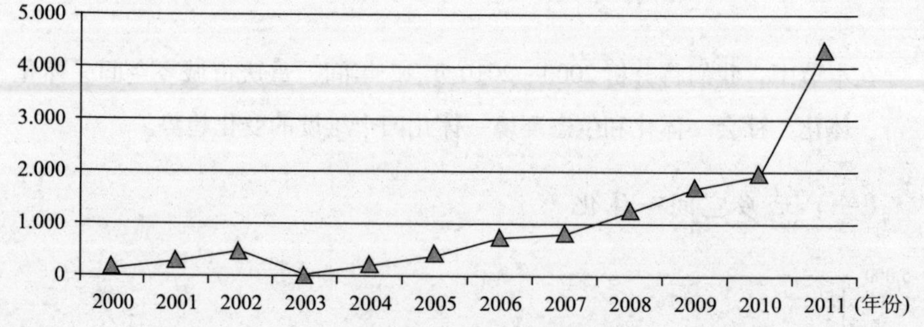

图3　2000—2011 年重庆市城乡经济一体化指数变动

由图3可以看出，2000—2011年重庆市城乡经济一体化水平在波动中上升，城乡经济一体化指数由2000年的0.171增加到2011年的4.34。2000—2003年波动较大，城乡经济一体化指数先上升后下降，2003年达到历史最低值-0.006。2003年之后基本保持着上升趋势，尤其是在2010年后城乡经济一体化呈现出直线上升的趋势。

（三）城乡社会一体化

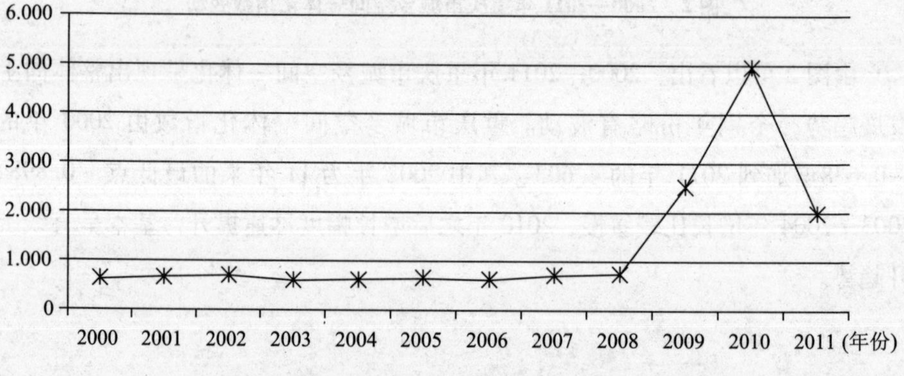

图4　2000—2011 年重庆市城乡社会一体化指数变动

由图4看出，2000—2011年重庆市城乡社会一体化指数由2000年的0.65增加到2011年的1.978。2000—2008年除个别年份略有波动外，总体发展比较平稳，城乡社会一体化指数仅由0.65增长到0.758。2008年之后上升幅度较大，呈直线上升趋势，但在 2010 年后城乡社会一体化出现了明显的下滑，这值得注意。

（四）城乡生态环境一体化

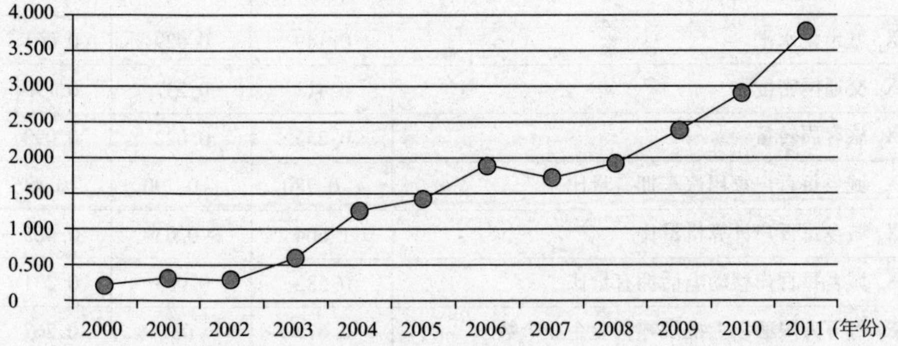

图 5　2000—2011 年重庆市城乡生态环境一体化指数变动

从图 5 看出，重庆市城乡生态环境一体化呈现出波浪式增长，重庆市城乡生态环境一体化指数由 2000 年的 0.237 增加到 2011 年的 3.771。其中 2003—2006 年和 2008—2011 年两个阶段发展较快，增长幅度相对较大，基本呈直线上升趋势。

六、影响重庆市城乡发展一体化水平的基本因素分析

分析了影响重庆城乡发展一体化四个维度的变化趋势后，我们继续对影响各维度的基础指标进行考察，从而更好地把握影响城乡发展一体化的基本因素。

（一）城乡空间一体化

从表 5 可以看出，在影响城乡空间一体化的基础指标中，首先，城乡每百户计算机拥量比权重最大，达到了 0.465。计算机作为网络时代人们生活的一种重要工具，反映了城乡居民在接受新信息、与人沟通交往、娱乐消遣等精神生活的差异。重庆市城乡每百户计算机拥量比由 2000 年的 485.2 下降到 2011 年的 6.37，说明了城乡居民在计算机拥有数量上差距越来越小，也反映

了农村的信息化水平在不断提升，有利于农村生活和生产方式的改变。

表5 城乡空间一体化各基础指标的系数向量与相应的权重

基础指标	第一主成分系数	第二主成分系数	基础指标的权重
X_1 城市化水平	0.149	0.029	0.061
X_2 交通网密度	0.413	0.237	0.199
X_3 旅客周转量	0.255	0.022	0.098
X_4 城乡每百户家用汽车拥有量比	-0.780	-0.790	-0.445
X_5 城乡每百户计算机量比	1.604	-0.630	0.465
X_6 城乡每百户移动电话拥有量比	0.582	0.083	0.231
X_7 每万人限额以上批发零售业企业个数	0.677	.087	0.267
X_8 人均长途光缆线路长度	-0.008	0.074	0.012
X_9 人均邮电业务量	0.413	0.437	0.239

表6 重庆市城乡空间一体化重要基础数据原始数据

年份	城乡每百户计算机拥量比	每万人限额以上批发零售业企业个数（个/万人）
2000	485.20	0.133
2001	434.01	0.141
2002	382.83	0.167
2003	331.65	0.189
2004	280.46	0.253
2005	301.94	0.317
2006	159.09	0.306
2007	43.57	0.327
2008	52.44	0.644
2009	33.90	0.729
2010	17.00	0.896
2011	6.37	0.982

其次，每万人限额以上批发零售企业个数影响权重也较大，达到了0.267。重庆市每万人限额以上批发零售业企业个数由2000年的0.133个增加到2011年的0.982个。这一指标的变化反映了重庆市城乡之间商贸往来越来越密切，说明了农产品贸易壁垒逐渐被打破，农村经济市场化步伐加快。

（二）城乡经济一体化

在影响城乡经济一体化的基础指标中，二元对比系数权重最大，达到了0.454，非农业与农业贷款影响也较大，但其作用为负向的，权重为-0.31。

表7　城乡经济一体化各基础指标的系数向量与相应的权重

基础指标	第一主成分系数	第二主成分系数	基础指标的权重
X_{10}人均GDP	0.630	-0.070	0.219
X_{11}非农产业与农业产值比	0.293	-0.076	0.099
X_{12}二元对比系数	1.070	0.700	0.454
X_{13}二元反差系数	0.098	-0.109	0.017
X_{14}非农业与农业贷款比	-0.301	-0.474	-0.310
X_{15}城乡全社会固定资产投资比	-0.289	0.363	-0.004
X_16全社会非农从业人员与农业从业人员比重比	1.203	-0.582	0.313
X_{17}农村从业人员非农比例	0.211	-0.127	0.068
X_{18}城乡居民人均收入比	0.030	0.039	0.022
X_{19}城乡居民人均工资收入比	0.315	0.058	0.114
X_{20}城乡居民家庭人均消费比	-0.043	0.088	0.014
X_{21}城乡恩格尔系数比	0.040	0.034	0.025
X_{22}机械化水平	0.027	0.003	-0.00008

表8　重庆市城乡经济一体化重要基础数据原始数据

年份	人均GDP（元）	非农产业与农业产值比	全社会非农就业与农业就业人员比重比	非农业与农业贷款比	城乡恩格尔系数比
2000	5157	4.62	-13.1	137.33	0.787

续表

年份	人均 GDP（元）	非农产业与农业产值比	全社会非农就业与农业就业人员比重比	非农业与农业贷款比	城乡恩格尔系数比
2001	5654	4.97	−9.3	142.89	0.754
2002	6347	5.24	−4.4	170.62	0.681
2003	7209	5.69	1.6	16.55	0.724
2004	9608	5.18	4.8	17.99	0.675
2005	10982	5.63	9.4	19.28	0.689
2006	12457	7.20	15.4	28.02	0.695
2007	14660	7.55	21.3	19.71	0.679
2008	18025	7.86	25.8	33.19	0.734
2009	22920	9.76	30.2	89.86	0.768
2010	27596	10.56	33.8	1081.32	0.778
2011	34500	10.86	37.5	2072.79	0.835

首先，人均 GDP 对重庆市城乡经济一体化水平具有明显的促进作用。由表 8 可知，重庆市人均 GDP 由 2000 年的 5157 元上升到 2011 年的 34500 元，说明重庆市近几年经济发展速度比较迅速。而非农业与农业贷款比由 2000 年的 137.33 上升到 2011 年的 2027.79，这反映了非农业贷款与农业贷款之间的差距越来越大，农村居民取得贷款的难度加大，取得的金额也比较小，要想发展农村经济就必须打破城乡之间金融贷款的壁垒，让农民获得更多的资金发展生产。

其次，三产产业结构与就业结构对城乡经济一体化水平也具有较大的正向影响。非农产业与农业产值比影响也较大，权重为 0.099。2010 年重庆市全年实现地区生产总值 7894.24 亿元，其中第一产业实现增加值 685.39 亿元，第二产业实现增加值 4356.41 亿元，第三产业实现增加值 2852.44 亿元，三产比例由 2000 年的 15.1∶41∶43.9 变为 2010 年的 8.7∶55.2∶36.1，农业占总产值的比重越来越小。随着第二、三产业的发展，非农产业从业人员比例也逐年提高。第一产业从业人员比重从 2000 年的 56.5% 下降到 2010 年的 33.1%，大约 23.4% 的农业从业人员转移到第二三产业就业。

最后，金融资源的城乡不均衡配置对城乡经济一体化具有显著的阻碍作用。2000—2011 年，重庆市农业贷款额从 13.6 亿元下降到 10.06 亿元，更多的贷款流向了资金回报率较高的第二三产业，非农业贷款额从 137.32 亿元增加到了 1081.32 亿元。相应地，非农业与农业贷款额比从 137.33 扩大到 2072.79，金融资源城乡配置不均等程度加剧导致了重庆市农业发展资金的匮乏，阻碍了城乡经济一体化水平的提高。

（三）城乡社会一体化

由表 9 可以看出，在影响城乡社会一体化的基础指标中，首先，城乡基本养老保险参保人数比重比权重最大，达到了 0.962。完善的养老保险体系是一个社会实现可持续发展的根本保障。在我国，城市是企业、社会型的养老保险模式，农村则是土地、家庭型的养老保险模式，这导致了农民“拼命积蓄防老”。重庆市城乡基本养老保险参保人数比重比由 2000 年的 7.556 减少到 2011 年的 2.67，这一数据的变化反映了农村居民养老保险参保人数在不断增加，与城市差距越来越小，农村从以前的家庭式养老模式逐渐向社会型养老模式过渡。

表 9　城乡社会一体化各基础指标的系数向量与相应权重

基础指标	第一主成分系数	基础指标的权重
X_{23} 城乡基础教育经费投入比	0.3482	0.2687
X_{24} 城乡人均医疗保障支出比	0.0487	0.0376
X_{25} 城乡千人医院床位数比	0.0062	0.0048
X_{26} 城乡基本养老保险参保人数比重比	1.2470	0.9623
X_{27} 城乡居民家庭文教娱乐支出比	0.0224	0.0173

（四）城乡生态环境一体化

由表 10 可以看出，在影响重庆市城乡生态一体化的基础指标中，首先，人均绿地面积权重最大，达到了 0.798。重庆市人均绿地面积由 2000 年的

0.09 m^2 增加到2011年的17.87 m^2，12年间绿化水平得到快速提升。

表10 城乡生态环境一体化各基础指标的系数向量与相应权重

基础指标	第一主成分系数	基础指标的权重
X_{28} 万元GDP能耗	-0.126	-0.113
X_{29} 环境污染治理投资占GDP比重	0.595	0.536
X_{30} 人均绿地面积	0.887	0.798
X_{31} 农村安全饮用水普及率	0.162	0.145
X_{32} 农村卫生厕所普及率	0.228	0.205

其次，环境污染治理投资额占GDP比重影响也较大，权重为0.536。重庆市环境污染治理投资额占GDP比重由2000年的0.25%增加到2010年的2.77%，环境污染治理投入有了大幅提升，加大了污染治理力度。“十一五”期间，重庆市万元GDP能耗下降了20.95%，节能减排工作成效显著，为城乡生态环境一体化的可持续发展奠定了良好基础。

表11 重庆市城乡生态环境一体化重要基础数据原始数据

年份	环境污染治理投资占GDP比重（%）	人均绿地面积（m^2）
2000	0.25	0.09
2001	0.34	0.38
2002	0.08	0.91
2003	0.59	1.35
2004	1.79	2.99
2005	1.54	4.63
2006	2.17	6.45
2007	1.33	7.61
2008	1.16	9.62
2009	1.68	11.25
2010	2.22	13.24
2011	2.77	17.87

七、结论及政策建议

综合以上分析，2000—2011 年重庆市城乡发展一体化工作取得了较大成效，城乡发展一体化水平逐年上升。但是也存在着问题，如城乡空间结构有待进一步优化，农业生产率偏低，农村社会保障体系不健全等。结合现状，重庆市应当从以下几个方面来进一步推进城乡发展一体化工作。

第一，加快推进城乡空间一体化。首先，重庆市应对深山峡谷和高寒山区等生态环境恶劣地区的贫困人口实施易地扶贫和生态移民搬迁；其次，加快区域性交通基础设施建设，实现不同空间联系的便捷，缩小都市区范围内的时空距离；最后，加强不同空间内部的设施完善，特别是城市边缘区和外围一些小城镇，尽快实现设施一体化，缩小城乡不同空间在质量水平上的差别。

第二，积极发展现代农业。加大强农、惠农政策支持力度，以增收保供为核心，健全农业社会化服务体系，以农业科技进步为支撑，大力发展现代农业。首先，稳定粮油生产，重点发展蔬菜、柑橘、生猪优势产业，加快发展渔业、茶叶、特果、蚕桑、中药材、烟叶等特色产业。建设新时期“菜篮子”工程，着力打造重庆主城区、区县城和集镇三级保供蔬菜基地，加快建设长江沿岸柑橘优势产业带和晚熟柑橘生产基地，发展生态渔业，建成三峡库区天然生态渔场。其次，引导优势农产品集聚布局，建设国家现代农业示范区、国家现代畜牧业示范区和国家现代农业科技示范园区。最后，积极发展村镇银行等新型农村金融机构，加快发展涉农信贷和涉农保险，推广农村土地承包权、农房、林权抵押融资，完善农村金融服务。

第三，健全农村社会保障体系。首先，建立与重庆市实际相符的最低生活保障，坚持“广泛覆盖、重视特殊困难群体”的原则，努力使农村最低生活保障资金来源、享受条件、保障标准和管理机构逐渐与城市相统一。其次，做好农民身份转换过程中的社会保障制度衔接，把进城农民工和失地农民纳入城镇社保范围。应根据农民工职业特点、收入状况、流动程度及定居城镇意愿等标准，可以对农民工群体进行细分，在此基础上采取分类分层的措施保障农民工的社会保障权益。最后，以新型农村养老保险和新型农村合作医疗入手，将农村养老保险和医疗保险制度纳入城乡发展一体化建设规划中，加大财政投入力度，提高覆盖范围和保障水平。

第四，继续加强城乡协调的生态环境保护与建设。首先，要强化系统性思维，着眼于社会经济系统、人工环境系统与自然生态系统的均衡发展，同时要加强都市核心区生态系统、城市边缘区生态系统以及外围乡村生态系统的相互协调。其次，严格环境准入，将资源承载能力、生态环境容量作为承接产业转移和布局的重要依据，严格执行有关能耗、物耗、水耗、环保、土地等标准。最后，城镇与乡村的生态环境保护要逐步纳入统一规划，全面推进农村环境综合整治，逐步建立垃圾收运体系，因地制宜对垃圾进行处置处理，加大畜禽养殖污染防治，有效控制和降低农药、化肥、农膜等面源污染。

参考文献

[1] 党国英. 关于城乡经济社会一体化的若干认识问题 [J]. 理论探讨，2009 (6): 68-71.

[2] 李艳秋. 推进城乡经济社会发展一体化研究 [J]. 辽宁工业大学报 (社会科学版)，2010 (2): 28-31.

[3] 任保平. 城乡经济社会一体化：界定、机制、条件及其度量 [J]. 贵州财经学院学报，2011 (1): 18-22.

[4] 白永秀，赵伟伟，王颂吉. 城乡经济社会一体化的理论演进 [J]. 重庆社会科学，2010 (10): 51-56.

[5] 杨保军，赵群毅. 城乡经济社会发展一体化规划的探索与思考——以海南实践为例 [J]. 城市规划，2012 (3): 38-44.

[6] 杨荣南. 城乡一体化及其评价指标体系初探 [J]. 城市研究，1997 (2): 19-23.

[7] 顾益康，许勇军. 城乡一体化评估指标体系研究 [J]. 浙江社会科学，2004 (6): 95-99.

[8] 常纪坡，马萍. 拉萨市城乡一体化评估指标体系探讨 [J]. 时代经

贸，2008（3）：131－132.

［9］完世伟．城乡一体化评价指标体系的构建及应用［J］．经济经纬，2008（4）：60－63.

［10］陈国生，陈威．关于城乡一体化的评估体系探讨——以重庆市为例［J］．湖南财经高等专科学校学报，2009（122）：97－100.

［11］李志杰．我国城乡一体化评价体系涉及及实证分析——基于时间序列数据和截面数据的综合考察［J］．经济与管理研究，2009（12）：95－101.

［12］白永秀，岳利萍．陕西城乡一体化水平判别与区域经济协调发展模式研究［J］．嘉兴学院学报，2005（1）：76－86.

［13］席雪红．影响河南城乡经济社会发展一体化的因素研究［J］．区域经济，2009（10）：102－103.

［14］马和，张远景，李晓娜．城乡一体化水平的定量分析与研究——以哈尔滨市域为例［J］．现代城市研究，2009（6）：90－95.

［15］曹明霞，包宗顺．苏州城乡一体化进程测算与分析［J］．农业现代化研究，2010（7）：451－454.

［16］焦必方，林娣，彭婧妮．城乡一体化评价体系的全新构建及其应用——长三角地区城乡一体化评价［J］．复旦学报（社会科学版），2011（4）：75－83.

The Integration of Urban and Rural Development in Chongqing in 2000—2011

Bai Yongxiu, Guo Yunqing, Zhou Jiangyan

(Northwest University of China, Xi' an 710127)

Abstract: The 3rd Plenary Session of 18th CPCCC pointed out that "integration of urban and rural development is the fundamental way to solve the problem of " agriculture, rural areas and farmers ". This illustrates that insisting and constantly deepening the integration of urban and rural development is China' s long - standing urban - rural dual structure of breakthrough. Chongqing as the youngest municipality directly under the central government of our country, its unique natural geographical environment, urban space structure, economic geography layout has strong impetus for the integration of urban and rural development. Based on the construction of the integration of urban and rural development, on the basis of the evaluation index system, using two step principal component analysis (PCA) for the integration of urban and rural development level in 2000 - 2011 in Chongqing measure, found in Chongqing urban and rural development integration of urban and rural residents income gap existence disparity, disparity between urban and rural infrastructure construction, rural social security system is imperfect and so on. From the perspective of employment, education and agriculture industrial structure transformation, and we puts forward the relevant policy suggestions on the integration of urban and rural development in Chongqing.

Key Words: Chongqing; integration of urban and rural development; index system; two steps principal component analysis (PCA)

甘肃省城乡发展一体化水平评价

师希亮　周江燕*

摘要：城乡发展一体化是解决“三农”问题的根本途径，已成为当前中国改革的重点。从城乡发展一体化的内涵与外延出发，构建甘肃省城乡发展一体化的评价指标体系，并运用主成分分析法对2000—2011年城乡发展一体化水平进行测度。结果显示，甘肃省近十年来城乡发展一体化水平不断提高。其中，城乡空间融合对城乡发展一体化的贡献最大，城乡生态环境对城乡发展一体化的影响最不明显。甘肃省今后城乡发展一体化的推进应从城市化质量、基本公共服务、农业发展和生态文明建设四个方面着手。

关键词：城乡发展一体化　指标体系　主成分分析法　水平评价

---

* 师希亮（1987—），男，甘肃临洮人，西北大学经济管理学院硕士研究生。研究方向：城乡发展一体化、市场经济理论。周江燕（1985—），女，河南南阳人，西北大学经济管理学院博士研究生。研究方向：区域差异、城乡经济社会一体化。

一、引言

改革开放以来，由于城乡二元体制改革滞后于经济发展，加之受市场机制以及不平衡发展战略等因素的影响，我国城乡发展严重失衡，城乡发展差距拉大，社会矛盾激增，严重制约着中国经济社会的全面转型和全面小康社会的建设。失衡的城乡关系引起了党和国家的高度重视，2002 年中共十六大第一次提出“统筹城乡经济发展”的命题，此后不断完善这一命题。党十八大将城乡关系放在了一个全新的高度，提出城乡发展一体化是解决“三农”问题的根本途径。改革城乡二元体制、统筹城乡协调发展、推动城乡发展一体化成为中国当前和今后改革发展的重点[1]。

甘肃作为西部内陆省份，自然条件恶劣，区位优势不明显，经济社会发展滞后，城乡二元结构更加突出。近年来，甘肃省利用西部大开发的良好机遇，以兰州、嘉峪关、金昌等地为城乡发展一体化的试点，探索城乡发展一体化路子，逐渐探索出具有地方特色的城乡发展一体化模式。但与东部发达省份相比，甘肃省城乡发展一体化水平偏低，并面临着诸多挑战。测度甘肃省城乡发展一体化水平不仅能考察近年来城乡统筹发展的成效，而且还能初步探讨甘肃省城乡发展一体化的主要影响因素，为今后推动城乡发展一体化提供借鉴意义。

二、文献综述

随着城乡发展一体化理念和实践的深入，城乡发展一体化已成为国内学者研究的热点问题，有关城乡发展一体化量化研究的文献逐渐增多。从研究内容来看，杨荣南（1997）最早探索了评价指标体系的构建，他从城乡经济融合度、城乡人口融合度、城乡空间融合度、城乡生活融合度和城乡生态环境融合度五个方面尝试构建城乡一体化的评价指标体系[2]；顾益康、徐勇军（2004）在研究城乡一体化内涵和主要内容的基础上，构建了以城乡一体化发展度、差异度和协调度为主要内容的城乡一体化评价指标体系[3]；朱颖

（2008）围绕城乡社会发展融合度、城乡经济发展融合度、城乡生态环境融合度，构建了我国城乡一体化评价指标体系，并建立了指标权重的确定和综合指数的计算方法[4]。虽然这类研究侧重于指标体系的构建、权重的确定以及综合指数的计算方法等，缺少实证研究，但为实证研究做了充分的理论准备。

实证研究城乡发展一体化的文献根据研究对象可以分为国家、区域、省域和市县级等几类。比如李志杰（2009）运用主成分分析方法对我国1991—2007年城乡一体化进行了动态评价，结果表明17年来我国城乡关系总体上呈恶化趋势，并运用聚类分析方法对我国2007年城乡一体化进行横向比较分析[5]。张忠杰，刘红梅（2012）采用熵值赋权和AHP赋权相结合的方式测度了我国东中西三大区域1997—2010年城乡一体化水平。结果表明，我国区域城乡一体化发展水平不均衡，东部最高，中部其次，西部最低[6]。赵峰（2010）采用层次分析法对广西1998—2008年城乡一体化水平进行动态评价，认为广西城乡发展一体化还处于初级阶段[7]。评价甘肃省城乡发展一体化的文献不多，李秉文、付春香（2012）以卢曼的“一般社会系统理论”为分析视角，采取了层次分析法、头脑风暴法等方法，构建了甘肃省城乡一体化的综合评价指标体系，并计算了甘肃省2009年城乡一体化的实现程度，结果表明甘肃省城乡一体化实现程度为43.9%，还存在一些问题[8]；陈明荣选取11个指标体系构建评价指标体系，并用主成分分析法测度了甘肃省2000—2009年城乡发展一体化水平，结果表明21世纪以来甘肃省城乡统筹度总体呈上升趋势[9]。

纵观以上文献，城乡发展一体化的量化研究处于初步探索阶段。一方面，理论界对城乡发展一体化的内涵与外延认识不统一，难以形成统一的分析框架和指标体系。另一方面，评价方法较多，每种方法有自己的优缺点。目前还没有形成统一的、公认的评价方法。本文在借鉴前人研究成果的基础上，重新界定城乡发展一体化的内涵和外延，试图构建一套尽可能全面的评价指标体系，并运用主成分分析法来测度甘肃城乡发展一体化水平。

三、城乡发展一体化概念界定及指标体系构建

（一）城乡发展一体化的概念界定

1. 城乡发展一体化的内涵

城乡发展一体化既包括城乡产业融合、生产要素互动、基础设施配套、公共服务均衡、生态环境相容，也包括城乡居民基本权利平等、生活方式趋同等。我们认为城乡发展一体化是指当工业化和城市化发展到一定阶段后，城市和农村在保持各自自然形态、功能的前提下，逐渐破除原有的、城乡分割的二元体制，建立城乡互动发展的新机制，使城乡政治、经济、社会、文化和生态环境在时间上同步增长，在内容上互相渗透，在动力上彼此互动，在过程中融为一体的过程[10]。

2. 城乡发展一体化的外延

我国城乡二元结构的形成机理比较复杂，城乡二元结构和西方发达国家不同，不单纯是城乡经济二元结构，还包括城乡政治、社会、文化和生态环境二元结构[11]。这五重二元结构的成因、特征和影响等各不相同，但它们在一定程度上又相互重叠、相互渗透、相互影响，共同影响着城乡发展一体化。但由于文化和政治这两个变量的数据统计不完全，难以量化，我们只好暂且不考虑。此外，我国广大地区，尤其是西部地区地域辽阔，地形复杂多样，城市、人口布局分散，导致城乡空间天然联系不紧密，成为制约城乡联系的重要因素。鉴于此，本文试图从城乡空间、经济、社会和生态环境四个维度来构建甘肃省城乡发展一体化指标体系。因此，城乡发展一体化的外延就包括以下四个方面：

第一，城乡空间一体化。城乡空间一体化是指城市和农村两大空间主体逐渐打破自然地理条件的限制，城乡联系趋于紧密，城乡相互辐射程度不断提高的过程，它是城乡发展一体化的基础条件；第二，城乡经济一体化。城乡经济一体化是指城乡在平等享受国家财政和金融等政策的前提下，城乡生产要素自由合理配置，城乡产业优势互补，城乡经济结构进一步优化，城乡居民收入、消费差距逐渐缩小，城乡经济持续协调与共同发展的过程，它是

城乡发展一体化的物质基础；第三，城乡社会一体化。城乡社会一体化是指在城乡经济发展的过程中，城乡分割的社会制度和管理体制逐渐破除，城乡社会公共服务配置逐渐趋于均衡，平等的社会体系和社会环境逐渐形成的过程，它是城乡发展一体化的表现结果和价值取向；第四，城乡生态环境一体化。城乡生态环境一体化是指在政府统一规划、统一管理与统一治理的框架下，加大对城乡环境保护和污染治理力度，使城市与农村、人类与自然和谐共处，最终形成城乡生态高度融合互补、经济社会与生态协调发展的城乡生态格局的过程，它是实现城乡发展一体化的主要支撑和保障[12]。

（二）指标体系的构建

根据城乡发展一体化内涵和外延，借鉴已有研究成果，从指标体系构建的客观性、全面性、可比性和可操作性等原则出发，采用理论分析法、频度分析法和专家咨询法等多种方法，筛选了32个基础指标，构建了甘肃省城乡发展一体化的评价指标体系（见表1）。

表1　城乡发展一体化评价指标体系的构成

目标层	方面指标	基础指标	指标属性
城乡发展一体化指数	城乡空间一体化	X_1城市化水平（%）	正向
		X_2交通网密度①（千米/平方千米）	正向
		X_3旅客周转量（亿人次/公里）	正向
		X_4人均长途光缆线路长度（公里）	正向
		X_5城乡每百户计算机拥有量比	逆向
		X_6城乡每百户移动电话拥有量比	逆向
		X_7每万人限额以上批发零售业企业个数②	正向

① 交通网密度的算法是将铁路里程按14.7的经验值折算成公里里程，然后用公里总里程除以区域面积。

② 每万人限额以上批发零售企业个数是批发企业和零售企业的加总。

续表

目标层	方面指标	基础指标	指标属性
城乡发展一体化指数	城乡经济一体化	X_8人均 GDP（元）	正向
		X_9非农产业与农业产值比	正向
		X_{10}二元对比系数	正向
		X_{11}二元反差系数	逆向
		X_{12}非农业与农业贷款比	逆向
		X_{13}财政支农比（%）	正向
		X_{14}城乡全社会固定资产投资比	逆向
		X_{15}全社会非农从业人员与农业从业人员比重比	正向
		X_{16}城乡居民人均收入比	逆向
		X_{17}城乡居民家庭人均消费比	逆向
		X_{18}城乡恩格尔系数比	正向
		X_{19}城乡产业技术人员数比①	逆向
		X_{20}农业机械化水平（万千瓦/万公顷）	正向
	城乡社会一体化	X_{21}城乡基础教育经费投入比	逆向
		X_{22}城乡小学生师比	正向
		X_{23}城乡人均医疗保障支出比	逆向
		X_{24}城乡千人医院床位数比	逆向
		X_{25}城乡居民人均储蓄比	逆向
		X_{26}城乡居民人均居住面积比	逆向
		X_{27}城乡居民家庭文教娱乐支出比	逆向
	城乡生态环境一体化	X_{28}万元 GDP 能耗（吨标准煤）	逆向
		X_{29}环境污染治理投资占 GDP 比重（%）	正向
		X_{30}人均绿地面积（平方米）	正向
		X_{31}城乡安全饮用水普及率比②	负向
		X_{32}城乡卫生厕所普及率比③	负向

① 鉴于城市产业人员种类繁多，构成复杂，本文用大中型企业研发人员来替代。

② 安全饮水普及率城市地区数据缺乏，鉴于城市地区基础设施完善，在此将城市安全饮水率看成100%。

③ 卫生厕所普及率城市地区数据缺乏，鉴于城市地区基础设施完善，在此将卫生厕所普及率看成100%。

（三）评价方法的选取

选取适当的评价方法对评价结果有重大影响，目前多指标综合评价方法按权重的确定可分为主观评价法（德尔菲法、相对指数法）、客观评价法（熵值法、因子分析法、主成分分析法）和主客观相结合的方法（层次分析法、网络层次分析法）。主成分分析方法是一种通过数学变换将多个具有一定关联性的指标简化为少数综合指标的多元统计分析方法，它的优点是：一方面在简化结构、克服多重共线性的同时保留了初始信息量的完整性。另一方面，各因子的权重是由主成分的方差贡献率决定，从而避免了主观因素对权重的随机干扰。城乡发展一体化指数是由多个指标综合而成的，指标的内涵比较广泛，指标间可能存在多重共线性。基于此，本文选用了两步主成分分析法来测算城乡发展一体化水平。

四、甘肃省2000—2011年城乡发展一体化水平测度及评价

（一）数据来源、指标处理及权重的生成

1. 数据来源与指标处理

本文的基础数据来源于历年《甘肃发展年鉴》、《甘肃省统计年鉴》、《中国统计年鉴》、《中国城市统计年鉴》、《中国卫生统计年鉴》、《中国教育经费统计年鉴》以及CNKI中国经济社会发展统计数据库等。各项具体指标值均在统计数据基础上依据计算公式整理所得。部分年份缺失的数据，我们采取线性回归或非线性回归法获取（严格依据R^2、调整后的R^2及P值而定）。

各项基础指标的属性和量纲不同，不能直接合成指数。因此，在进行主成分分析之前，需要对数据进行预处理。首先采用取倒数的方法将逆向指标正向化，使各基础指标对指数的综合方向一致化。其次采用均值化的方法（用每个原始值除以它们的均值）消除指标的量纲。最后，将处理后的数据以协方差的输入形式带入SPSS Statistics 17.0统计软件进行统计与测算。

2. 基础指标和方面指数的权重确定

主成分的选取会影响权重的分配，本文以SPSS Statistics 17.0统计软件的

默认值来提取主成分，提取结果显示（见表2），城乡空间一体化提取了一个主成分，其他三个维度提取了两个主成分。各维度主成分的累计方差贡献率均超过了85%，说明提取的主成分对原始信息的综合能力较强。

各基础指标的权重是用主成分系数除以相应特征根的开方所得的特征向量，需要说明的是，若提取两个以上的主成分，先分别求出各个主成分的特征向量，然后根据主成分特征根的权重加权合成基础指标的权重。然后根据基础指标的权重计算各方面指数。最后，再采用同样的方法，进行第二步主成分分析方法，求得方面指数的权重。

表2　各级指标的统计特征

维度	成分	方差贡献率（%）	累计方差贡献率（%）
城乡空间一体化	1	94.658	94.658
城乡经济一体化	1	60.581	60.581
	2	25.423	86.003
城乡社会一体化	1	67.792	67.792
	2	21.603	89.395
城乡生态环境一体化	1	63.669	63.669
	2	27.527	91.196

从表3可知，城乡空间一体化的权重为0.906，是在四个方面指数中最大的，说明甘肃省城乡发展一体化指数的变化主要源自城乡空间一体化的变化。其余三个方面指数的权重都基本相当，且相对较小，说明这三个维度对城乡发展一体化的影响相对较小。

表3　各方面指数的系数向量与相应的权重

方面指数	第一主成分系数	权重
城乡空间一体化	1.520	0.906
城乡经济一体化	0.453	0.270
城乡社会一体化	0.452	0.269
城乡生态环境一体化	0.308	0.184

（二）测度结果及评价

基础指标的权重和方面指数的权重确定后，用权重分别乘以处理后的基础数据和方面指数，分别测算出方面指数和城乡发展一体化指数，测算结果见表4。

从表4和图1看出，2000—2011年甘肃省城乡发展一体化指数呈逐年上升趋势，指数得分由2000年的1.10提高到2011年的6.42，其中2006年以前城乡发展一体化指数变化相对缓慢，2006年以后指数变化速度明显加快。说明西部大开发战略实施以来，尤其是“十一五”以来甘肃省城乡发展一体化水平不断提高。从各维度来看，城乡空间一体化指数变化幅度最大，由2000年的0.78提高到2011年的5.62，十二年提高了4.84，说明21世纪以来甘肃省城乡空间融合度迅速提高，是城乡发展一体化水平不断提高的主要原因。城乡经济一体化指数和城乡社会一体化指数分别由2000年的-0.13和0.92提高到2011年的1.39和2.28，虽然指数整体呈上升趋势，但是指数波动大，部分年份还有所下降，说明城乡经济一体化和社会一体化进程相对缓慢且不稳定，还需要进一步提升。城乡生态环境一体化指数在波动中缓慢增长，2000年的指数得分为1.01，2011年指数得分仅增长至1.83，十二年仅提高了0.82，变化幅度最小，表明甘肃省城乡生态环境一体化进程迟缓，对城乡发展一体化的影响最小。

表4　甘肃省2000—2011年城乡发展一体化指数及各方面指数

年份	城乡空间一体化指数	城乡经济一体化指数	城乡社会一体化指数	城乡生态环境一体化指数	城乡发展一体化指数
2000	0.78	-0.13	0.92	1.01	1.10
2001	0.81	-0.10	0.87	1.15	1.15
2002	0.93	-0.12	0.96	1.26	1.30
2003	1.06	0.09	0.98	1.08	1.45
2004	1.26	0.42	1.04	1.37	1.79
2005	1.48	0.23	1.53	1.53	2.10

续表

年份	城乡空间一体化指数	城乡经济一体化指数	城乡社会一体化指数	城乡生态环境一体化指数	城乡发展一体化指数
2006	1.59	0.67	1.22	1.48	2.22
2007	2.09	0.29	1.44	1.94	2.72
2008	2.75	0.40	1.59	1.96	3.39
2009	3.29	0.79	1.74	1.93	4.02
2010	4.12	1.06	2.03	2.07	4.95
2011	5.62	1.39	2.28	1.83	6.42

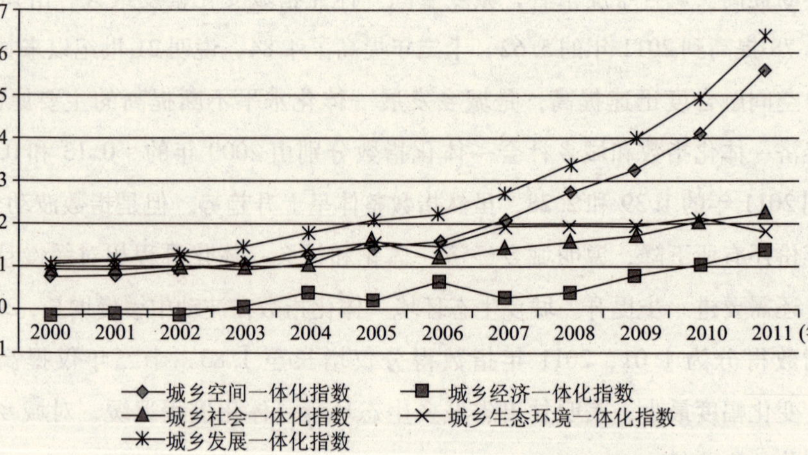

图 1　甘肃省 2000—2011 年城乡发展一体化指数及方面指数变动

五、甘肃省城乡发展一体化影响因素分析

根据基础指标权重的大小可以判断其对方面指数的影响，从而可以初步探讨城乡发展一体化的基本影响因素，我们将从四个维度来具体分析：

（一）城乡空间一体化

城乡信息化的快速发展是促进城乡空间融合最主要的原因。从表 5 看出，城乡每百户计算机拥有量比和城乡每百户移动电话拥有量比的权重分别达到了0.768和0.483，对城乡空间一体化的影响最大。2000年以来，城乡居民每百户计算机拥有量不仅大幅增加，而且拥有量差距在缩小，城乡居民拥有量比由2000年的149.46缩小到2011年的6.24，移动电话拥有量比从2000年的13.57下降到2011年的1.05，说明城乡信息化发展及城乡发展差距的缩小打破了城乡空间割裂，加强了城乡空间联系。

完善的城乡交通体系也是影响城乡空间联系的主要因素，交通网密度和旅客周转量的权重分别达到0.207和0.241，对城乡空间一体化起正向作用。甘肃省近十年来交通建设取得了进步，交通网密度由2000年的0.150千米/平方千米提高到2011年的0.341千米/平方千米，提高了2倍多。旅客周转量由2000年的206.16亿人次/公里提高到2011年的629.48亿人次/公里。这表明交通条件的改善以及交通效率的提高加快了城乡空间一体化进程。

城市化水平的滞后在很大程度上制约了甘肃省城乡空间融合。从表5看到，城市化水平的权重仅为0.085，对城乡空间一体化的贡献较小。虽然甘肃省城市化水平由2000年的24.0%提高到2011年的37.2%，但是远低于全国51.3%的平均水平，说明甘肃省城市化还有很大的发展空间。

表5　城乡空间一体化各基础指标的系数向量与相应权重

基础指标	主成分系数向量	基础指标的权重
城市化水平	0.129	0.085
交通网密度	0.314	0.207
旅客周转量	0.367	0.241
人均长途光缆线路长度	0.224	0.147
城乡每百户计算机拥有量比	1.169	0.768
城乡每百户移动电话拥有量比	0.736	0.483
每万人限额以上批发零售业企业个数	0.332	0.218

（二）城乡经济一体化

经济总量是城乡经济互动的物质基础，对城乡经济一体化的影响最大。

从表 6 可知，人均 GDP 和非农产业与农业产值比的权重分别达到 0.531 和 0.109。甘肃省人均 GDP 由 2000 年的 4129 元增加至 2011 年的 19595 元，非农产业与农业产值比由 2000 年的 4.42 提高到 2011 年的 6.40。说明产业结构的优化以及经济的快速增长是影响甘肃省城乡经济一体化发展的主要因素。

农业综合生产能力的提高也是影响城乡经济一体化的重要因素。从表 6 看到，农业机械水平的权重为 0.243，对城乡经济一体化的作用是正向的。近十年来甘肃省农业机械化水平获得了长足发展，由 2000 年的 3.08 万千瓦/万公顷提高到 2011 年的 6.10 万千瓦/万公顷。说明代表农业综合生产能力的机械化水平的提高在一定程度上促进了农业的发展，缩小了城乡经济差距。

在负向指标中，从财政方面来看，财政支农比的权重为 -0.37。近十年甘肃省农业支出不稳定，财政支农比波动较大。例如，2000 年财政支农比为 8.52%，2007 年达到了最高值 12.5%，此后逐年下降，2011 年财政支农比仅为 5.03%。从总体来看，财政支农比呈下降趋势，这表明政府对农业扶持力度的减弱在很大程度上抑制城乡经济一体化进程。从城乡投资来看，城乡固定资产投资比的权重为 -0.199，对城乡经济一体化的作用也是负向的。从整体上看，近十年甘肃省城乡固定资产投资差异扩大，城乡全社会固定资产投资比从 2000 年的 6.43 扩大到 2011 年的 12.64。这表明城乡投资不均衡制约了城乡经济一体化发展。

表 6　城乡经济一体化各基础指标的系数向量与相应权重

基础指标	第一主成分系数向量	第二主成分系数向量	权重
人均 GDP	0.523	-0.037	0.531
非农产业与农业产值比	0.117	-0.022	0.1091
二元对比系数	-0.160	0.051	-0.136
二元反差系数	-0.055	0.022	-0.043
非农业与农业贷款比	0.105	-0.003	0.109
财政支农比	-0.108	-0.375	-0.37
城乡全社会固定资产投资比	-0.174	-0.020	-0.199

续表

基础指标	第一主成分系数向量	第二主成分系数向量	权重
全社会非农从业人员与农业从业人员比重比	-0.039	0.028	-0.022
城乡居民人均收入比	-0.022	0.011	-0.017
城乡居民家庭人均消费比	0.119	-0.002	0.126
城乡恩格尔系数比	0.040	-0.003	0.0407
城乡产业技术人员数比	-0.081	0.192	0.046
农业机械化水平	0.214	0.022	0.243

（三）城乡社会一体化

城乡教育的均衡发展是推动城乡社会发展一体化的主要因素。从表7中看到，城乡基础教育经费投入比和城乡小学生师比比的权重分别为0.100和0.268，对城乡社会一体化的作用是正向的。从经费投入来看，城乡教育经费投入比从2000年的1.545下降到2011年的1.331；从教师资源配置来看，城乡小学生师比比由2000年的0.774提高到2011年的1.245。说明教育资源在城乡间的配置趋向均衡化，一定程度上提高了城乡社会一体化水平。

城乡居民物质生活的改善也能推动城乡社会一体化进程，从表7看出，城乡居民人均储蓄比的权重达到了0.639，对城乡社会一体化的影响较大。甘肃省城乡居民人均储蓄比由2000年的20.520下降至2011年的4.834。说明城乡居民储蓄差距的缩小改善了居民生活水平，推进了城乡社会一体化进程（当然城乡储蓄差距的缩小在一定程度上也与农村居民缺少投资渠道有关）。

表7　城乡社会一体化各基础指标的系数向量与相应权重

基础指标	第一主成分系数向量	第二主成分系数向量	权重
城乡基础教育经费投入比	0.066	0.024	0.100
城乡小学生师比比	0.218	-0.007	0.268
城乡人均医疗保障支出比	0.147	-0.010	0.177

续表

基础指标	第一主成分系数向量	第二主成分系数向量	权重
城乡千人医院床位数比	0.061	0.333	0.313
城乡居民人均储蓄比	0.530	-0.036	0.639
城乡居民人均居住面积比	-0.084	-0.020	-0.119
城乡居民家庭文教娱乐支出比	-0.027	0.055	0.005

（四）城乡生态环境一体化

加大节能减排和环境污染治理力度能改善生态环境，提高城乡生态环境一体化水平。万元GDP能耗和环境污染治理投资占GDP比重的权重分别达到了0.395和0.381（见表8），甘肃省万元GDP能耗从2000年的2.860吨标准煤下降到2011年的1.151吨标准煤，环境污染治理投资占GDP的比重从2000年的0.41%增加到2010年的1.27%。虽然2011年有所下降，但总体上升趋势明显。这表明甘肃省城乡生态环境一体化水平提高主要得益于节能减排和环境污染治理力。

城乡居民生存环境的改善也会促进城乡生态环境一体化水平的提高。城乡安全饮水普及率比和城乡卫生厕所普及率比的权重分别为0.293和0.253，对城乡生态环境一体化的影响是正向的。农村安全饮水普及率和卫生厕所普及率分别由2000年的32.7%和36.6%提高到2011年的60.9%和68.0%。将城市安全饮水率普及率和卫生厕所普及率看成100%时，城乡差距实际在缩小。说明城乡居民生存环境的改善提高了城乡生态环境一体化水平。

表8　城乡生态环境一体化各基础指标的系数向量与相应权重

基础指标	第一主成分系数向量	第二主成分系数向量	权重
万元GDP能耗	0.172	0.223	0.395
环境污染治理投资占GDP比重	0.536	-0.155	0.381

续表

基础指标	第一主成分系数向量	第二主成分系数向量	权重
人均绿地面积	0.120	0.108	0.228
城乡安全饮用水普及率比	0.073	0.220	0.293
城乡卫生厕所普及率比	0.121	0.133	0.253

六、结论与政策建议

本文在界定城乡发展一体化的内涵与外延的基础上，构建了甘肃省城乡发展一体化评价指标体系，测度了2000—2011年城乡发展一体化水平。结果表明，西部大开发战略实施以来，甘肃省城乡发展一体化水平不断提高。就方面指数而言，城乡空间一体化进程最快，城乡经济和社会一体化进程次之，城乡生态环境一体化进程最为缓慢。根据分析结果和甘肃省的实际情况，我们认为今后推动城乡发展一体化应从以下四个方面入手：

首先，完善城市体系，提高城市化质量。甘肃省城市化水平低于全国平均水平，城市化进程缓慢，制约着城乡发展一体化水平的提高。因此，应以兰州市为辐射中心，以各地级市为骨干城市，以县城和小城镇为主要抓手，完善城市体系和城市内部功能，提高城市集聚程度、规模效应以及对农村的辐射带动能力，加快城市化进程；以户籍制度改革为中心，统一城乡劳动力市场，保障进城农民工在医疗、就业和子女入学等各方面的权利，提高城市公共服务和社会管理水平，提高城市化质量。

其次，完善城乡基本公共服务，提高农村自我发展能力。与东部沿海地区相比，甘肃省城乡基本公用服务滞后，农村自我发展能力严重不足。为此，财政应该重点向农村倾斜。一方面，加快农村基本道路和通信基础设施建设，重点照顾陇南、甘南和临夏等落后地区和少数民族地区；加大农村商贸流通设施建设、合理布局农村商业网点，改观落后的商业形态，建立城乡统一的市场体系。另一方面，加大对农村教育、医疗、社保支持力度，平衡城乡发展差距，提高农村自我发展能力。

再次，加大农业扶持力度，提高农业综合生产能力。甘肃省自然条件恶劣，农业综合生产能力低，农业发展缓慢，且各地区发展不平衡，是制约农村经济发展的主要原因。因此，应继续完善农业财政补贴政策，加强农田水利等基础设施建设，鼓励与支持村镇银行发展，完善农村金融服务体系；以河西走廊农业区为主要试点，完善相关制度，探索土地流转模式，提高农业机械化水平，发展现代农业，繁荣农村经济。

最后，坚持生态文明建设，大力改善居民生活环境。甘肃省作为我国的生态屏障，对西部地区乃至全国的生态环境有着重大的影响。因此，一方面要调整产业结构，转变经济发展方式，淘汰落后产能和过剩产能，发展高新技术和新型产业。另一方面，在新农村建设、小城镇建设以及兰州新区建设过程中要注重保护生态环境。加大环境污染治理力度，净化空气质量。另外，解决好定西、庆阳等缺水地区的饮水问题，提高农村安全饮水普及率和卫生厕所普及率，改善农村居民的健康状况和生活环境。

参考文献

［1］厉以宁. 走向城乡一体化：建国60年城乡体制的变革［J］. 北京大学学报，2009（6）：5-19.

［2］杨荣南. 城乡一体化及其评价指标体系初探［J］. 城市研究，1997（2）：19-23.

［3］顾益康，许勇军. 城乡一体化评估指标体系研究［J］. 浙江社会科学，2004（6）：95-99.

［4］朱颖. 城乡一体化评价指标体系研究［J］. 农业经济与科技，2008（7）：51-65.

［5］李志杰. 我国城乡一体化评价体系设计及实证分析——基于时间序列数据和截面数据的综合考察［J］. 经济与管理研究，2009（12）：95-101.

［6］张忠杰，刘红梅. 中国城乡一体化发展水平趋于差异及趋势研究

[J]．农村经济，2012（12）：34－38.

[7] 赵峰．广西城乡一体化评价指标体系的设计及实证研究［J］．广西社会科学，2010（1）：56－59.

[8] 李秉文，付春香．甘肃城乡一体化：现状评价与路径选择——基于卢曼“一般社会系统理论”的分析视角［J］．甘肃社会科学，2012（2）：83－86.

[9] 陈明荣，吴正鹍，王文海．西部大开发十年来甘肃省城乡统筹发展实证分析［J］．甘肃金融，2011（2）：60－63.

[10][12] 白永秀，周江燕，赵勇，吴振磊．中国省域城乡发展一体化水平评价报告（2012）［M］．北京：中国经济出版社，2013.

[11] 白永秀．城乡二元结构的中国视角：形成、拓展、路径［J］．学术月刊，2012（5）：67－76.

[13] 白永秀．后改革时代的关键：城乡经济社会一体化［J］．经济学家，2010（8）：84－89.

[14] 韩俊．中国城乡关系演变60年：回顾与展望［J］．改革，2009（11）：5－14.

The Evaluation on Integration Level of Urban - rural Development in Gansu Province

Shi Xiliang　Zhou Jiangyan

Northwest University of China，Xi'an 710127

Abstract: Urban - Rural Development Integration is the fundamental way to solve the "three rural" problems, It has become the focus of the current reform in china, constructing evaluation index system of Gansu province based on the connotation and extension of urban – rural development integration, then measuring its level of urban – rural development Integration from 2000 to 2011 by principal component analysis method. The results showed that the level of urban – rural development Integration has improved in Gansu Province in recent ten years. Among them, space integration make largest contribution to urban – rural development integration, and the influence of urban – rural environment integration to urban – rural development integration is not obvious. Gansu province should prepare in quality of urbanization, basic public services, agricultural development and ecological civilization to promote integration of urban and rural development in future.

Key Words: urban – rural development integration; evaluation system; principal component analysis; level evaluation

河南省城乡发展一体化水平测评研究

张 虎 周江燕*

摘 要： 基于构建的城乡发展一体化水平评价体系，利用主成分分析法，对2000—2011年河南省城乡发展一体化水平进行了测度。研究发现，21世纪以来河南省城乡发展一体化水平逐步提高，与其他省域相比，处于中游偏上水平。但城镇化水平低，产业结构不合理，农业生产率低，城乡教育质量悬殊、农村人居环境落后等因素制约着河南省城乡发展一体化的进一步推进。鉴于此，河南省应当从提高城镇化水平，优化产业结构，推动农业现代化，提升农村教育质量，加强农村环境综合治理方面加快城乡发展一体化。

关键词： 城乡发展一体化 评价体系 主成分分析法

* 张虎（1987—），男，陕西吴堡，硕士，西北大学经济管理学院。研究方向：城乡发展一体化；周江燕（1985－），女，河南安阳，博士，西北大学经济管理学院。研究方向：区域差异、城乡发展一体化。

城乡发展一体化是破解“后改革时代”我国发展所面临难题的关键所在①。党的十八大报告中也明确指出：解决好“农业、农村、农民”问题是全党工作重中之重，城乡发展一体化是解决“三农”问题的根本途径。河南省作为一个传统农业大省，城乡二元结构问题突出，城乡发展一体化任务十分艰巨。进入21世纪以来，河南省积极探索城乡协调发展路径，取得了很大成效，但也存在诸多问题。通过一套相对科学完整的指标体系，测度和评价其城乡发展一体化的状态，对影响城乡发展一体化的因素进行分析，为河南省进一步提高城乡发展一体化水平提供理论依据与政策建议显得十分必要。

一、城乡发展一体化指标体系的评述与构建

（一）城乡发展一体化评价指标体系

目前为止，我国并没有一个关于城乡发展一体化评价的统一标准，专家和学者依据不同的标准建立了不同的指标体系，具有代表性的研究如下：杨荣南（1997）是国内较早系统提出城乡一体化评价体系的学者，他认为应当从政治、经济、人口、生态环境、空间、文化五个方面的城乡融合来评价城乡一体化水平，但其并未做实证研究。顾益康等（2004）参照阿玛蒂亚·森关于社会福利指数的基础上，从城乡一体化发展度、差异度和协调度三个维度构建了城乡一体化评价体系，但其研究也只停留于理论层面，未将评价体系用于实证分析。岳丽萍、白永秀（2006）运用系统聚类分析方法选取四个代表性指标进行城乡一体化水平判断，其研究指标选取偏少且重经济指标。朱颖（2008）参考帕森斯社会系统论的观点，同时结合《全面建设小康社会目标与指标选择》和《农村全面小康评价指标体系》，从城乡社会融合度、经济融合度、生态环境融合度三个方面来评价城乡一体化，采用的方法为主观赋权法，主观性过强。刘伟、张士运（2009）从城乡功能一体化、基础设施一体化、政府服务一体化、城乡产业一体化、城乡居民生活一体化五个方面来构建评价体系，但其中功能一体化和城乡居民生活一体化的部分指标难以

① 白永秀．后改革时代的关键：城乡经济社会一体化［J］．经济学家，2010，8.

量化。焦必方等（2011）从城乡经济、生活和医疗教育融合三个角度十个指标对城乡一体化水平进行测度，生态环境并未纳入其评价体系。汪宇民等（2012）采用差异系数刻画城乡发展差距，并合成城乡一体化指数来评价城乡一体化水平，但是其指标体系缺乏理论支撑且过于简单，难以包含城乡发展一体化的丰富内涵。

总体而言，这些研究对城乡发展一体化做出了有益的探索尝试，但也存在着停留于理论层面未进行实证分析、评价体系缺乏理论支撑、赋权过于主观或评价体系过于简单等问题，且已有研究侧重于对城乡发展一体化现有状态的判定和横向比较，很少做时间序列的分析，对城乡发展一体化整体趋势把握不足，因此，我们需要对此继续进行深入研究。

（二）城乡发展一体化指标体系的构建

城乡发展一体化这一概念具有丰富内涵，我们认为我国城乡二元结构具体表现为空间、经济、社会、生态环境的四重二元结构。城乡差距最初表现为空间的二元性，新中国成立后，高度的计划经济体制下，人为地将城乡行政性分割，形成城市和农村截然的分离。空间的分割，阻碍了要素的流动，再加上国家建设初期重工业轻农业，重城市轻农村的发展方式，加速了城乡经济的二元分割。随着空间和经济二元性的深化，城乡二元分割进一步延伸到社会领域，管理体制、社会保障制度、生活方式、思想理念等都形成了明显的城乡分离。社会二元结构的形成和固化反作用于空间和经济的二元性，强化了城市和农村的分离，城乡自然生态、生活环境趋于异化，城乡生态环境的二元性也逐渐形成。这样就形成了我国特有的城乡空间、经济、社会、生态环境的四重二元结构，因此要对城乡发展一体化进行有效的测度，必须从这四个方面构建评价指标体系。

本文构建的评价体系正是在这一理论基础上，将城乡发展一体化划分为：城乡空间一体化、城乡经济一体化、城乡社会一体化和城乡生态环境一体化四个维度，由此在既定的范围之内以明确的标准进行指标的选择与指标体系的构建，具体指标体系结构如表 1 所示。接下来我们将在这一评价体系下，采用主成分分析法来确定各基础指标在方面指数中的权重以合成方面指数，并进而采用同样的方法合成总指数对 21 世纪以来河南省城乡发展一体化水平进行测度分析。

表1　城乡发展一体化指标体系

目标	方面指标		基础指标	指标属性
城乡发展一体化指数	城乡空间一体化	城乡空间集聚	城市化水平（%）	正向
		城乡往来	交通网密度（km/km^2）	正向
			城乡每百户家用汽车拥有量比	逆向
		城乡信息化	城乡每百户计算机拥有量比	逆向
			城乡每百户移动电话拥有量比	逆向
		城乡市场流通	每万人限额以上批发零售业企业个数（个/万人）	正向
	城乡经济一体化	城乡经济总量	人均 GDP（元）	正向
			非农产业与农业产值比	正向
		城乡产业结构	二元对比系数	正向
			二元反差系数	逆向
		城乡就业	全社会非农从业人员与农业从业人员比重比	正向
			农村从业人员非农比例（%）	正向
		城乡居民收入	城乡居民人均收入比	逆向
		城乡居民消费	城乡居民家庭人均消费比	逆向
			城乡恩格尔系数比	正向
	城乡社会一体化	城乡基础教育	城乡基础教育经费投入比	逆向
			城乡小学生师比比	正向
		城乡医疗卫生	城乡人均医疗保障支出比	逆向
			城乡千人医院床位数比	逆向
		城乡社会保障	城乡基本养老保险参保人数比重比	逆向
		城乡文化消费	城乡居民家庭文教娱乐支出比	逆向
	城乡生态环境一体化	城乡节能减排	万元 GDP 能耗（吨标准煤/万元）	逆向
		城乡污染治理	环境污染治理投资占 GDP 比重（%）	正向
		城乡生活环境	城乡安全饮用水普及率比	逆向
			城乡卫生厕所普及率比	逆向
		城乡绿化	人均绿地面积（m^2）	正向

二、指标说明与数据处理

（一）数据来源与说明

本文选取的数据主要来源于历年《中国统计年鉴》、《中国农村统计年鉴》、《中国农业统计年鉴》、《中国社会保障统计年鉴》，由于统计方法和口径的不尽相同，为保证数据的准确性和一致性，出现数据不一致时均以《中国统计年鉴》提供的为准。

各指标权重采用主成分分析法计算而来，需要说明的是部分基础指标没有直接统计数据，我们严格按相关原始统计数据通过公式计算而来。由于没有城市安全饮用水普及率和城市卫生厕所普及率的统计口径，且城市安全饮用水和城市卫生厕所基本普及，故城市的值默认为100%。

（二）数据的标准化

城乡发展一体化评价指标体系涉及的指标众多，指标属性也不同，需将指标同趋势化，一般是做正向化处理。各指标具有不同的纲级和量级，如果直接采用原始测度指标进行分析，会造成主成分过分偏重于那些具有较大方差或数量级的指标，为了消除不可公度性，需对指标做无量纲化处理。因此，为了使不同属性、不同单位的数据具有统计意义上的可比性，必须将数据做标准化处理。其中正向化的具体方法是对正向指标不做处理，对逆向指标进行取倒数。无量纲化的处理本文采用的是均值化处理各指标数据构成的协方差，这样既可以反映原始数据中各指标变异程度上的差异，也可以反映包含各指标相互影响程度差异的信息。

均值化方法处理为：$y_{ij} = x_{ij} / \overline{x_j}$，其中，$\overline{x_j} = \frac{1}{p}\sum_{i=1}^{p} x_{ij}$。

（三）权重的确定

本文统一采用主成分分析法作为确定各方面指标权重的依据。

表 2　各级指标的统计特征

维度	成分	特征根	方差贡献率（%）	累积方差贡献率（%）
城乡空间一体化	1	2.133	86.711	86.711
城乡经济一体化	1	0.518	96.471	96.471
城乡社会一体化	1	3.391	95.303	95.303
城乡生态环境一体化	1	0.088	63.218	63.218
	2	0.046	33.075	96.293

表 2 显示了主成分的统计信息，城乡发展一体化的四个方面指数中，城乡空间一体化、城乡经济一体化和城乡社会一体化提取了一个主成分，城乡生态环境一体化提取了两个主成分，使四个维度的累积方差贡献率都超过了 85%，对原始数据信息的综合能力较强，具有较强的合理性。

运用 SPSS19.0 进行基于协方差的主成分分析，可以得到各基础指标相应的系数向量和权重。在各基础指标的权重确定之后，可以求得各方面指数的值，进而用主成分分析得到各方面指数的权重。

表 3　基础指标和方面指数的权重

基础指标	权重	基础指标	权重
城市化水平	0.122	城乡居民家庭人均消费比	0.019
交通网密度	0.316	城乡恩格尔系数比	0.159
城乡每百户家用汽车拥有量比	-0.198	城乡基础教育经费投入比	-0.312
城乡每百户计算机拥有量比	0.775	城乡小学生师比比	-0.214
城乡每百户移动电话拥有量比	0.405	城乡人均医疗保障支出比	0.314
每万人限额以上批发零售企业个数	0.285	城乡千人医院床位数比	0.014
人均 GDP	0.768	城乡基本养老保险参保人数比重比	0.860

续表

基础指标	权重	基础指标	权重
非农业与农业产值比	0. 294	城乡居民家庭文教娱乐支出比	0. 134
二元对比系数	0. 116	万元 GDP 能耗	0. 641
二元反差系数	0. 169	环境污染治理投资额占 GDP 比重	0. 247
全社会非农从业人员与农业从业人员比重比	0. 415	城乡安全饮用水普及率比	0. 180
农村从业人员非农比例	0. 287	城乡卫生厕所普及率比	0. 205
城乡居民人均收入比	-0. 039	人均绿地面积	0. 050
方面指数	方面指数权重	方面指数	方面指数权重
城乡空间一体化	0. 501	城乡经济一体化	0. 521
城乡社会一体化	0. 614	城乡生态环境一体化	0. 316

根据表 3 得到的各基础指标的权重和城乡发展一体化指标体系，通过加权相加可得到四个维度的方面指数，而要计算城乡发展一体化综合指数却不能直接使用各变量数据与权重做综合的加权相加，这是由于构成城乡发展一体化的四个维度对城乡发展一体化的影响各不相同。因此还需以求出的各方面指数作为变量，再进行主成分分析，以求出各方面指数的权重。

三、河南省城乡发展一体化评价

（一）2000—2011 年河南省城乡发展一体化水平测度

根据表 3 提供的方面指数加权相加之后就得到城乡发展一体化的综合指数，具体结果见表 4。

表4　2000—2011年河南省城乡发展一体化指数测度结果汇总

年份	方面指数				城乡发展一体化指数
	城乡空间一体化指数	城乡经济一体化指数	城乡社会一体化指数	城乡生态环境一体化指数	
2000	0.195	1.337	0.365	0.984	0.478
2001	0.306	1.394	0.364	1.199	0.521
2002	0.628	1.472	0.383	1.231	0.622
2003	0.703	1.598	0.410	1.216	0.670
2004	0.899	1.760	0.397	1.231	0.720
2005	0.861	1.958	0.381	1.318	0.715
2006	1.397	2.158	0.418	1.344	0.892
2007	2.011	2.442	0.409	1.381	1.058
2008	2.316	2.710	0.440	1.372	1.175
2009	2.612	2.859	0.489	1.421	1.299
2010	3.499	3.128	2.837	1.306	3.403
2011	5.036	3.443	6.528	1.874	6.780

从表4可以看出，进入21世纪以来河南省城乡发展一体化呈现出不断上升的态势，城乡发展一体化指数从2000年的0.478上升到2011年的6.780，尤其2010年和2011年增长最为迅速。具体从方面指数来看，城乡空间一体化除2005年略有下降外，其余年份处于不断上升的趋势；城乡经济一体化基本呈平缓上升趋势；城乡社会一体化分为两个阶段，2000—2008年变化较为平缓，小幅波动，2009年之后快速上升；城乡生态环境一体化相对变化不大，上升幅度较小，个别年份还略微有所回落。

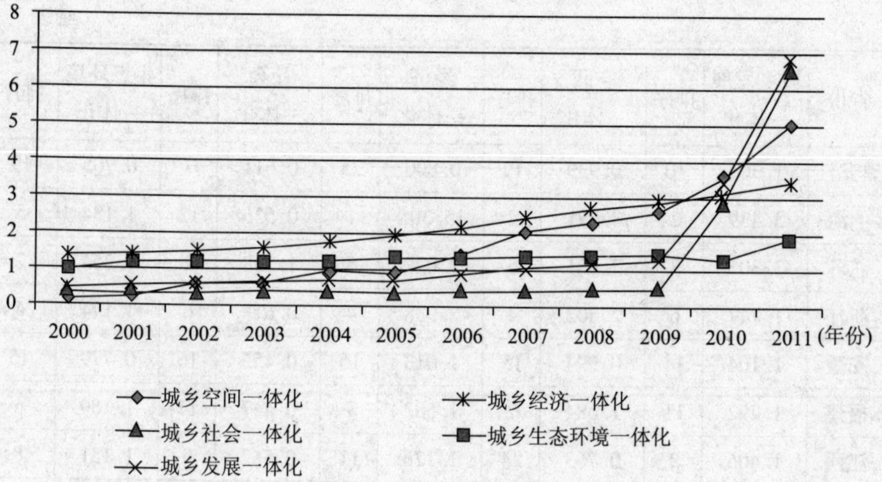

图1　2000—2011 年河南省城乡发展一体化指数

（二）2011 年河南省同其他省份城乡发展一体化水平对比

在同一指标体系下，采用同样的方法以 2011 年的面板数据核算中国各省、自治区及直辖市①的城乡发展一体化水平，所得结果见表 5。

表5　2011 年中国各省（市、区）城乡发展一体化水平对比

省份	城乡发展一体化	排序	空间一体化	排序	经济一体化	排序	社会一体化	排序	生态环境一体化	排序
北京	4.678	1	4.269	1	8.585	2	1.914	1	1.471	1
天津	1.770	5	3.180	3	3.948	3	0.552	10	1.141	7
河北	1.090	17	1.098	14	1.156	12	0.478	14	0.552	23
山西	1.101	15	1.312	11	1.291	9	0.351	22	0.542	24
内蒙古	1.087	18	0.840	22	0.999	17	0.610	8	0.421	27
辽宁	0.728	24	1.525	9	1.427	8	0.208	24	0.651	21
吉林	0.376	25	0.922	20	0.956	18	-0.006	27	0.830	12

① 未包括港、澳、台地区，西藏地区因数据缺失严重，也未包括在内。

续表

省份	城乡发展一体化	排序	空间一体化	排序	经济一体化	排序	社会一体化	排序	生态环境一体化	排序
黑龙江	1.302	10	0.939	19	0.800	25	0.611	7	0.705	19
上海	3.439	2	3.291	2	15.305	1	0.536	12	1.184	5
江苏	3.305	3	2.121	5	2.027	5	1.738	2	1.254	2
浙江	1.747	6	2.502	4	2.938	4	0.613	6	1.194	4
安徽	1.104	14	0.994	15	1.013	16	0.455	16	0.779	15
福建	1.292	11	1.684	7	1.582	7	0.447	17	1.180	6
江西	1.406	9	0.763	24	1.176	11	0.562	9	1.131	8
山东	2.152	4	1.765	6	1.277	10	1.052	3	0.965	10
河南	1.113	13	1.249	12	0.928	22	0.541	11	0.789	14
湖北	1.169	12	1.185	13	0.930	20	0.491	13	0.837	11
湖南	0.939	20	0.907	21	0.935	19	0.360	21	0.770	16
广东	1.717	7	1.664	8	1.888	6	0.349	23	1.240	3
广西	0.931	21	0.654	26	0.710	27	0.376	20	0.756	17
海南	0.907	23	0.947	18	0.810	24	0.443	18	0.993	9
重庆	1.482	8	1.518	10	1.103	13	0.681	4	0.792	13
四川	1.082	19	0.794	23	0.911	23	0.460	15	0.724	18
贵州	0.015	28	0.586	29	0.599	29	−0.112	28	0.366	30
云南	0.915	22	0.638	27	0.588	30	0.412	19	0.572	22
陕西	1.099	16	0.956	16	1.039	15	0.652	5	0.671	20
甘肃	0.257	27	0.632	28	0.646	28	0.006	26	0.517	25
青海	−2.453	30	0.518	30	1.064	14	−1.704	30	0.398	28
宁夏	−0.269	29	0.955	17	0.928	21	−0.320	29	0.376	29
新疆	0.322	26	0.749	25	0.768	26	0.045	25	0.472	26

通过表5可以看到2011年中国各省省域城乡发展一体化水平和各方面指数的对比情况。可以看出，河南省城乡发展一体化水平在全国排名13位，处于中等偏上水平，这说明河南省城乡发展一体化工作取得了一定成效，但与

东部发达省份相比还仍有差距。具体从分量指标看，城乡空间一体化、城乡社会一体化和城乡生态一体化与城乡发展一体化总水平较为吻合，都处于中游偏上水平，表明河南省在这三方面工作效果较为显著，城乡差距相对较小。城乡经济一体化水平较为落后，在 30 个省份中排名仅为 22 位，这是河南省在今后推进城乡发展一体化工作中需重点加强的方面。

四、影响河南省城乡发展一体化水平的因素分析

由表 3 可以看出，影响河南省城乡发展一体化指数的四个方面指数，均为正向贡献。其中，城乡社会一体化对城乡发展一体化的正向贡献最大，权重为 0.614，说明城市与农村两大主体较为公平地分享了城乡发展一体化的成果。城乡空间一体化与城乡经济一体化的正向贡献相当，分别为 0.501、0.521。城乡生态环境一体化的正向贡献较小，权重为 0.316。四个方面指数只是城乡发展一体化的传导，想要更加直观深入地洞察河南省城乡发展一体化的微观影响因素，必须分析基础指标的影响。

（一）城乡空间一体化

首先，城乡信息化水平在城乡空间一体化中具有最大权重值，城乡每百户计算机拥有量比的权重为 0.775，城乡每百户移动电话拥有量比的权重为 0.405。近年河南省注重农村信息网络化建设，开展村村通电话，宽带入户工程，降低了城乡信息沟通壁垒。信息化水平的大幅提升，促进了河南省的信息交流，加快了城乡居民生活方式的转变，也有利于整合市场信息，推进产业的信息化经营。

其次，城乡往来方面，交通网密度权重也较大，权重为 0.316，2000 年河南省的交通网密度为 0.406 km/km^2，到 2011 年增加为 1.574 km/km^2，12 年间提升了近 4 倍。这主要是因为河南省在建设综合运输体系方面大力发展公路、铁路等基础设施的结果。但城乡每百户家用汽车拥有量比权重为 -0.198，随着城镇居民收入的不断增长，汽车消费快速进入普通家庭，而农村家庭拥有量远远低于城镇家庭，二者悬殊较大，制约着农村出行便利性。

最后，从城乡空间集聚来看城市化水平影响相对较小，权重为 0.122，河南省 2000 年城市化率为 23.2%，到 2011 年发展为 40.6%，尽管发展比较迅速，但整体水平仍然偏低，长期低于全国平均水平。

（二）城乡经济一体化

首先，影响城乡经济一体化的基础指标中人均 GDP 所占权重最大，达到了 0.768。人均 GDP 在城乡经济一体化中是一个基础性、根本性、综合性的指标，2000 年河南省人均 GDP 仅为 5444 元，到 2011 年达到 28661 元，保持了较快的增长速度，为城乡经济一体化奠定了基础。

其次，全社会非农从业人员与农业从业人员比重比和非农产业与农业产值比影响也较为显著，分别为 0.415 和 0.294。河南省第一产业就业人员占全部就业人员的比重从 2000 年的 64.1% 下降到 2011 年的 43.1%。三次产业结构由 2000 年的 22.6∶47.0∶30.4 演变为 2011 年的 12.9∶58.3∶28.8，第二三产业增加值占 GDP 的比重达 87.1%，逐渐由农业大省向工业强省转变。但是也应看到，河南省第三产业比重有所下降，服务业发展相对滞后，产业结构有待进一步优化。

最后，二元对比系数和二元反差系数也有较大，分别为 0.116 和 0.169，2000 年河南省二元对比系数为 0.164，2011 年上升为 0.198，二元反差系数由 2000 年的 0.41 下降到 2011 年的 0.3，两个指标都显示河南省二元经济结构矛盾在逐渐趋缓。但是，依据国际惯例，发展中国家的二元对比系数通常为 0.31～0.45，发达国家一般为 0.52～0.86，而河南省 2011 年城乡二元对比系数不足 0.2，说明消除城乡二元经济结构工作仍十分艰巨。

（三）城乡社会一体化

首先，城乡基本养老保险参保人数比重比权重值最大，达到了 0.860。2000 年河南省农村参加基本养老保险参保人数仅有 195.8 万人，2009 年河南省有 21 个县（市、区）被确立为新型农村社会养老保险试点地区，其后扩展到 43 个县（市、区），2011 年农村参保人数达到 3305.9 万人，参保率达 97%，城乡社会养老保险一体化取得了巨大进步。

其次，城乡基础教育投入经费比和城乡小学生师比比影响也比较显著，但其作用为负向的，权重分别为 -0.312 和 -0.214。农村教育水平直接关系着基础教育的质量水平和农村未来人才素质的培养，河南省城乡教育质量差距的不断扩大，制约着城乡社会的可持续发展。

最后，城乡人均医疗保障支出比也有较大的影响，权重为0.314，河南省医疗卫生服务体系建设成效显著，农村医疗条件得到很大改善，同时在全国率先实现了新型农村合作医疗全省跨区域直接报销，有效缓解了农民看病难的问题，缩小了城乡医疗差距。

（四）城乡生态环境一体化

首先，万元 GDP 能耗和环境污染治理投资占 GDP 比重的权重较大，分别达到0.641 和0.247。河南人口总量大，资源比较短缺，比较注重资源的循环利用工作，万元 GDP 能耗、万元 GDP 水耗、废弃物排放量等逐年降低，普遍低于全国平均水平，但与东部发达地区相比还存在相当大的差距，同时存在着污染向郊区和农村转移的趋势。

其次，城乡卫生厕所普及率比和城乡安全饮用水普及率比影响也相对较大，权重分别为0.205 和0.180。近年河南省注重农村生活环境的保护，加大投资用以农村综合环境的治理，生产生活条件都有所改善。但农村基础设施仍严重滞后，诸如污水、垃圾集中处理率极低，制约农村生活质量的进一步提高。

最后，城乡人均绿地面积影响相对较小，权重值为0.05，从绿化方面看，城乡差距较小，对城乡生态环境一体化影响不显著。

五、结论与建议

根据以上实证研究结果显示：2000—2011 年河南省城乡发展一体化水平显著提高，从影响城乡发展一体化的方面指数看，考察期间城乡社会一体化贡献最大，城乡空间一体化与城乡经济一体化绩效相当，城乡生态环境一体化作用相对较小。与国内其他省份相比，河南省城乡发展一体化处于中游偏上水平，其中城乡经济一体化水平相对滞后，其他三个方面指数与总指数基本吻合。结合横向、纵向测评结果和影响因素的分析，河南省在推进城乡发展一体化应注意以下几点：

第一，提升城镇化水平。各地区围绕在中原城市群中的功能定位，以产业为支撑带动城镇化，构建新型城镇化体系，提高城镇化质量和水平，改变城镇化滞后于工业化的局面，促进工业化和城镇化的良性互动。同时，应注重以产业集聚发展带动小城镇建设，促进城乡生产要素的双向流动，深化城乡互动融合。

第二，促进产业结构调整。推动农业现代化，提升农业生产经营的专业化、标准化、规模化、集约化水平，提高农业劳动生产率。有选择性地承接产业转移，大力培育高成长性产业，提高产业的关联度，完善产业链条，构建新型工业化产业体系。加快服务业发展，优先发展现代服务业，提高服务业在三产中的比重，促进产业结构优化升级。

第三，加快农村教育发展。加大对农村教育经费的投入，并积极引导社会资金支持农村教育的发展，增加经费的投入总量，同时要整合教育资源，建立城乡教师交流机制，政府加大对农村教师的补贴力度，增加农村教师晋升机会，鼓励优秀人才到农村从教，促进城乡教师之间的交流，实现城乡教育资源的优化配置。

第四，推进农村生态环境综合治理。推进农村生态环境保护建设，加快城镇基础设施向农村延伸，提高资源环境的承载能力，杜绝城镇和工业污染向农村转移，妥善处理好发展和生态环境的关系，促进农村环境的综合治理，提高城乡人居环境质量，实现农村生态环境可持续发展。

参考文献

[1] 白永秀，周江燕，赵勇，吴振磊等．中国省域城乡发展一体化水平评价报告［M］．北京：中国经济出版社，2013.

[2] 白永秀．城乡二元结构的中国视角：形成、拓展、路径［J］．学术月刊，2012（5）：67－76.

［3］杨荣南．城乡一体化及其评价指标体系初探［J］．城市研究，1997（2）：19－23.

［4］顾益康，许勇军．城乡一体化评估指标体系研究［J］．浙江社会科学，2004（6）：95－99.

［5］白永秀，岳利萍．陕西城乡一体化水平判别与区域经济协调发展模式研究［J］．嘉兴学院学报，2005（1）：76－80.

［6］朱颖．城乡一体化指标体系研究［J］．农村经济与科技，2008（7）：51－52.

［7］焦必方，林娣，彭婧妮．城乡一体化评价体系的全新构建及其应用——长三角地区城乡一体化评价［J］．复旦学报（社会科学版），2011（4）：75－83.

［8］汪宇明，刘高，施加仓，蔡萌．中国城乡一体化水平的省区分异［J］．中国人口·资源与环境，2012（4）：137－141.

A Study on the Urban – rural Development Integration Level Evaluation in Henan Province

Zhang Hu　Zhou Jiangyan

(Northwest University of China，Xi'an 710127)

Abstract：Evaluation of the level of integration of urban and rural development to construct based system，using principal component analysis，Henan province to 2000 – 2011 the integration of urban and rural development level of the measure. Study found that，since the new century，the level of integration of urban and rural development in Henan province has gradually increased，compared with other provinces, in the middle to upper level. But the low level of urbanization, the unreasonable industrial structure, low agricultural productivity, quality of urban and rural education gap, rural living environment and other factors restricts further from promoting the integration of urban and rural development in Henan province. In view of this, Henan province should improve the level of urbanization, the optimization of the industrial structure, promote the modernization of agriculture, enhance the quality of rural education, strengthening the comprehensive management of the rural environment to speed up the integration of urban and rural development.

Key Words: urban – rural development integration; evaluation system; principal component analysis

2011 年榆林县域城乡发展一体化水平评价*

白永秀　刘　盼　王颂吉*

摘　要： 城乡发展一体化是解决“三农”问题的根本途径，且县域在城乡发展一体化中的作用日益凸显，所以推进县域城乡发展一体化是实现城乡发展一体化的重要基础。本文以2011年榆林县域城乡发展一体化水平为研究对象，从空间、经济、社会三方面构建县域城乡发展一体化水平评价指标体系，运用层次分析法、均方差决策法以及聚类分析法进行分析评价。结果表明：榆林市内部县域城乡发展一体化水平差异较大，两极分化现象较为严重；城镇化水平、农业机械化水平、城乡居民人均收入比、城乡安全饮用水普及率比的权重较高，对各县城乡发展一体化水平影响较大。

关键词： 榆林　县域城乡发展一体化　层次分析法　聚类分析法

---

*　本文系国家社科基金重大项目“西部地区形成城乡经济社会一体化新格局的战略研究”（批准号：08&ZD027）的成果之一。

*　白永秀（1955—），男，陕西清涧人，西北大学经济管理学院教授，博士研究生导师。研究方向：区域经济学和城乡发展一体化。刘盼（1990—），女，陕西延安人，西北大学经济管理学院政治经济学硕士研究生。研究方向：城乡发展一体化。王颂吉（1986—），男，山东寿光人，西北大学经济管理学院政治经济学博士研究生。研究方向：区域经济和城乡发展一体化。

一、引言

城市和乡村作为区域的两个基本组成单元，二者的关系是反映一个地区城乡协调发展的重要标志。而自新中国成立以来，我国的城乡发展就有明显的二元结构特征，这也是阻碍我国经济健康发展的主要障碍。随着改革开放的不断深入，我们对如何破除城乡二元结构、实现城乡发展一体化也有新的认识。十八届三中全会指出“城乡二元结构是制约城乡发展一体化的主要障碍。必须健全体制机制，形成以工促农、以城带乡、工农互惠、城乡一体的新型工农城乡关系，让广大农民平等参与现代化进程、共同分享现代化成果。要加快构建新型农业经营体系，赋予农民更多财产权利，推进城乡要素平等交换和公共资源均衡配置，完善城镇化健康发展体制”。可见，大力推动农村发展，实现城乡发展一体化已经成为当前社会全面发展面临的重要问题。

县城和集镇作为联结城乡的枢纽，在繁荣农村经济、解决“三农”问题中具有不可替代的作用。县域经济作为我国国民经济的基础单元，是城镇经济和农村经济在县域范围内的有机结合，是城市与农村、农业与非农产业、农民与市民的集合体，是经济社会功能较为完善的综合性区域经济单元。所以只有实现县域的城乡发展一体化，才能从根本上改造传统农业、发展农村社会事业、实现农民生活方式转型，破除城乡二元结构（李小三，2000）。

榆林市地处陕甘宁蒙晋五省接壤地带，下辖 1 区 11 县[①]，自然资源极为丰富。目前全市已发现 8 大类 48 种矿产，潜在价值超过 46 万亿，特别是煤、油、气、盐等能源储量丰富、配置较好。近年来，榆林市凭借资源优势，积极推进经济建设，全面加快能源化工基地、现代特色农业基地和区域中心城市“三大建设”，使得能源化工基地初具形态，成为知名企业和重大项目的聚集地、陕西新的经济增长极和全国重要的能源输出地；农业特色产业规模覆盖率达到 80%，涌现出“六位一体”的吴堡模式、特色产业和劳务经济“双

① 榆阳区、神木县、府谷县、靖边县、定边县、吴堡县、绥德县、米脂县、横山县、佳县、清涧县、子洲县。

轮驱动”的“子洲现象”和以园区示范带动的靖边、榆阳、横山经验等。2010 年，第十届全国百强县评选中，神木县和府谷县分别以第 36 名和第 69 名被列入。2011 年，评选的陕西省县域经济社会发展的十强县①，榆林市有 3 个。2011 年，全市实现生产总值 2292.25 亿元，人均 GDP 达 68358 元。经济发展取得了较大成就。但同时城乡之间的差距也不容忽视，2011 榆林市城乡居民收入比总水平约为 3.0，个别县远高于 3.0，绥德为 3.47，清涧为 3.43；此外各县城乡间在教育、医疗卫生以及社会保障等方面存在不同程度的差距。这些问题的存在阻碍了榆林市县域城乡发展一体化进程。为准确考察 2011 年榆林市县域城乡发展一体化水平，本文通过构建县域城乡发展一体化水平评价指标体系，对 2011 年榆林市 11 县城乡发展一体化水平加以测度分析，为榆林市各县更好地推进城乡发展一体化提供依据。

二、县域城乡发展一体化指标体系构建

县域城乡发展一体化是在工业化、城镇化、农业现代化以及信息化发展到一定阶段的基础上，在保持城乡发展特色和功能分工的前提下，依托城乡生产要素集聚和发展成果共享机制，打破城乡分割对立状态，促进城镇与农村在空间布局上的优化、要素流通上的顺畅、资源配置上的均衡、居民权利上的平等、功能特色上的互补，逐步缩小城乡差距，实现城乡互动融合发展。县域城乡发展一体化是生产力发展到一定水平、城乡关系演进到一定阶段的必然产物，它是一个复杂的系统工程，是城乡空间、经济、社会等多个维度的高度融合，它的实现需要一个长期的发展过程，不可能一蹴而就，它强调城乡之间是一个有效集聚、有机疏散、高度协调的地域空间合作系统，所包含的内容较为丰富，因而采用多指标综合评价法（苏为华，2000）较为合适。这就要求我们在指标体系构建过程中必须遵循系统性、科学性、可操性原则，使得指标体系能反映县域城乡发展一体化的各个方面及其本质特征（白永秀，2013）。

根据县域城乡发展一体化的内涵及指标体系构建的原则与方法，本文构

① “十强县”具体包括府谷、神木、靖边、高陵、吴起、志丹、彬县、凤县、韩城、安塞。

建了包括空间、经济、社会①三维度的、以城乡发展一体化为目标指数的县域城乡发展一体化水平评价指标体系（见表1）。

表1　县域城乡发展一体化水平评价指标体系

目标指数	方面指数	分项指标	基础指标	计量单位	属性
城乡发展一体化	城乡空间一体化	城乡空间集聚	X_1 城镇化水平	%	正
		城乡往来便利性	X_2 公路交通网密度	公里/平方公里	正
		城乡信息化	X_3 有线电视入户率	%	正
			X_4 固定电话入户率	%	正
	城乡经济一体化	城乡经济发展水平	X_5 人均 GDP	元	正
			X_6 人均固定资产投资	元	正
			X_7 人均社会消费品零售额	元	正
		城乡产业结构	X_8 非农产业增加值所占比重	%	正
			X_9 农业机械化水平	千瓦/公顷	正
		城乡就业结构	X_{10} 非农产业从业人员所占比重	%	正
			X_{11} 乡村从业人员非农就业比	%	正
		城乡收入差距	X_{12} 城乡居民人均收入比	—	逆
	城乡社会一体化	城乡教育	X_{13} 初中毕业生升学率	%	正
			X_{14} 基础教育师生人数比	—	正
		城乡医疗	X_{15} 每万人卫生机构床位数	张/万人	正
			X_{16} 每万人卫生技术人员数	人/万人	正
		城乡社会保障	X_{17} 农村社会保障覆盖率	%	正
		城乡生活环境	X_{18} 城乡安全饮用水普及率比	%	逆

城乡空间一体化是实现城乡发展一体化的基础，与城乡交通状况及信息化水平密切相关，是实现城乡资源、要素自由流动的重要条件，反映城乡空间联系的紧密性与协调性。主要表现在城乡空间集聚、城乡往来便利性、城乡

① 我们也曾尝试添加城乡生态环境一体化维度，但由于该维度下的指标较少、数据质量不高，因此本书的评价指标体系最终包括空间、经济、社会三个维度。

信息化三方面，具体包括城镇化水平、公路交通网密度等 4 个基础指标。

城乡经济一体化主要反映城乡部门经济活动的协调性，表现在城乡经济发展水平、城乡产业结构、城乡就业结构、城乡居民收入差距 4 个方面，具体包括人均 GDP、非农产业增加值所占比重、非农从业人员所占比重、城乡居民人均收入比等 8 个基础指标。

城乡社会一体化主要反映城乡居民在享受教育、医疗、社会保障、生活环境等公共服务方面的均衡程度，表现在城乡教育、城乡医疗、城乡社会保障、城乡生活环境四个方面，具体包括初中毕业生升学率、每万人卫生机构床位数、农村社会保障覆盖率、城乡安全饮用水普及率比等 6 个基础指标。

三、数据来源与评价方法

（一）数据来源与指标处理

1. 数据来源

本文的研究对象是榆林市所辖 11 县 2011 年的城乡发展一体化水平，各县原始数据来源于《榆林统计年鉴 2012》、《陕西统计年鉴 2012》（陕西省统计局、国家统计局陕西调查总队编，中国统计出版社 2012 年版）、《陕西区域统计年鉴 2012》（陕西统计局编，中国统计出版社 2012 年版）、《中国县（市）社会经济统计年鉴 2012》（国家统计局农村社会经济调查司编，中国统计出版社 2012 年版）以及陕西省统计局编制的《陕西县域经济监测排行榜 2011》。需要说明的是，由于统计资料中缺少榆林各县公路总里程和各县总就业人数，本文这两个指标的数据来源于榆林市统计局内部资料。此外，我们假定各县城镇安全饮用水覆盖率为 100%，以此来计算城乡安全饮用水普及率比。

2. 指标处理

在城乡发展一体化总指数的计算过程中，由于各基础指标属性及量纲的差异，无法直接计算，需要先对基础指标进行变化处理。

第一，趋同化处理。主要解决指标属性差异的问题，根据不同的属性可将指标分为正向指标和逆向指标。不同属性的指标对城乡发展一体化指数的作用方面不同，所以不能进行直接加总，要先对指标进行趋同化处理。本文采用取倒数的方法对逆向指标进行正向化处理，使得所有指标对城乡发展一体化均呈正向作用。

第二，无量纲化处理。由于各指标量纲的差异，数据之间不具有可比性。本文采用均值化的方法对所有指标进行无量纲化处理，以消除量纲对最终评价结果的影响。均值化的无量纲处理方法，不仅可以反映原始数据中各指标变异程度上的差异，而且可以反映各指标相互影响程度差异的信息。

（二）评价方法

为避免权重确定的机械性，本文采用层次分析法和均方差决策法相结合的扩展构权方法。因为，从方面指数到目标指数和从分项指标到方面指数的层次结构明显，且在每个指标层内部能够较为主观地判断相对重要性，因而适合采用层次分析法。而基础指标是对分项指标的具体解释，各个指标的相对重要性无法主观判断，采用均方差决策法能够体现原始信息的变异情况对评价权重的影响，客观保留基础指标本身的原始信息和解释能力，由此得到各县城乡发展一体化指数。为了更详细地了解榆林县域城乡发展一体化特点，本文在得到城乡发展一体化指数的基础上进行 K - means 聚类分析，以准确把握各个县的城乡发展一体化特点。

第一，层次分析法。本文构建了包括目标指标、方面指标、分项指标、基础指标的四个层次评价指标体系，分别对应层次分析中的目标层、子目标层、准则层、措施层。通过对准则层、子目标层指标的两两比较，得出它们对于上级指标的重要性，构造出两两比较的判断矩阵，并对判断矩阵进行了一致性检验，最后得到同一层次相应指标对于上级指标的权重。

第二，均方差决策法。用于确定各基础指标的权重系数。而各基础指标权重系数的大小取决于该指标属性值的相对离散程度。该指标离散程度越大，则其权重系数越大。

第三，K - means 聚类分析法。它是一种在没有先验性知识的情况下进行分类的多元统计分析方法，它能够将多维度的样本（或变量）按照其特征划分为几个类别，各类数据内部具有高度相似性，不同类数据间个体具有比较明显的差异。本文通过运用欧式距离法确定个体之间的“亲疏程度”，将较为亲近的聚为一类，从而对城乡发展一体化水平较为相近的县化为同一类（薛薇，2011）。

（三）权重生成

基于上述的层次分析法，确定了方面指标和分项指标的权重。然后利用基础指标本身所包含的数据信息，运用均方差决策法计算出各基础指标对所属分项指标的权重大小；其次，将此权重大小与该分项指标对所属方面指数的权重值相乘，得到该基础指标对所属方面指数的权重；最后，将基础指标对方面指数的权重值与该方面指数对目标指数权重值相乘，得到该基础指标对目标指数的权重（王明涛，1999），所有指标权重如表 2 所示。

表 2　榆林县域城乡发展一体化指标赋权结果

目标指数	方面指数	分项指标	基础指标	对分项指标权重	对方面指数权重	对目标指数权重
城乡发展一体化	城乡空间一体化（0.222）	城乡空间集聚（0.444）	城镇化水平	1.000	0.444	0.099
		城乡往来便利性（0.333）	公路交通网密度	1.000	0.333	0.074
		城乡信息化（0.222）	有线电视入户率	0.544	0.121	0.027
			固定电话入户率	0.456	0.101	0.023
	城乡经济一体化（0.444）	城乡经济发展水平（0.211）	人均 GDP	0.455	0.096	0.043
			人均固定资产投资	0.396	0.083	0.037
			人均社会消费品零售额	0.149	0.031	0.014
		城乡产业结构（0.263）	非农产业增加值所占比重	0.198	0.052	0.023
			农业机械化水平	0.802	0.211	0.094
		城乡就业结构（0.263）	非农产业从业人员所占比重	0.435	0.114	0.051
			乡村从业人员非农就业比	0.565	0.149	0.066
		城乡收入差距（0.263）	城乡居民人均收入比	1.000	0.263	0.117

续表

目标指数	方面指数	分项指标	基础指标	对分项指标权重	对方面指数权重	对目标指数权重
城乡发展一体化	城乡社会一体化（0.333	城乡教育（0.263）	初中毕业生升学率	0.497	0.131	0.044
			基础教育师生人数比	0.503	0.132	0.044
		城乡医疗（0.263）	每万人卫生机构床位数	0.538	0.137	0.046
			每万人卫生技术人员数	0.462	0.127	0.042
		城乡社会保障（0.211）	农村社会保障覆盖率	1.000	0.211	0.070
		城乡生活环境（0.263）	城乡安全饮用水普及率比	1.000	0.263	0.088

四、2011年榆林县域城乡发展一体化水平差异分析

（一）2011年榆林县域城乡发展一体化水平评价

1. 总体评价

我们把处理过的榆林县域基础指标值与基础指标权重相乘，可以得到榆林各县城乡发展一体化指数及其排名，测度结果见表3。

表3　2011年榆林县域城乡发展一体化指数及排名

县域	方面指数			城乡发展一体化	排名
	城乡空间一体化	城乡经济一体化	城乡社会一体化		
神木	1.211	3.223	1.253	2.119	1
府谷	1.245	3.267	1.098	2.095	2
靖边	1.119	1.854	0.899	1.372	3
定边	0.917	1.389	0.979	1.147	4
吴堡	1.080	0.976	0.979	1.000	5
绥德	0.895	0.721	1.260	0.939	6
米脂	0.900	0.862	0.983	0.911	7

续表

县域	方面指数			城乡发展一体化	排名
	城乡空间一体化	城乡经济一体化	城乡社会一体化		
横山	0.878	0.908	0.854	0.883	8
佳县	0.819	0.731	0.895	0.805	9
清涧	0.679	0.727	0.916	0.779	10
子洲	0.653	0.693	0.830	0.730	11

通过表 3 可以发现，2011 年榆林市县域城乡发展一体化及方面指数在 0.653 ~3.267 范围内波动。其中，城乡经济一体化指数波动幅度最大，为 0.693 ~3.267，跨幅达 2.574；波动幅度最小的是城乡社会一体化，指数居于 0.830 ~1.260，相差 0.430；城乡空间一体化指数的跨幅为 0.592，各县的指数在 0.653 ~1.245；城乡发展一体化指数在 0.730 ~2.119 波动。从图 9 -1 来看，榆林 11 县中城乡发展一体化得分最高的是神木县，为 2.119；第二的是府谷县，得分为 2.095，这两个县差距不大，但这两个县的城乡发展一体化得分远高于其他县；其次分别是靖边县、定边县、吴堡县，这三个县的城乡发展一体化水平也比较高，得分均高于 1.0；在榆林各县中，佳县、清涧县、子洲县的城乡发展一体化水平最低，得分依次是 0.805、0.779、0.730；此外绥德县、米脂县、横山县的城乡发展一体化水平也比较低，得分分别是 0.939、0.911、0.883。

2. 分维度评价

第一，城乡空间一体化。通过表 3 可以发现，2011 年榆林县域城乡空间一体化水平得分最高的是府谷县，为 1.245；其次是神木县，得分为 1.211，且这两个县得分差异较小。次之分别是靖边县和吴堡县，得分分别为 1.119 和 1.080，这两个县的得分差异不大。最后，剩余的县按得分排名依次是定边县、米脂县、绥德县、横山县、佳县、清涧县、子洲县，其中清涧县和子洲县的得分最低，与其他县的差距也较大。

从城乡空间一体化基础指标的权重来看（表 2），对分项指标城乡空间集聚、城乡往来便利性、城乡信息化的赋权分别是 0.444、0.333、0.222。从基础指标对分项指标的权重看，城乡空间集聚只包含了城镇化水平一个基础指标；城乡往来便利性只包含了公路交通网密度一个基础指标；城乡信息化包含了有线电视入户率和固定电话入户率两个指标，权重分别是 0.544 和 0.456，有线电视入户率对城乡信息化的影响更大一些。从基础指标对方面指标的权重来看，城镇化水平对城乡空间一体化的影响最大，权重为 0.444；公路交通网密度对城乡空间一体化的影响也比较大，权重为 0.333；有线电视入户率和固定电话入户率对城乡空间一体化的影响相对较小，权重分别为 0.121、0.101。

表 4　2011 年榆林县域城乡空间一体化基础指标数据

县域	城镇化水平（%）	公路交通网密度（公里/平方公里）	有线电视入户率（%）	固定电话入户率（%）
神木	62.8	0.44	59.8	43.51
府谷	58.0	0.70	53.8	48.18
横山	42.6	0.80	13.9	18.99
靖边	60.5	0.70	28.3	27.56
定边	45.5	0.52	26.9	41.31
绥德	36.5	0.90	18.6	29.04
米脂	38.0	0.84	14.5	39.58
佳县	30.5	0.97	7.2	32.70
吴堡	37.9	1.32	15.0	38.81
清涧	25.8	0.78	11.1	21.22
子洲	28.9	0.72	5.7	15.24

如表 4 所示，从城镇化水平来看，榆林市城镇化水平普遍较低，县域之间差异较大。最高的是神木县，为 62.8%；其次是靖边县，为 60.5%；再次是府谷县，为 58.0%；而城镇化水平最低的是子洲县和清涧县，分别为 28.9%、25.8%。总体来看，榆林市的城镇化水平不高，城镇化发展比较缓慢，并且榆林县域内部的城镇化水平差距较大，城镇化水平较高的神木县、靖边县、府谷县是较低的清涧县、子洲县的两倍多。

从城乡往来便利性来看，榆林市整体交通便利性较差且各县差异大。公路交通网密度反映城乡往来便利性，榆林市各县公路交通网密度普遍较低，除吴堡县的公路交通网密度超过 1 公里/平方公里之外，其余各县的公路交通网密度均低于 1 公里/平方公里；公路交通网密度最低的是神木县，仅为 0. 449 公里/平方公里，约为吴堡县的 1/3；定边县和靖边县的公路交通网密度也比较低，分别为 0. 522 公里/平方公里和 0. 699 公里/平方公里。

城乡信息化发展水平低且各县差异很大，特别是有线电视入户率在各县之间的差异较大。有线电视入户率较高的是神木县和府谷县，分别为 59. 8% 和 53. 8%；其次是靖边县和定边县，分别为 28. 3%、26. 9%；其余 7 个县的有线电视入户率均低于 20%。从整体来看，榆林市有线电视入户率普遍较低；从固定电话入户率来看，虽然差距不如有线电视入户率那样明显，但整体水平仍比较低。

第二，城乡经济一体化。通过表 3 可以发现，2011 年榆林县域城乡经济一体化水平差异较大，得分最高的是府谷县，为 3. 267；神木县紧随其后，得分是 3. 223；其次，靖边县和定边县的城乡经济一体化水平也比较高，得分均大于 1. 0；吴堡县、横山县、米脂县的城乡经济一体化水平比较低；榆林城乡经济一体化发展水平最低的四个县依次是子洲县、绥德县、清涧县、佳县。

从城乡经济一体化基础指标的权重来看（表 2），四个分项指标城乡经济发展水平、城乡产业结构、城乡就业结构、城乡收入差距对城乡经济一体化的影响差异不大，除城乡经济发展水平的权重为 0. 211 外，其余三个分项指标的权重均为 0. 263。城乡经济发展水平包含了人均 GDP、人均固定资产投资、人均社会消费品零售额三个基础指标，城乡产业结构包括了非农产业增加值所占比重和农业机械化水平两个基础指标，城乡就业结构包含乡村从业人员非农就业比、非农产业从业人员所占比重两个基础指标，城乡收入差距包括城乡居民人均收入比一个基础指标。从基础指标对分项指标的权重来看，人均 GDP 和人均固定资产投资对城乡经济发展水平的影响较大，权重分别为 0. 455、0. 396；农业机械化水平对城乡产业结构的影响最大，其权重为 0. 802；乡村从业人员非农就业比和非农产业从业人员所占比重对城乡就业结构的影响差异不大，其权重分别为 0. 565、0. 435；从基础指标对方面指标的权重来看，城乡居民人均收入比和农业机械化水平对城乡经济一体化的影响较大，权重分别为0.263和0.211；其次，非农从业人员所占比重和乡村从业人员非农就业比对城乡经济一体化的影响也比较大，权重分别为0.114、0.149。

表5 2011年榆林县域经济发展和城乡消费及收入数据

县域	人均 GDP（元）	人均固定资产投资（元）	人均社会消费品零售额（元）	城乡居民人均收入比
神木	169154	48676.31	6736.46	2.41
府谷	156393	103029.47	10409.51	2.55
横山	32296	37688.66	6991.61	3.06
靖边	82246	40258.90	9425.15	2.57
定边	72866	19114.06	5059.66	2.70
绥德	13652	7959.16	10876.05	3.47
米脂	21639	16421.86	7281.43	3.12
佳县	13208	13766.85	2798.24	3.35
吴堡	15198	14908.44	7291.16	3.40
清涧	20341	12178.11	4655.51	3.43
子洲	19285	5228.09	5702.99	3.37

榆林各县经济发展水平差距较大。从表5可以看出，榆林各县在人均GDP和人均固定资产投资方面都存在很大差距。从人均GDP来看，位居前两位的依次是神木县和府谷县，分别为169154元、156393元，其次是靖边县和定边县，分别为82246元和72866元，剩下的7个县依次是横山县、米脂县、清涧县、子洲县、吴堡县、绥德县、佳县。由此可以看出，人均GDP最高的神木县和府谷县是靖边县和定边县的两倍，是横山县、米脂县、清涧县、子洲县的5~8倍，是吴堡县、绥德县、佳县的10多倍，可见榆林各县经济发展水平的差异之大。从人均固定资产投资额看，府谷最高，为103029.47元，其次相对较高的是神木县、靖边县、横山县，这些县不足府谷县的1/2；此外，定边县、米脂县、吴堡县、佳县、清涧县的人均固定资产投资都在一万

元到两万元之间，绥德县和子洲县人均固定资产投资额不足一万元，其中子洲县的人均固定资产投资约是府谷县的 1/19，这体现了榆林县域之间经济发展水平的巨大差距。

榆林各县城乡消费和收入差距较大。根据表 5，从人均社会消费品零售额看，位居前两位的是绥德县和府谷县，分别为 10876.05 元和 10409.51 元；其次靖边县、吴堡县、米脂县，人均社会消费品零售额也比较高；清涧和子洲相对较低；最低的是佳县，仅为 2798.24 元，约是绥德县的 1/4。从城乡居民人均收入比看，总体而言榆林各县城镇居民人均收入是农村居民人均收入的 3 倍左右。其中，城乡居民收入差距最大的是绥德县，为 3.47∶1，其次是清涧县，为 3.43∶1，吴堡县、子洲县、佳县、米脂县的城乡居民收入差距也比较大；相较之下，神木县、府谷县、靖边县、定边县、横山县的城乡居民收入差距小，总体可以归纳为，榆林南六县的城乡收入差距大于北五县。

表 6　2011 年榆林县域城乡产业和就业结构数据

县域	非农产业增加值所占比重（%）	农业机械化水平（千瓦/公顷）	非农产业从业人员所占比重（%）	乡村从业人员非农就业比重（%）
神木	99	6.13	72	44
府谷	99	6.90	70	57
横山	88	3.86	33	22
靖边	95	5.45	55	46
定边	94	3.63	35	22
绥德	79	3.34	60	53
米脂	86	4.89	57	48
佳县	72	3.15	57	68
吴堡	83	7.90	79	68
清涧	65	5.20	48	35
子洲	78	3.15	51	46

榆林市各县产业和就业结构差距较大。由表 6 可以发现，在产业结构方面，神木县、府谷县、靖边县、定边县的非农产业增加值所占比重较大，分

别为99%、99%、95%、94%，清涧县非农产业增加值所占比重最低，为65%，佳县、子洲县、绥德县的非农产业增加值所占也相对较低，分别为72%、78%、79%。从农业机械水平看，吴堡县的农业机械化水平最高，为7.9千瓦/公顷；府谷县、神木县、靖边县、清涧县的农业机械化水平比较高，其余各县在4千瓦/公顷左右。从就业结构来看，非农产业从业人员所占比重明显低于非农产业增加值所占比重。其中，吴堡县、神木县、府谷县的非农从业人员所占比重均高于70%；比重最低的是横山县和定边县，分别为33%、35%；比重最大的吴堡县是比重最低的横山县的两倍多。从乡村从业人员非农就业比重来看，吴堡县和佳县的比重最大，均为68%；横山县和定边县的比重最低，为22%。

第三，城乡社会一体化。通过表3可以发现，2011年榆林县域城乡社会一体化水平总体差异不大，得分最高的是绥德县，为1.260；其次为神木县和府谷县的城乡社会一体化得分也超过了1.0，分别是1.253、1.098；次之为米脂县、定边县、吴堡县，它们的城乡社会一体化水平差异不大；得分最低的五个县是清涧县、靖边县、佳县、横山县、子洲县，并且这五个县的得分差异不大。

从城乡社会一体化基础指标权重来看（表2），城乡社会一体化包括了城乡教育、医疗、社会保障和生活环境四个分项指标，且这四个分项指标对城乡社会一体化发展的影响差异不大，所赋权重分别为0.263、0.263、0.211、0.263。从基础指标对分项指标的权重来看，城乡教育包括了初中毕业生升学率和基础教育师生人数比这两个基础指标，这两个指标的权重差异不大，分别是0.497和0.503；城乡医疗包括了每万人卫生机构床位数和每万人卫生技术人员数这两个基础指标，其对城乡医疗的权重分别为0.538和0.462，二者差异不大；城乡社会保障和城乡生活环境都只包括了一个基础指标，分别是农村社会保障覆盖率和城乡安全饮用水普及率比，权重都是1.0。从基础指标对方面指数的权重来看，城乡安全饮用水普及率的权重最大，为0.263，这一指标对榆林市城乡社会一体化的影响最大；农村社会保障率的影响也比较大，权重为0.211。

表 7　2011 年榆林县域城乡社会一体化基础数据

县域	初中毕业生升学率（%）	基础教育师生人数比	每万人卫生机构床位数	每万人卫生技术人员	农村社会保障覆盖率（%）	农村安全饮用水普及率（%）
神木	81.9	0.07	50.88	60.03	100.0	89.9
府谷	88.0	0.08	31.01	58.22	80.8	76.4
横山	51.9	0.07	29.80	24.80	78.7	65.0
靖边	72.9	0.07	32.45	37.28	69.5	62.5
定边	72.5	0.07	31.16	27.09	87.0	79.5
绥德	67.0	0.10	65.63	70.49	74.8	75.3
米脂	71.7	0.10	36.75	34.17	82.2	59.6
佳县	15.8	0.09	27.03	23.26	100.0	74.2
吴堡	44.7	0.10	47.36	31.93	86.5	57.8
清涧	26.6	0.09	47.46	42.06	82.9	47.6
子洲	37.7	0.08	35.04	29.75	63.2	59.6

从城乡教育指标来看，榆林各县城乡教育水平差距较大。如表 7 所示，从初中毕业生升学率看，各县差异较大，其中升学率最高的是府谷县，为 88%；最低的是佳县，仅为 15.8%；从基础教育师生人数比看，榆林各县差异不大，比值都在 0.07～0.10。

从城乡医疗卫生指标来看，榆林市城乡医疗卫生条件整体比较差，且各县差异较大。从每万人卫生机构床位数看，最高的是绥德县，为 65.63 张/万人；最低的是佳县，为 27.03 张/万人，绥德县是佳县的两倍多；神木县、吴堡县、清涧县的每万人卫生机构床位数也比较多，床位数较少的县分别是横山县、府谷县、神木县。从每万人卫生技术人员数来看，绥德县最高，为 70.49 人/万人；神木县和府谷县也比较高，分别为 60.03 人/万人、58.22 人/万人；其余各县均比较低，其中最低的是佳县，为 23.26 人/万人，仅约为绥德县的 1/3。整体而言，榆林市城乡医疗卫生条件较差，并且各县的差异较大。

从农村社会保障覆盖率来看，在榆林市的 11 个县中，佳县和神木县的农村社会保障覆盖率为100%；子洲县最低，覆盖率仅为63.2%；其余各县覆盖率均在80%上下。从城乡安全饮用水普及率来看，最高的是神木县，为89.9%；其余相对较高的县是定边县、府谷县、绥德县、佳县；最低的是清涧县，为47.6%。整体而言，榆林市的农村社会保障覆盖率和农村安全饮用水普及率都比较低，有待提高。

（二）聚类分析

为进一步分析榆林各县的城乡发展一体化水平，运用K－Means聚类分析法对榆林县域城乡发展一体化进行聚类，结果见表8：

表8　2011年榆林县域城乡发展一体化聚类结果

县域	所属层次	聚类中心	个数
神木、府谷、靖边	第一梯队	1.652	3
定边、吴堡	第二梯队	1.069	2
绥德、米脂、横山	第三梯队	0.889	3
佳县、清涧、子洲	第四梯队	0.784	3

按照其聚类中心，将榆林11个县分为四个梯队，第一梯队以1.652为聚类中心，包括神木县、府谷县、靖边县；第二梯队以1.069为聚类中心，包括定边县和吴堡县；第三梯队以0.889为聚类中心，包括了绥德县、米脂县、横山县；第四梯队以0.784为聚类中心，包括了佳县、清涧县、子洲县。具体分析如下：

第一梯队中有神木县、府谷县、靖边县，在2011年榆林市城乡发展一体化排名前三位。究其原因，可从方面指数考虑。神木县城乡发展一体化水平最高，在其方面指数中，城乡空间一体化和城乡经济一体化均排名第二，城乡社会一体化排名第一。近年来，神木县在城乡发展一体化的各个方面都取得了重大成就。中科院课题组认为神木县是医疗改革的典范，在供方（医院）加大市场化、民营化，在需方（看病者）加大投入，提高居民看病报销比例，使得县内人均住院费用下降，减轻了居民看病负担（艾永华、罗喜林、薛涛玲，2011）。此外，神木县工业转型升级步入快车道，以“六园八区”为载体，大力提升以煤为主的优势产业，着力培养新兴战略产业，致力于做强煤炭产业，做大兰炭、电石等煤炭转化产业，做精化工产业，工业经济迅速转型并得到快速发展（常鹏，2011），这为其城乡发展一体化水平的进一步提高创造了良好的条件。府谷县城乡发展一体化水平仅次于神木县，二者得分差距甚微，府谷县在城乡空间一体化和城乡经济一体化方面都居榆林各县首位，城乡社会一体化排第三位。近年来，府谷县通过资源整合，加快产业转型升级，科学设立了四大工业园区、八大兰炭产业园和三个工业小区，并且煤电化载能工业基地已经初具规模，煤转电、煤化工、煤电载能并驾齐驱的新型工业化发展格局已经初步形成，煤化经济得到迅猛发展（何乃平、刘高岗，2011）；2011年府谷县率先推行15年免费教育，努力推进“教育强县”建设（霍海鹏、何乃平，2011）；同时府谷县加大了对县级公立医院的投资力度，对县人民医院住院部投资1亿元，增加医院的床位数（刘高岗、刘永利，2011）。上述措施有力地推动了府谷的城乡发展一体化进程。靖边县城乡发展一体化总得分排名第三位，其中城乡空间一体化和城乡经济一体化均排在第三位，城乡社会一体化排名第八位。近年来，靖边县统筹城乡一体化发展，加快城镇基础设施建设，全力构建以产业发展和城镇化建设相协调的“一横五纵四板块”空间布局，形成了以城带镇、以镇带村、梯度推进、整体升级的发展格局（刘河，2011）。

第二梯度包括定边县和吴堡县，这两个县的城乡发展一体化水平也比较高。定边县城乡发展一体化排名第四，从方面指数排名来看，定边县城乡经济一体化排第四名，城乡空间一体化和城乡社会一体化均排第五位。定边县高度重视社会福利工作，加大投资力度，社会福利事业稳步推进（王亚甫，2011）；2009年，定边县被陕西省确定为全省重点建设县域工业园区之一，2011年，19个工业项目集中开工，增强了工业经济发展的后续力量（李宗隆，2011）。吴堡县在城乡发展一体化总排名位于第五，其中城乡空间、经济、社会一体化分别排第四、五、六位。吴堡县面积较小，公路交通网密度较高，一定程度上提高了其城乡空间一体化水平；同时人均社会消费品零售额较高，更值得注意的是，吴堡县就业结构中非农产业从业人员所占比重和乡村从业人员非农就业比都比较高，这在很大程度上促进了其城乡经济一体化水平的提高。近年来，吴堡县围绕低碳、环保、循环经济理念，加大投资，全力实施工业强县、旅游兴县战略。一方面立足资源优势，发展能化产业；另一方面凭借特色农业，构建现代农业体系，培育农产品加工龙头企业，打造“吴堡红枣”品牌和肉食品企业（霍喜龙、王海容，2011）。上述措施有力地推动了吴堡的城乡发展一体化。

第三梯队包括绥德县、米脂县、横山县。绥德县城乡发展一体化总排第六位，主要得益于其城乡社会一体化位列榆林各县第一位。绥德县城乡经济一体化水平比较低，排第十位，城乡空间一体化排第七位。绥德县一直较为注重城乡社会一体化发展，特别是在教育、医疗方面更是投入大量资金，使得教育和医疗等社会事业得到快速发展。其中，绥德基础教育师生人数比相对较高，在全省 83 县中排名第四；更重要的是，绥德每万人卫生机构床位数和每万人卫生技术人员数居全省县域第一名，有力地提升了绥德城乡社会一体化水平。米脂县在城乡空间、经济、社会一体化方面的发展差异不如绥德县那样明显，城乡发展一体化总排名居第七，其中城乡经济一体化居第七位，城乡空间一体化排第六位，城乡社会一体化排第四位。盐资源的开发为米脂经济发展带来了新的动力，与此同时，米脂积极发展特色农业，农业产业化水平不断提高。横山县城乡发展一体化总排第八位，但其城乡经济一体化发展相对较好，排第六位；城乡社会一体化发展较差，排倒数第二位；城乡空间一体化排第八位。横山县在城乡教育、医疗、生活环境、社会保障等方面的指数都比较差，特别是初中毕业生升学率和每万人卫生技术人员数在全省都比较低。横山县近年来凭借资源优势发展工业经济，同时做大、做强特色农业产业，推动了城乡经济一体化进程。

第四梯队包括佳县、清涧县和子洲县。这三个县的城乡发展一体化水平最为落后。子洲县在榆林 11 县中，无论是城乡发展一体化总得分还是城乡空间、经济、社会一体化各方面得分均排名最后。清涧县城乡发展一体化总得分和城乡空间一体化得分均排第十位，城乡经济一体化和城乡社会一体化发展稍好，分别排第九位、第七位。清涧县也是榆林市发展比较差的县，资源匮乏，但清涧县近年来结合自身优势发展特色产业，“清涧红枣”、“清涧石板”、“清涧粉条”成为城乡发展的重要依托。佳县城乡经济一体化排名第八，城乡社会一体化和城乡空间一体化均排第九位。佳县的城乡信息化水平较低，特别是固定电话入户率在全省县域排名较低，同时城乡教育和医疗卫生发展也比较落后，基础教育师生人数比和每万人卫生技术人员数在排名全省后几位，城乡在空间和社会一体化方面的落后阻碍了城乡发展一体化进程。

五、结论和建议

本章在对榆林县域基础指标值进行预处理和赋权的基础上，对榆林所辖11个县的城乡发展一体化水平进行了总体评价和聚类分析，并对榆林各县城乡空间一体化、城乡经济一体化、城乡社会一体化三个维度进行了评价。本章结论如下：

从指数大小来看，总体而言，榆林县域城乡发展一体化内部差距较大，两极分化比较严重。在城乡空间一体化方面，府谷县、神木县、靖边县、吴堡县的发展水平较高，而清涧县和子洲县的城乡空间一体化水平则较低；在城乡经济一体化方面，排名前四位的依次是府谷县、神木县、靖边县、定边县，排名最后两位的是绥德县和子洲县，佳县和清涧县的城乡经济一体化发展也比较差。在城乡社会一体化方面，绥德县、神木县、府谷县发展较好，横山县和子洲县发展较差。从具体指标对目标指标的权重来看，城镇化水平、农业机械化水平、城乡居民人均收入比、城乡安全饮用水普及率比的权重较高，对各县城乡发展一体化水平的影响较大。从聚类分析结果来看，神木、府谷、靖边由于城乡发展一体化各个方面发展都比较好，指数差异不大，被聚为一类，而佳县、清涧、子洲各个方面发展都比较落后，被聚为一类。综合以上结论，我们结合榆林各县实际情况，从空间、经济、社会三方面为更好地推动榆林县域城乡发展一体化进程提出建议：

第一，在加强城乡空间联系方面，一是注重提高城乡交通便利性，完善城乡交通网络。加强道路建设，特别是增加农村公路建设投资，力争实现村村通公路，使建制村通车率达到100%，提高公路交通网密度；优先发展公共交通，优化线路和站点设置，延伸城镇公交路线，做到每个镇到县城都有公交，以提高城乡往来便利性。二是提高农村信息化水平，通过技术服务和资金支持，使每个村都有得到宽带服务和数字信息化服务的条件，同时降低宽带和数字信息化服务的使用费用，保证农村信息接收的及时性；建立农业信息网，推广相关农业技术和信息，推进电信网、广播电视网、互联网“三网融合”。三是坚持“县城—大镇—大村”的发展思路，发挥县城的增长极作用，促进城镇经济发展，带动农村发展，加快农村劳动力向城镇和非农产业转移，提高城镇化水平。

第二，在加快城乡经济融合方面，一是转变经济发展方式，建立完整的现代产业体系，实现资源的深度转化和产业结构的多元化。各县应根据其不同的资源优势，以产业园区为载体，构建煤油化工、盐化工等产业链。吴堡县、神木县、府谷县利用煤炭优势，建立煤炭产业发展示范基地；靖边县、神木县、府谷县积极发展油气及电力产业；定边县、子洲县、米脂县积极开发其油气和岩盐资源，在初期发展中建立相应的产业链。二是依托优势品牌，发展特色农业。榆林市的农业特色较为明显，靖边县、定边县、横山县积极发展马铃薯及相应的淀粉加工产业，清涧县、吴堡县、佳县应致力于建立优质的红枣基地，打造“红枣”品牌，横山县加大对养羊的投入，发展羊绒、羊肉等相关产业，打造“横山羊肉”品牌。三是凭借自然景点和人文景点的优势，积极发展以旅游业为龙头的现代服务业。榆林市集沙漠风光、黄土风情、历史文化、红色革命文化于一身，每个县都有其特色景致，各县可结合自身特点积极发展旅游业，促进城乡协调发展。

第三，在促进城乡社会均衡方面，一是促进城乡教育均衡发展，重点建设乡镇幼儿园，解决入园难、入园贵等问题；优化初高中教育，做强职业教育，建立行业、企业、学校协调统一的职业技术人才培养格局；强化教师队伍，实施“引才计划”，实现教育资源在城乡之间均衡配置。二是加快城乡卫生事业发展，继续推进和完善神木、府谷的新型医改模式，其他各县要结合自身的实际情况，借鉴神木和府谷的经验，深化医药卫生体制改革，加强乡镇卫生院和村级卫生室的标准化建设，提高农村医疗卫生水平，真正实现城乡医疗卫生一体化，共享医疗改革成果。三是以提高各类社会保障覆盖面为重点，完善城乡居民社会保障和社会救助体系，推进新型农村社会养老保险覆盖制度，完善城镇职工和居民养老保险制度，构筑新型社会救助体系。四是加快低标准农村供水工程更新改造，提高农村安全饮用水普及率，改善农村居民生活条件。

参考文献

[1] 白永秀，王颂吉等. 陕西县域城乡发展一体化水平评价报告（2013）[M]. 北京：中国经济出版社，2013.

[2] 李小三，徐鸣. 关于县域经济的理论思考[J]. 江西社会科学，2000（3）：84-89.

[3] 苏为华. 多指标综合评价理论与方法问题研究[D]. 福建：厦门大学硕士学位论文，2000（9）.

[4] 王明涛. 多指标综合评价中权数确定的离差、均方差决策方法[J]. 中国软科学. 1999（8）.

[5] 薛薇. 统计分析与spss的应用（第3版次）[M]. 北京：中国人民大学出版社，2011.

[6] 艾永华，罗喜林，薛涛玲. 神木医改是最成功改革之一[N]. 陕西日报，2011-11-24（7）.

[7] 常鹏. 神木县工业转型升级步入快车道[N]. 榆林日报，2011-09-03（4）.

[8] 何乃平，刘高岗. 府谷：加快工业转型升级[N]. 榆林日报，2011-12-16（1）

[9] 霍海鹏，何乃平. 府谷教育：率先推行十五年免费[N]. 陕西日报，2011-03-28.

[10] 刘高岗，刘永利. 府谷实施医疗卫生综合改革[N]. 榆林日报，2011-11-01.

[10] 刘河. 靖边县科学规划统筹城乡一体化发展[N]. 榆林日报，2011-12-16.

[12] 王亚甫. 定边县社会福利事业稳步推进[N]. 榆林日

报，2011－11－16.

［13］李宗隆．定边县工业新区19个工业项目集中开工［N］．榆林日报，2011－10－ 21.

［14］霍喜龙，王海容．吴堡百亿元构建现代产业体系［N］．榆林日报，2011－07－25.

Evaluation of the Integration of Urban－rural Development of Counties in YuLin in 2011

Bai Yongxiu　Liu Pan　Wang Songji

Abstract：Integration of urban－rural development is to solve the "three rural" issues the fundamental way，and the of role of county in it has become increasingly important. So promoting the integration of urban－rural development in county is an important foundation to achieve integration of urban－rural development. In this paper，we research the level of development of urban－rural counties in Yulin，and create the evaluation system from spatial，economic，social aspects，and use AHP and k－means method to analyse. We conclude that（1）internal differences and polarization phenomenon is more serious；（2）the level of urbanization，agricultural mechanization level，urban and rural residents per capita income and the rate of safe drinking water all have higher right and big influence on the integration of development of urban－rural in every county.

Key Words：YuLin；the integration of urban－rural development in county；AHP；k－means

县域城乡发展一体化水平评价

——以陕西安康为例

宋丽婷　白永秀　王颂吉*

摘　要： 县域城乡发展一体化可以从根本上改造传统农业、发展农村社会事业、实现农民生活方式转型。本文通过构建县域城乡发展一体化评价指标体系，运用层次分析法和均方差决策分析法相结合的方法对安康各县2011年的城乡发展一体化水平及其各维度发展水平做出测度和评价。结果表明，2011年安康县域城乡发展一体化水平较低，其中最高的为宁陕，其次为石泉、白河、旬阳、镇坪、汉阴、平利、紫阳，排在最后的为岚皋，且各县的城乡发展各具特色。

关键词： 城乡发展一体化　指标体系　层次分析法　均方差决策分析法

---

*　宋丽婷（1990—），女，山西省和顺县人，西北大学经济管理学院硕士研究生，研究方向：城乡发展一体化；白永秀（1955—），陕西省清涧县人，西北大学经济管理学院教授，博士生导师，研究方向：后改革时代城乡发展一体化；王颂吉（1986—），山东省寿光市人，西北大学经济管理学院博士研究生，研究方向：城乡经济社会发展。

一、引言

面临日益突出的城乡矛盾，城乡发展一体化是全面建设小康社会的重要举措[1]。县域作为国民经济的基本单位，是城市和乡村的重要连接点，是城乡发展一体化的重要抓手。加快推进县域城乡发展一体化，可以从根本上改造传统农业、发展农村社会事业、实现农民生活方式转型[2]，因而具有重要意义。

安康地处陕西省东南部，居川、陕、鄂、渝交接地带，因境内土壤含硒元素丰富，安康被誉为“中国硒谷”。安康市下辖汉滨区、汉阴县、石泉县、宁陕县、紫阳县、岚皋县、平利县、镇坪县、旬阳县、白河县1区9县，全市国土面积23536平方公里，2011年底常住人口263.07万人。2011年，安康生产总值达到407.17亿元，人均GDP达到15477元，三次产业增加值比重为18:45:37；全市农民人均纯收入5009元，城镇居民人均可支配收入17365元，城乡居民人均收入之比为3.47:1，城乡差距显著。

本文首先构建县域城乡发展一体化评价指标体系，然后运用层次分析法和均方差决策分析法相结合的方法确定指标权重，继而对安康各县2011年的城乡发展一体化水平做出总体评价和分维度评价，最后得出结论和政策建议。

二、县域城乡发展一体化的内涵与指标体系构建

（一）县域城乡一体化内涵

县域城乡发展一体化是一种以工促农、以城带乡、工农互惠、城乡一体的新型城乡关系，它是生产力发展到一定水平、城乡关系演进到一定阶段的必然产物。具体地说，县域城乡发展一体化是在工业化、城镇化、农业现代化以及信息化发展到一定阶段的基础上，在保持城乡发展特色和功能分工的前提下，依托城乡生产要素集聚和发展成果共享机制，打破城乡分割对立状态，促进城镇与农村在空间布局上的优化、要素流通上的顺畅、资源配置上的均衡、居民权利上的平等、功能特色上的互补，逐步缩小城乡差距，实现

城乡互动融合发展。

从内容上看，县域城乡发展一体化应该包括空间、经济、社会等维度的城乡一体。城乡空间一体化主要指城乡空间联系的紧密性与协调性不断加强，城乡经济一体化主要指部门经济活动的城乡协调、居民收入与消费城乡差距缩小，城乡社会一体化指城乡居民在教育、医疗、社会保障、生活环境等公共服务方面实现均衡享受。

（二）县域城乡发展一体化评价指标体系构建

1. 指标体系的构建原则与方法

城乡发展一体化强调城乡之间是一个有效集聚、有机疏散、高度协调的地域空间合作系统，它包含多个层面的内容，因而应采用多指标综合评价法。多指标综合评价法要求指标体系的构建必须遵循一定的规则。第一，系统性原则。城乡发展一体化指标体系要能反映城乡发展一体化的各个方面。第二，科学性原则。城乡发展一体化指标体系既要反映一体化的本质特征和发展规律，又要做到不重复、不遗漏。第三，可操作性原则。城乡发展一体化水平的高低建立在实证分析基础之上，这要求指标体系在理论框架的约束下符合实际情况，便于计算。

本文综合使用理论分析法、频度分析法和专家咨询法等方法对评价指标进行选择。首先，在对城乡发展一体化内涵进行理论界定的基础上，确定城乡发展一体化水平评价的空间、经济、社会三个维度。其次，采用理论分析与频度分析相结合的方法选择每一个维度的分项指标和基础指标。最后，召开专家论证会，对按照上述两个步骤建立的评价指标体系进行论证，确定县域城乡发展一体化水平评价指标体系。

2. 县域城乡发展一体化指标体系

根据城乡发展一体化的内涵和指标体系的构建原则，本书构建了包括四级指标的县域城乡发展一体化水平评价指标体系。其中，城乡发展一体化为目标指数，城乡空间一体化、城乡经济一体化、城乡社会一体化为三个方面指数，每个方面指数包含若干分项指标，每个分项指标包含一个或多个基础指标，如表 1 所示。

表1　县域城乡发展一体化水平评价指标体系

目标指数	方面指数	分项指标	基础指标	计量单位	属性
城乡发展一体化	城乡空间一体化	城乡空间集聚	城镇化水平	%	正
		城乡往来便利性	公路交通网密度	公里/平方公里	正
		城乡信息化	有线电视入户率	%	正
			固定电话入户率	%	正
	城乡经济一体化	城乡经济发展水平	人均 GDP	元	正
			人均固定资产投资	元	正
			人均社会消费品零售额	元	正
		城乡产业结构	非农产业增加值所占比重	%	正
			农业机械化水平	千瓦/公顷	正
		城乡就业结构	非农产业从业人员所占比重	%	正
			乡村从业人员非农就业比	%	正
		城乡收入差距	城乡居民人均收入比	—	逆
	城乡社会一体化	城乡教育	初中毕业生升学率	%	正
			基础教育师生人数比	—	正
		城乡医疗	每万人卫生机构床位数	张/万人	正
			每万人卫生技术人员数	人/万人	正
		城乡社会保障	农村社会保障覆盖率	%	正
		城乡生活环境	城乡安全饮用水普及率比	%	逆

三、数据来源、指标处理与权重生成

（一）数据来源

各县原始数据来源于《安康统计年鉴 2012》、《陕西统计年鉴 2012》（陕西省统计局、国家统计局陕西调查总队编，中国统计出版社 2012 年版）、《陕西区域统计年鉴 2012》（陕西统计局编，中国统计出版社 2012 年版）、《中国县（市）社会经济统计年鉴 2012》（国家统计局农村社会经济调查司编，中国统计出版社 2012 年版）以及陕西省统计局编制的《陕西县域经济监测排行榜 2011》。具体而言，县域面积、常住人口来源于《安康统计年鉴 2012》；社会消费品零售总额、常用耕地面积、农业机械总动力来源于《陕西统计年鉴 2012》；第一产业增加值、第二产业增加值、第三产业增加值、卫生机构床位数、普通小学在校学生数、普通中学在校学生数、普通小学专任教师数、普通中学专任教师数来源于《陕西区域统计年鉴 2012》；乡村从业人员数、农林牧渔业从业人员数、年末总户数、固定电话用户数来源于《中国县（市）社会经济统计年鉴 2012》；城镇化水平、人均 GDP、固定资产投资总额、有线电视入户率、城镇居民人均可支配收入、农民人均纯收入、每万人卫生技术人员数、农村社会保障覆盖率、农村安全饮用水普及率、初中毕业生升学率来源于《陕西县域经济监测排行榜 2011》。需要指出的是，由于统计资料中缺少安康各县公路总里程和各县总就业人数，本章这两个指标的数据来源于安康市统计局内部资料。此外，我们假定各县城镇安全饮用水覆盖率为 100%，以此来计算城乡安全饮用水普及率比。

（二）指标处理与权重生成

安康县域城乡发展一体化水平评价指标体系中的基础指标值，均在相关原始数据的基础上计算而得。为避免因指标属性不同而对评价结果产生影响，我们通过对逆向指标取倒数使其正向化；为避免因指标量纲不同而对测度结果产生影响，我们对数据采取均值化的方法进行无量纲化处理，均值化公式为：

$$y_{ij} = x_{ij} / \overline{x_j}$$

其中，$\overline{x_j} = \frac{1}{p}\sum_{i=1}^{p} x_{ij}$

安康县域城乡发展一体化水平评价指标体系包含四级指标，我们采用层次分析法与均方差决策法相结合的方法进行赋权。其中从分项指标到方面指数和从分项指数到目标指数的权重由层次分析法确定，基础指标对分项指标的权重由均方差决策法确定。

层次分析法（Analytic Hierarchy Process，AHP）是美国著名运筹学家萨蒂教授（T. L. Santy）于 20 世纪 70 年代提出的对方案的多指标系统进行分析的一种层次化、结构化的决策方法[3]。层次分析法关键是要建立层次结构和构造判断矩阵，层次结构的建立要与理论界定相符，判断矩阵的构造能够反映评价者对指标重要程度的认识，可以避免评价的机械性。

均方差决策方法所确定的各指标相对权重系数大小取决于在该指标下各方案属性值的相对离散程度，若该指标离散程度越大，则该指标的权系数也越大[4]。其计算公式为：$W_j = \dfrac{\sigma(x_j)}{\sum_{j=1}^{m}\sigma(x_j)}$

其中δ（x_j）为指标x_j的均方差，计算公式为：$\sigma(x_j) = \sqrt{\dfrac{\sum_{i}^{n} = 1(x_{ij-}\bar{x_j})^2}{n-1}}$

均方差决策方法能够保留数据的原始信息，是一种客观的赋权方法，能够体现在分项指标中该指标的评价能力的大小。与层次分析法结合起来评价县域城乡发展一体化水平，能够达到客观与主观相结合、理论重要性与数据解释性相结合的效果。

采用以上赋权方法，得到的安康县域城乡发展一体化指标赋权结果如表2所示。

表2　安康县域城乡发展一体化指标赋权结果

目标指数	方面指数	分项指标	基础指标	对分项指标权重	对方面指数权重	对目标指数权重
城乡发展一体化	城乡空间一体化（0.222）	城乡空间集聚（0.444）	城镇化水平	1.000	0.444	0.099
		城乡往来便利性（0.333）	公路交通网密度	1.000	0.333	0.074
		城乡信息化（0.222）	有线电视入户率	0.544	0.121	0.027
			固定电话入户率	0.456	0.101	0.023
	城乡经济一体化（0.444）	城乡经济发展水平（0.211）	人均GDP	0.455	0.096	0.043
			人均固定资产投资	0.396	0.083	0.037
			人均社会消费品零售额	0.149	0.031	0.014
		城乡产业结构（0.263）	非农产业增加值所占比重	0.198	0.052	0.023
			农业机械化水平	0.802	0.211	0.094

续表

目标指数	方面指数	分项指标	基础指标	对分项指标权重	对方面指数权重	对目标指数权重
城乡发展一体化	城乡经济一体化（0.444）	城乡就业结构（0.263）	非农产业从业人员所占比重	0.435	0.114	0.051
			乡村从业人员非农就业比	0.565	0.149	0.066
		城乡收入差距（0.263）	城乡居民人均收入比	1.000	0.263	0.117
	城乡社会一体化（0.333）	城乡教育（0.263）	初中毕业生升学率	0.497	0.131	0.044
			基础教育师生人数比	0.503	0.132	0.044
		城乡医疗（0.263）	每万人卫生机构床位数	0.538	0.137	0.046
			每万人卫生技术人员数	0.462	0.127	0.042
		城乡社会保障（0.211）	农村社会保障覆盖率	1.000	0.211	0.070
		城乡生活环境（0.263）	城乡安全饮用水普及率比	1.000	0.263	0.088

四、安康县域城乡发展一体化水平评价

（一）测度结果

我们把处理过的安康县域基础指标值与基础指标权重相乘，可以得到安康各县城乡发展一体化指数及其排名，测度结果见表3。

表3　2011年安康县域城乡发展一体化指数及排名

县域	方面指数			城乡发展一体化指数	排名
	城乡空间一体化指数	城乡经济一体化指数	城乡社会一体化指数		
宁陕	0.768	1.016	0.982	0.949	1
石泉	0.913	0.899	1.028	0.945	2

续表

县域	方面指数			城乡发展一体化指数	排名
	城乡空间一体化指数	城乡经济一体化指数	城乡社会一体化指数		
白河	0.907	0.846	0.913	0.882	3
旬阳	1.047	0.689	0.934	0.850	4
镇坪	0.732	0.784	1.011	0.848	5
汉阴	0.974	0.757	0.854	0.838	6
平利	0.798	0.743	0.912	0.811	7
紫阳	0.914	0.735	0.813	0.801	8
岚皋	0.776	0.692	0.900	0.780	9

由表3可知，2011年安康市的城乡发展一体化指数及其方面指数均在0.689~1.047的范围内波动，其中城乡经济一体化指数的波动范围最大，为0.689~1.016，跨幅达到0.327；而城乡社会一体化指数波动最小，安康9县的最大差距仅为0.215，指数在0.813~1.028；城乡空间一体化指数在0.732~1.047波动；城乡发展一体化指数在0.780~0.949波动。

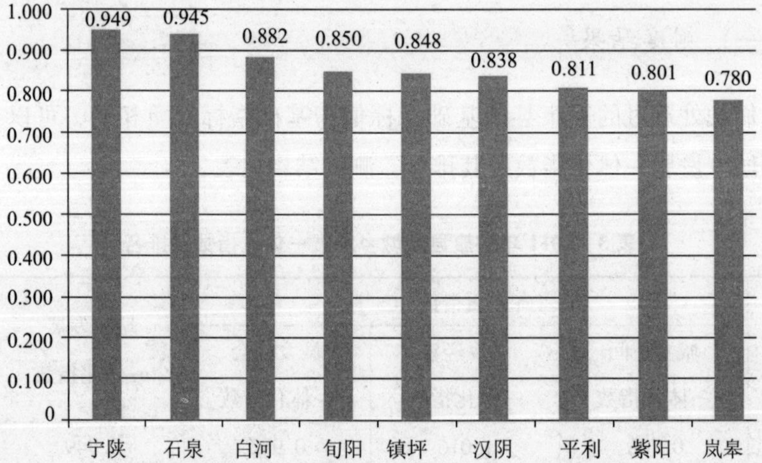

图1　2011年安康县域城乡发展一体化指数排名

由图1可知，2011年安康县域城乡发展一体化水平最高的为宁陕，指数值为0.949；其次为石泉，指数值为0.945；其余各县排名依次为白河、旬阳、镇坪、汉阴、平利、紫阳，排在最后的为岚皋。

（二）聚类分析

为进一步分析安康各县的城乡发展一体化水平，对安康各县的城乡发展一体化指数做K－Means聚类分析，可得安康县域城乡发展一体化聚类情况（见表4）：

表4　安康城乡发展一体化聚类结果

县域	所属层次	聚类中心	个数
宁陕、石泉、白河、旬阳、镇坪、汉阴	第一梯队	0.889	6
平利、紫阳、岚皋	第二梯队	0.784	3

由表4可见，我们可将安康9县按照城乡发展一体化水平分为两类，其中宁陕、石泉、白河、旬阳、镇坪、汉阴属于第一梯队，平利、紫阳、岚皋属于第二梯队。总体来看，安康市所辖县域的城乡发展一体化水平较落后。

宁陕在安康县域城乡发展一体化水平评价中得分最高。究其原因，可从方面指数考虑。表3显示，宁陕的城乡经济一体化指数为1.016，大大高于其他各县；城乡社会一体化指数为0.982，排名第三，也较为靠前；虽然城乡空间一体化较落后，位于安康第八位，但其城乡经济一体化的突出优势和城乡社会一体化的快速发展使宁陕总的城乡发展一体化排名遥遥领先。在城乡空间一体化方面，地处秦岭腹地的宁陕县，近年来不断加大投入，着力改善交通条件，全县实现了乡镇和村100%通柏油路或水泥路，80%的组通水泥路，并着力建设连户水泥路，目前全县人民大部分告别了“下雨天穿两双鞋下街”的历史[5]。在城乡经济一体化方面，一是农村经济稳步发展，启动了食用菌和大鲵养殖产业园区建设，全年粮食产量达到1.9万吨，转移农村劳动力1.7万人，有力地推动了城乡经济一体化；二是工业经济快速增长，县域工业园区收储用地9.21公顷，园区聚集效应初步显现，大大提高了宁陕的经济总量；三是旅游产业强势推进，宁陕依托优越的自然资源，全年引进上若意境、养生谷、翡翠山庄等旅游项目，大嵩沟社区旅游接待中心、森林大酒店等完成投资4.3亿元，山地音乐节和摄影大赛成功举办，提高了宁陕的知名度，被省政府评为全省十大旅游产业发展先进县①。在社会事业方面，一是从教育上近年来分别出台并落实了“营养计划”、职业教育免费、高中教育免费等政策，2011年8月，宁陕县政府决定从2011年秋季开学开始，免除该县所有幼儿园的保教费，实现从幼儿园到高中的15年免费教育[6]；二是医疗社保上，宁陕新合疗自2007年实施以来，通过大力宣传合疗政策，优化服务，规范管理资金等措施，新农合参合率连续5年位列全市第一[7]，被省政府授予新型农村合作医疗管理先进县，与此同时，对全县1034户五保户，实现了集中安置、集中供养，并坚持建管结合，进一步规范了敬老院、集中安置点的管理，财政每年预算30万元资金用于管理人员工资和五保户医疗治病[8]，大大推进了宁陕的城乡社会一体化。在此背景下，宁陕的城乡发展一体化快速推进。

位于安康县域城乡发展一体化水平第2位的是石泉县，城乡发展一体化指数值为0.945，略低于宁陕；石泉县的城乡空间、经济、社会一体化水平均处于前列，分别位于安康的第4、第2、第1位，说明石泉各个维度的城乡一体化都得以稳步推进。具体而言，在城乡空间一体化方面，石泉2011年建成通乡油路4条96.7公里，完成通村示范路建设74条327公里，使得县、乡、村公路通畅率分别达到98%、90%、85%，同时行政村班车通达率达到91%②，大大促进了其城乡空间一体化进程。在城乡经济一体化方面，一是工业经济突出园区建设、招商引资，打造壮大“绿色能源、丝绸服饰、矿产、医药化工、建材、富硒食品”六大产业体系，促成了水利设备制造、LED光电科技等一批支撑力较强的项目落地，成功培育了4家规模企业，全年实现规模以上工业总产值37.79亿元；二是把农业作为“三化”联动的基础，加快推进桑蚕、畜牧及区域特色产业规模化、标准化、专业化发展，进一步提升了农业现代化水平，先后引进嘉晟有限公司、博硒实业有限公司、陕西三

① 宁陕县2011年经济社会发展概况．安康市统计局．安康市统计年鉴，2012：291.

② 石泉．安康市统计局．安康市统计年鉴，2012：288.

禾蓝莓科技公司等入住池河生态产业园和两河现代农业园，大大提升了农业生产能力；三是在城乡就业方面，完成农村劳动力转移就业 4.15 万人，新增转移就业 5440 人，创收 5.47 亿元①。在城乡社会一体化方面，一是教育事业持续发展，完成了 4 所镇中心幼儿园标准化建设，学前教育网络基本实现全覆盖，高中阶段入学率达到 96%，全年共争取资金 173.8 万，资助各类贫困学生 3054 人次，教育事业成绩显著；二是在医疗方面，医疗卫生体制改革不断深化，石泉农民群众参合受益率达到 90% 以上，特别是像肺结核、儿童白血病、先天性心脏病等重症患者都能够看得起病[9]；三是近年来稳步推进保障房建设，在 2008 年建成了长办巷等 3 处廉租住房，累计保障低保住房困难户 550 户，2009 年竣工堡子湾、水井巷等 7 处廉租房，2010 年健全了统筹城乡发展的住房保障体系，2011 年分区建设万人社区、公租房小区、幸福家园等[10]。在此背景下，石泉的城乡发展一体化稳步推进。

白河、旬阳、镇坪、汉阴的指数值均在 0.850 左右，分别为 0.882、0.850、0.848、0.838，这 4 个县的城乡发展一体化水平较为接近。其中，白河的城乡经济一体化发展较好，位于安康市第 3 位，城乡空间、社会一体化排名均为第 5 位。旬阳城乡空间一体化一枝独秀，远高于其他各县，其县城规模快速扩张，集聚和辐射能力明显增强，涌现出了一批具有鲜明特色的新型集镇和新村，同时襄渝铁路复线、西康高速公路、十天高速公路建成通车，西康铁路复线顺利实施，累计改造通乡公路 205 公里，修建通村水泥路 1800 公里，交通“瓶颈”制约逐步缓解②。旬阳城乡社会一体化发展适中，位于安康第 4；但其城乡经济一体化发展很差，排在安康最后一名，县域经济总量相对较小，产业化水平仍然较低，落后的城乡经济一体化拉后了其城乡发展一体化排名。镇坪的城乡经济、社会一体化发展优先，分别位于第 4 和第 2 位，经济社会保持了较快发展的良好态势，但是城乡空间一体化发展落后，

① 石泉．安康市统计局．安康市统计年鉴 2012：288.

② 张益民．旬阳县 2012 年政府工作报告［EB/OL］．（2012－01－07）安康市人民政府网站：http：//www.ankang.gov.cn/govzwzc/gzbg/xqzf/（2012）/10/15/10204049873.shtml.

为安康城乡空间一体化指数最低的县域，说明城乡空间一体化是其软肋①。汉阴城乡发展一体化水平排名第六位，但其城乡空间一体化排名靠前，位于第二位，其交通建设五年来实现了历史性突破，全县新建、改造公路204条1083公里，打通了南北环线，实现了镇镇通油路、村村通水泥路，成功创建为全省农村交通运输示范县②，有线电视实现数字化转换，互联网进村入户，移动电话基本普及，信息化水平不断提升，这些措施大大提升了汉阴的城乡空间一体化水平。

属于第四梯队的平利、紫阳、岚皋的城乡发展一体化指数值分别为0.811、0.801、0.780，排名位于安康后三位。其中，平利三维度指数排名均为第六，说明平利在城乡空间、经济、社会一体化三方面发展水平都较低，经济总量仍然较小，地方财政增收艰难，基础设施建设力度不够。紫阳城乡社会一体化排名最低，城乡社会事业发展落后，医疗体制急需深化改革，社会保障体系仍不健全，社会管理和公共服务还很薄弱。岚皋城乡发展一体化水平排名最后，是因为其城乡空间、经济一体化发展落后。岚皋基础设施、资源环境制约多，经济总量小、人均水平低，导致岚皋城乡发展一体化水平落后。

（三）安康县域城乡发展一体化水平分维度评价

在对安康县域城乡发展一体化水平作了总体评价之后，我们进一步对安康县域城乡空间一体化、城乡经济一体化、城乡社会一体化等三个维度进行评价。

1. 城乡空间一体化

通过把处理过的安康县域城乡空间一体化基础指标值与基础指标权重相乘，可以得到安康各县城乡空间一体化指数及其排名，测度结果见图2。

---

① 周耀宜. 镇坪县2012年政府工作报告［EB/OL］.（2012－01－11）安康市人民政府网站：http：//www. ankang. gov. cn/govzwzc/gzbg/xqzf/2012/10/15/14314949883. shtml

② 周永鑫. 汉阴县2012年政府工作报告［EB/OL］.（2012－01－06）安康市人民政府网站：http：//www. ankang. gov. cn/govzwzc/gzbg/xqzf/2013/02/19/09562155024. shtml

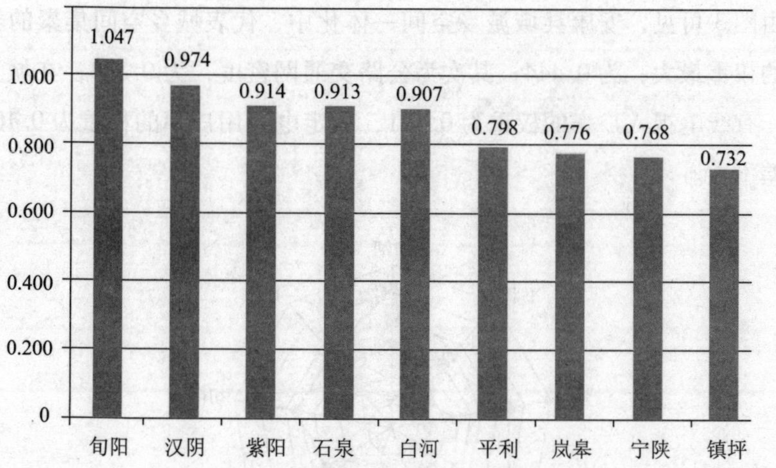

图 2　2011 年安康县域城乡空间一体化指数

通过图 2 和 3 可以发现，2011 年安康县域城乡空间一体化水平得分最高的是旬阳县，为 1. 047；第二名是汉阴，得分为 0. 974；其余各县排名依次为紫阳、石泉、白河、平利、岚皋、宁陕，排名最后的为镇坪，指数值为 0. 732。由图 2 可知，旬阳空间一体化优势明显，排名第六位的平利与第五位的白河差异较大。

为具体分析各县的城乡空间一体化发展情况，需从基础数据角度着手，图 3 为安康县域空间一体化基础指标权重。

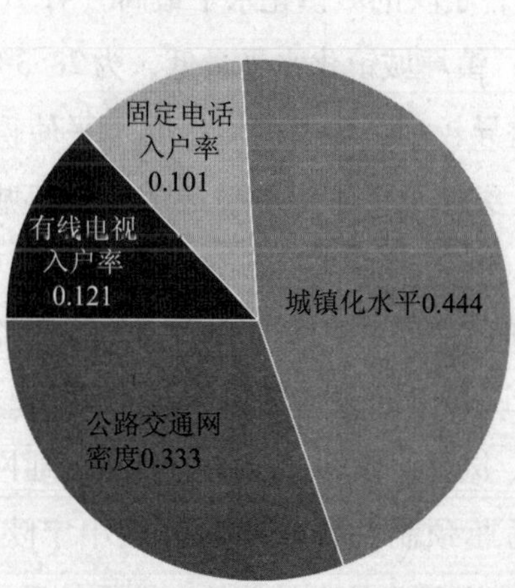

图 3　2011 年安康县域城乡空间一体化基础指标权重

由图3可见，安康县域城乡空间一体化中，代表城乡空间集聚的城镇化水平的权重最大，为0.444；其次为公路交通网密度，为0.333；在城乡信息化中，有线电视入户率的权重为0.121，固定电话用户率的权重为0.101，二者相差不大。

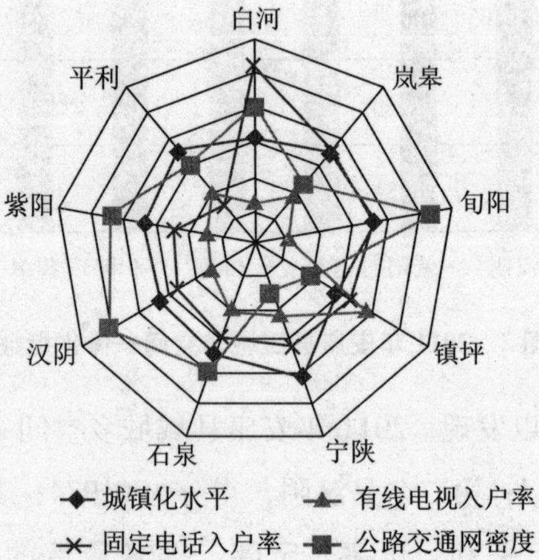

图4　2011年安康县域城乡空间一体化基础指标

由图4可见，安康的县域城乡空间一体化数据差异显著，其中尤以固定电话入户率和公路交通网密度最为突出。

从城镇化水平来看，宁陕的城镇化水平最高（41.3%），远远高于排名第二位的旬阳（36.2%）；镇坪城镇化水平最低，为28.3%，其余各县城镇化水平均在31%～36%，差异较小。较高的城镇化水平使得旬阳的城乡空间一体化遥遥领先；镇坪的城乡空间一体化水平最低，与其城镇化水平最低有直接关系。

从代表城乡便利性的公路交通网密度来看，旬阳排名第一，为1.35公里/平方公里，这与其近年来该县交通条件的大大改善相关；其次是汉阴，为1.27公里/平方公里，平利、岚皋、镇坪、宁陕的公路交通网密度显著低于其余各县，说明这4县的交通瓶颈制约仍未解除。其中宁陕的公路交通网密度为0.37公里/平方公里，为安康9县中最低的，严重拉后了其城乡空间一体化水平；镇坪较低的公路交通网密度是其成为城乡空间一体化排名最末县域的重要因素。

从城乡信息化角度来看，镇坪的有线电视入户率最高，为38.8%，旬阳最低，为10.3%；白河的固定电话入户率显著高于其他各县，为52%，平利最低，为14.45%。

2. 城乡经济一体化

通过把处理过的安康县域城乡经济一体化基础指标值与基础指标权重相乘，可以得到安康各县城乡经济一体化指数及其排名，测度结果见图5。

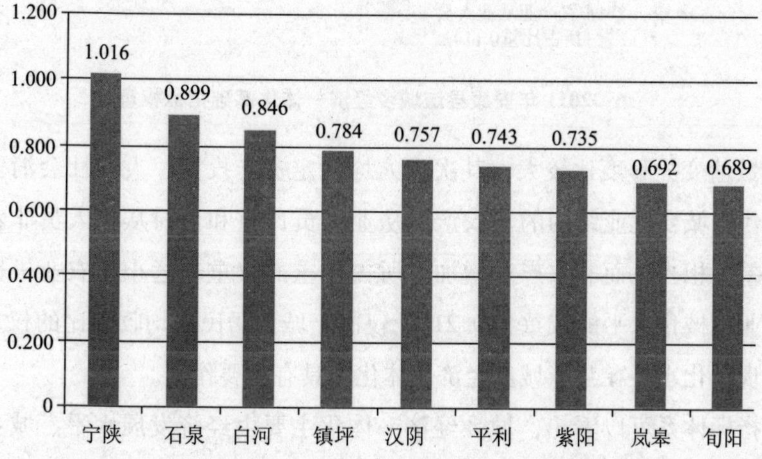

图5 2011年安康县域城乡经济一体化指数

由图5可知，2011年安康县域城乡经济一体化水平得分最高的是宁陕，指数值为1.016，远高于排名第二位的石泉；石泉城乡经济一体化指数值为0.899，其余各县城乡经济一体化排名依次为白河、镇坪、汉阴、平利、紫阳、岚皋，排名最末的为旬阳，指数值为0.689。

为具体分析各县的城乡经济一体化发展情况，需从基础数据角度着手，图6为安康县域城乡经济一体化基础指标权重。

由图6可知，城乡经济一体化基础指标中，权重最大的为代表城乡居民收入差距的城乡居民人均收入比，权重为0.263；其次是农业机械化水平，权重为0.211。代表经济发展水平的人均GDP、人均固定资产投资、人均社会消费品零售额的三个指标权重中，人均GDP的权重最大为0.096，说明人均

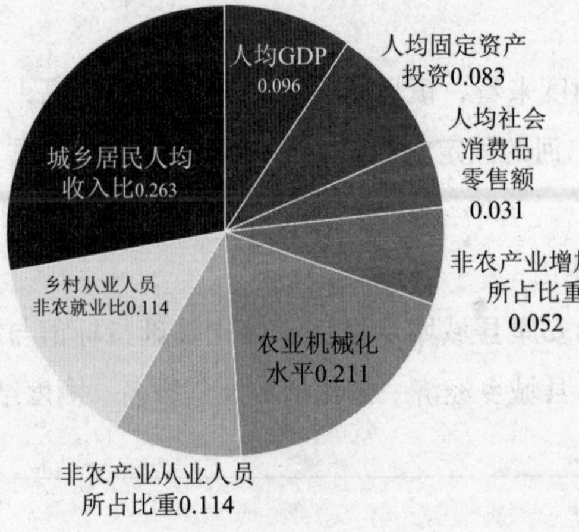

6　2011 年安康县域城乡经济一体化基础指标权重

GDP 的数值变异程度比较大，其次为人均固定资产投资、人均社会消费品零售额；代表城乡就业结构的非农产业从业人员比重和乡村从业人员非农就业比县域差距相当，而非农产业增加值所占比重的权重却远小于农业机械化水平，农业机械化水平的权重为 0. 211，仅次于城乡居民人均收入比的权重，说明农业现代化水平在县域城乡经济一体化中具有重要作用。

从指标体系可以看出，城乡经济一体化主要由经济发展水平、城乡产业结构、城乡就业结构和城乡收入差距所体现的，为分析各县的城乡经济一体化发展情况，需要从这四方面的基础指标作具体的分析，因为城乡产业结构与城乡就业结构是体现城乡经济结构的具体内容，所以我们将这两个方面放在一起分析。

（1）经济发展水平

将 2011 年安康县域经济发展水平的基础数据整理作图 7。由图 7 可知，人均固定资产投资、人均 GDP 的县域变异程度显著大于人均社会消费品零售额，这与上文对基础指标权重的分析相符合。从人均 GDP 和人均固定资产投资来看，宁陕均为最大，其中人均 GDP 为 20802 元，人均固定资产投资为 14240. 85 元，说明 2011 年宁陕经济增长活力较强，对宁陕位居城乡经济一体化首位产生了显著影响。其次为石泉，人均 GDP 为 19654 元，人均固定资产投资为 12832. 05 元，与宁陕相差不大，是其城乡经济一体化排名第二的重要影响因素。两个指标的最低值均在紫阳县，说明紫阳经济发展滞后，使得紫阳的城乡经济一体化水平严重落后。从人均社会消费品零售额来看，各县的差异显著小于前两个指标，其中最大的仍为宁陕县，达到4219.43元；其次是白河、旬阳、紫阳，人均社会消费品零售额均在4000元以上，紫阳虽然经济总量小，但是消费水平并不是最低；最低的是汉阴，仅为3494.80元，说明汉阴的社会消费潜力有待开发。

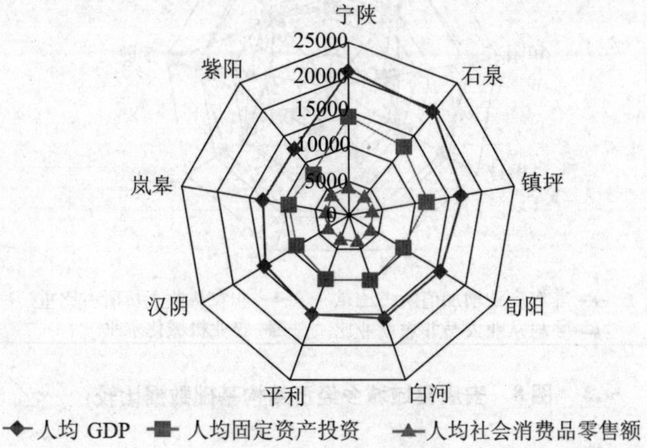

图7　安康县域经济发展水平基础数据比较

（2）城乡经济结构

将安康各县2011的城乡产业结构和城乡就业结构的基础数据整理作图8。由图8可见，城乡经济结构的基础数据中农业机械化水平的县域差距最为明显，而非农产业增加值所占比重和非农产业从业人员所占比重的县域差异最小，跨幅分别为0.13、0.14。

从城乡产业结构来看，非农产业增加值比重最大的为旬阳，数值为0.86，即旬阳的生产总值中86%，是第二三产业增加值，说明旬阳的产业结构较好，县域经济主要靠非农经济拉动；但旬阳的农业机械化水平较低，仅为4.66千瓦/公顷，农业现代化水平有待提高。石泉的生产总值中85%是第二三产业增加值，与旬阳相差不大，农业机械化水平为7.85千瓦/公顷。城乡经济一体化排名第一的宁陕，其非农产业增加值所占比重为80%，处于较高水平；农业机械化水平最高，为14.42千瓦/公顷，显著高于其他各县，说明宁陕的城乡产业结构具有优势。产业结构最差的为紫阳，非农产业增加值比重为73%，农业机械化水平仅为4.90千瓦/公顷，说明紫阳一方面应大力发展第二三产业，优化产业结构，另一方面要提高农业现代化水平，促进农业产业化和规模化经营。

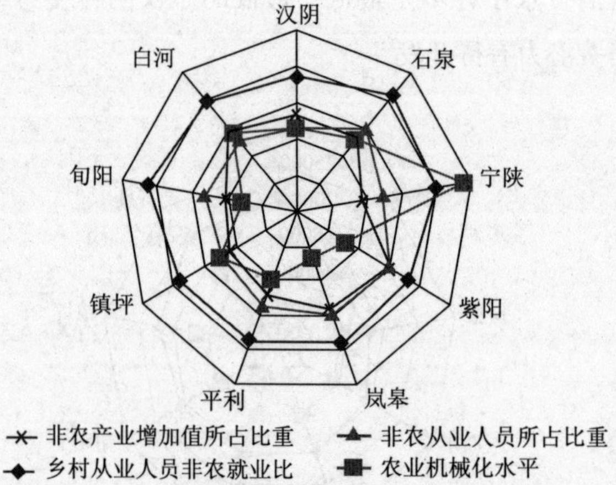

图8　安康县域城乡经济结构基础数据比较

从城乡就业结构来看，紫阳、石泉的非农就业人员所占比重和乡村从业人员非农就业比的数值均为最大。紫阳和石泉的从业人员中60%从事第二三产业，紫阳乡村从业人口中也是60%从事非农产业，石泉为55%，说明无论从总就业结构来看，还是从乡村就业结构来看，紫阳、石泉的结构都比较优越。宁陕的乡村从业人员非农就业比仅为38%，为最低水平；非农产业从业人员所占比重为49%，处于较低水平，说明宁陕的就业结构有待优化。

（3）城乡居民收入水平

城乡居民收入差距是造成城乡差距的重要原因，只有缩小城乡居民收入差距才有可能实现城乡居民消费水平、城乡生活方式的一体化。表5和图9列出了2011年安康各县的城市居民人均可支配收入、农民人均纯收入、城乡居民人均收入比的基础数值及其比较。

表 5　安康 2011 年各县城乡居民人均收入水平

县域	城镇居民人均可支配收入（元）	农民人均纯收入（元）	城乡居民人均收入比
汉阴	17289	5123	3.37
石泉	17573	5101	3.45
宁陕	16794	4815	3.49
紫阳	17130	5112	3.35
岚皋	17552	4948	3.55
平利	17159	5362	3.20
镇坪	17154	4828	3.55
旬阳	17697	5096	3.47
白河	17033	5007	3.40

由表 5 和图 9 可知，2011 年安康各县的城镇居民人均收入和农民人均纯收入差异显著，城镇人均可支配收入是农民人均纯收入的三倍有余。比较而言，平利的城乡居民人均收入差距最小，农村人均纯收入最高，为 5362 元，城镇居民人均可支配收入为 17159 元，城镇居民人均收入是农村居民的 3.20 倍，处于最低水平。城乡居民收入差距最大的为镇坪，城镇居民人均收入为 17154，农村为 4828 元，城镇是农村的 3.55 倍。

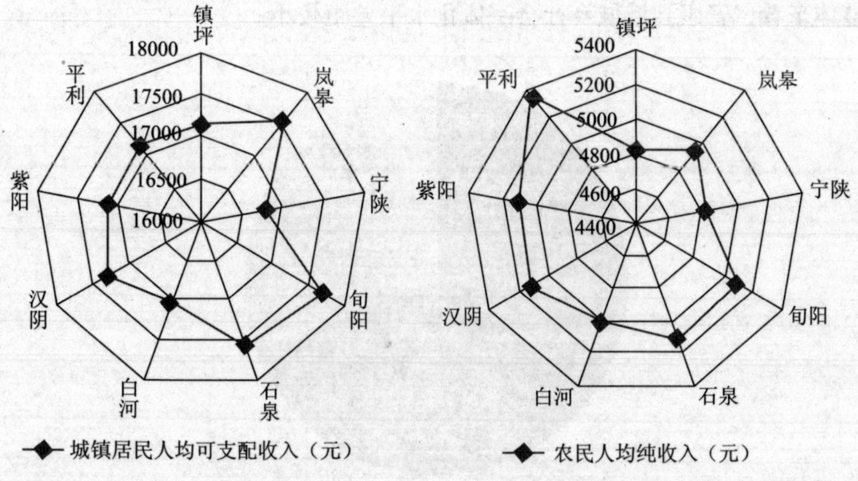

图 9　安康各县 2011 年城乡居民人均收入

（三）城乡社会一体化

通过把处理过的安康县域城乡社会一体化基础指标值与基础指标权重相乘，可以得到安康各县城乡社会一体化指数及其排名，测度结果见图 10。

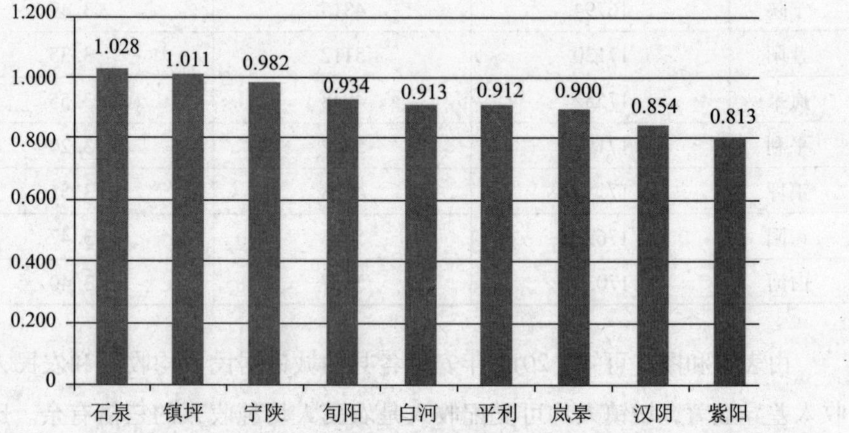

图 10　2011 年安康县域城乡社会一体化指数

通过图 10 可以发现，2011 年安康县域城乡社会一体化水平得分最高的是石泉县，为 1.028；镇坪次之，为 1.011；其余各县排名依次为宁陕、旬阳、白河、平利、岚皋、汉阴；城乡社会一体化最低的为紫阳，指数值为 0.813。从整体来看，安康县域城乡社会一体化水平差距较小。

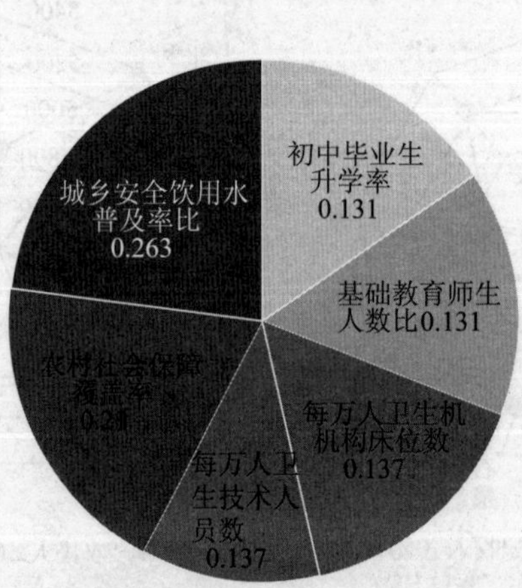

图 11　2011 年安康县域城乡社会一体化基础指标权重

由图 11 可知，从基础指标权重来看，城乡安全饮用水普及率比的影响权重最大，为 0.263；其次为农村社会保障覆盖率，权重为 0.211，说明城乡生活环境和城乡社会保障水平对城乡社会一体化的影响显著；在城乡教育中，初中毕业生升学率和基础教育师生人数比权重相差不大，说明这两方面的县域差距大致相同；但是在医疗方面每万人卫生机构床位数的权重大于每万人卫生技术人员数的权重，说明卫生机构床位数县域差距较大。

为分析安康各县的城乡社会一体化水平，作图 12、图 13 和图 14，从基础数据角度探析。

图 12　安康城乡教育基础指标县域差距

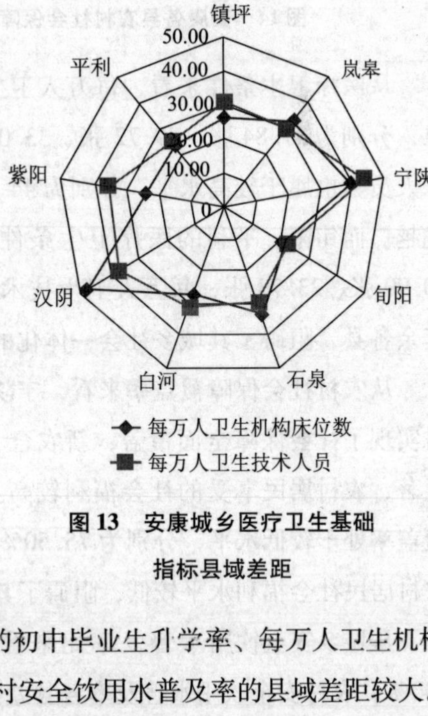

图 13　安康城乡医疗卫生基础指标县域差距

由图 12、图 13、图 14 可见，安康的初中毕业生升学率、每万人卫生机构床位数、每万人卫生技术人员数以及农村安全饮用水普及率的县域差距较大。

从教育条件来看，初中毕业生升学率最高的为岚皋，为 96.4%，说明岚皋基础教育普及力度大，基础教育质量较高；其次为宁陕、石泉，这两个县的初中毕业生升学率均在 90% 左右，为其城乡社会一体化处在较前位置起到了显著影响。基础教育师生人数比的县域差距不大，其中宁陕、白河和平利的数值均在 0.08 左右，教师资源较为丰富，其余各县师生比大致为 0.07：1，教师资源相对匮乏。

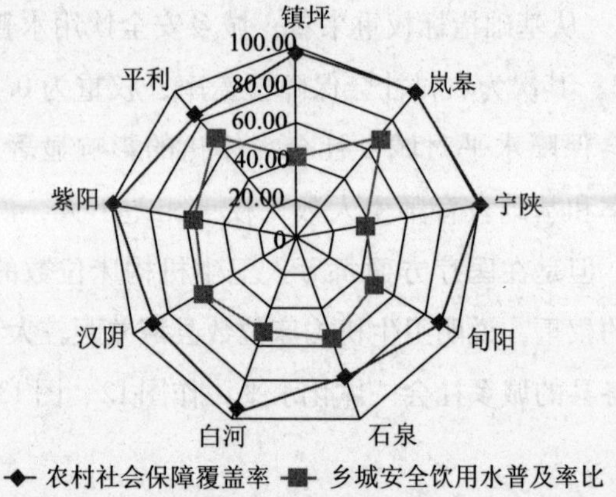

图 14　安康各县农村社会保障覆盖率和农村安全饮用水普及率

从医疗卫生条件来看，每万人卫生机构床位数较多的为汉阴、宁陕、石泉，分别为 47.84 张、39.72 张、33.07 张，而且宁陕、汉阴的每万人卫生技术人员数也属于较高水平，分别为 44 人、37 人，说明汉阴、宁陕的医疗条件优越。而旬阳、平利的医疗卫生条件最差，每万人卫生机构床位数分别为 20.99 张、23.73 张，每万人卫生技术人员数分别为 22 人、25 人，显著低于其余各县，阻碍了其城乡社会一体化的发展。

从农村社会保障覆盖率来看，宁陕、岚皋、紫阳均为 100%，这 3 县的农村实现了社会保障全面覆盖，新农合、低保、农村养老保险等社会事业成绩显著，农村居民享受的社会福利较高。而石泉、平利、汉阴的农村社会保障覆盖率处于较低水平，分别为 75.50%、84.70%、88.20%，说明这 3 个县的农村居民社会福利水平较低，阻碍了其城乡社会一体化水平的提高。

从城乡安全饮用水普及率比来看，各县的城市安全饮用普及率均视为 100%，农村安全饮用水普及率各县差异较大。其中，岚皋农村安全饮用水普及率最高，为 69.20%；平利次之，为 68.20%；旬阳、镇坪、宁陕的农村安全饮用水普及率分别为 48.50%、42.30%、36.70%，均低于 50%，农村生活环境亟须改善。

五、结论与政策建议

（一）结论

本章在对安康县域基础指标值进行预处理和赋权的基础上，对安康所辖9县的城乡发展一体化水平进行了总体评价和聚类分析，并对安康各县城乡空间一体化、城乡经济一体化、城乡社会一体化三个维度进行了评价。本章结论如下：

2011年安康县域城乡发展一体化水平较低，其中最高的为宁陕，指数值为0.949；其次为石泉，指数值为0.945；其余各县排名依次为白河、旬阳、镇坪、汉阴、平利、紫阳，排在最后的为岚皋，指数值为0.780。分维度评价中，城乡空间一体化指数在0.732~1.047波动，指数最大的为旬阳县，第二名是汉阴，其余各县排名依次为紫阳、石泉、白河、平利、岚皋、宁陕，排名最后的为镇坪；城乡经济一体化指数的波动范围最大，为0.689~1.016，跨幅达到0.327，各县的城乡经济一体化排名为宁陕、石泉、白河、镇坪、汉阴、平利、紫阳、岚皋，排名最末的为旬阳；城乡社会一体化指数波动最小，安康9县的最大差距仅为0.215，指数在0.813~1.028，各县排名为石泉、镇坪、宁陕、旬阳、白河、平利、岚皋、汉阴、紫阳。

安康各县的城乡发展各具特色，宁陕城乡经济、社会一体化优势显著，经济发展水平较高，产业结构优越，农业现代化水平高，教育事业、医疗条件和农村社会保障工作也处于较高水平，但城乡空间一体化发展较落后，交通瓶颈仍未解除；石泉的城乡空间、经济、社会一体化水平均处于前列，就业结构较优，城乡社会事业发展水平较高；白河的城乡经济一体化发展较好，经济总量处于较高水平；镇坪的城乡经济、社会一体化发展优先，教育、医疗卫生条件优越，城乡空间一体化发展落后，城镇化水平、公路交通网密度处于较低水平；旬阳城乡空间一体化为一枝独秀，远高于其他各县，其城乡集聚和城乡往来便利性水平较高，城乡社会一体化发展居中，城乡经济一体化发展很差；汉阴城乡发展一体化水平排名第六位，但其城乡空间一体化排名靠前，城乡集聚、城乡往来和城乡信息化水平均较高；平利三维度指数排名均为第六位；紫阳城乡社会事业发展落后；岚皋城乡发展一体化水平排名最后，城乡空间、经济一体化发展落后。

（二）政策建议

在系统评价安康县域城乡发展一体化水平的基础上，我们对安康各县在未来一段时期统筹城乡发展提出以下建议：

第一，在加强城乡空间联系方面，一是要把提高城镇化水平作为缩小城乡差距的重要途径，加快各县的城镇化进程，按照“县城—大镇—大村（社区）”的发展思路，加快城镇体系建设，提升城镇承载能力和公共服务供给水平。二是要积极构建高效便捷安全的交通网络，尤其加快岚皋、镇坪、宁陕的交通网络建设，提高乡村公路等级，从而使城乡往来更为便利；三是要加快建立覆盖城乡的信息化网络体系，提高农村电脑普及率和宽带覆盖率，引导农民使用现代信息技术，促进城乡信息一体化。

第二，在加快城乡经济融合方面。一是要根据各县自然条件、资源禀赋和发展基础，积极培育各县的特色优势主导产业，不断壮大县域经济实力，提高县域经济总量，提升县域经济的整体实力和区域竞争优势。二是要大力发展现代农业，以设施农业、畜牧产业、林特产业和水产养殖为重点，大力发展特色农业，提升农业产业化水平，提高农业综合效益。三是要缩小城乡居民收入差距，引导农村剩余劳动力向非农产业转移，提高农民的工资性收入和财产性收入，尤其注意缩小镇坪、岚皋、宁陕、旬阳等县的城乡居民收入差距。

第三，在促进城乡社会均衡方面，一是要优先发展教育事业，着力推进城乡义务教育均衡发展，加快县级职教中心建设，统筹配置城乡教育资源，推进农村中小学标准化建设，缩小城乡教育差距，促进教育公平。二是要深化医药卫生体制改革，改善城乡医疗卫生条件，提高农村医疗卫生服务质量和服务水平，有效解决农民看病难、看病贵的问题。三是要完善城乡社会保障体系，提高农村养老保险、最低生活保障的覆盖范围和保障水平。四是要改善农村生活环境，完成农村安全饮用水建设工程、实现城乡垃圾无公害处理，完善农村基础设施建设，积极建设社会主义新农村，推进城乡社会一体化。

参考文献

[1] 王渊，白永秀，王宇．城乡经济社会一体化内涵与外延的再认识[J]．福建论坛（社会科学版），2013（1）．

[2] 白永秀，王颂吉等．陕西县域城乡发展一体化水平评价报告[M]．北京：中国经济出版社，2013.

[3] 荆全忠，姜秀慧，杨鉴淞．基于层次分析法（AHP）的煤矿安全生产能力指标体系研究[J]．中国安全科学学报，2006（9）．

．[4] 王明涛．多指标综合评价中权数确定的离差、均方差决策方法[J]．中国软科学，1999（8）．

[5] 谭海波．宁陕全面启动连户路建设[N]．安康日报，2011－07－14.

[6] 韩永．宁陕免费教育：贫困县的制度创新[J]．中国新闻周刊，2011－10－31.

[7] 陈苗，周明君．宁陕新农合参合率连续5年位列全市第一[N]．安康日报，2011－03－06.

[8] 陈圣强，王帅．贫困小县也能绘就大民生[N]．陕西日报，2011－06－17.

[9] 陈圣强，张会军．石泉新农合受益率过九成[N]．陕西日报，2011－11－09.

[10] 来庆琳，周瑞玲，王洪宝．安居乐·民生乐·和谐乐——来自石泉县扎实推进保障房建设工程的民生报告[N]．安康日报，2011－11－28.

Evaluation of County Level Urban - rural Development Intergration
——Cases of An Kang in Shaanxi

Song Liting　Bai Yongxiu　Wang Songji

(Northwest University of China Xi' an 717127)

Abstract: County urban-rural development integration can fundamentally transform traditional agriculture, develon rural social undertakings, realize farmers' lifestyle transformation. In this paper, an evaluation index system is built and the integration of urban - rural development and level of each dimension is evaluated through the analytic hierarchy process (AHP) and the method of mean square deviation analysis. The results show that in 2011 the integration of urban - rural development of counties in An Kang is in the low level, the highest county is Ningshan, followed by Shiquan, Baihe, Xunyang, Zhenping, Hanyin, PingLi, Ziyang, the lowest one is LanGao. And each county has its own characteristics.

Key Words: urban - rural development integration; index system; AHP; mean square deviation analysis

后 记

本辑《区域经济论丛》的主题是“区域协调发展与城乡发展一体化”，围绕这一主题共收入了13篇文章，涵盖区域协调发展、城市化、区域产业发展、城乡发展一体化四个领域。

本辑《区域经济论丛》的出版，得到了苏州大学商学院夏永祥教授、西北大学经济管理学院白永秀教授、兰州商学院张贡生教授、太原师范学院城镇与区域发展研究所郭文炯教授、中国社会科学院城市发展与环境研究所王业强副研究员、国家发改委宏观研究院贾若祥副研究员等专家学者的支持，在此表示由衷的感谢。还要感谢中国经济出版社给予的支持和帮助。

我们衷心希望全国从事区域经济研究的专家学者关注这本册子，为我们持续不断地办好这个“论丛”提出宝贵的意见，同时热忱欢迎各位专家学者就区域经济的前沿问题、难点问题、热点问题和重点问题赐稿。

赵 勇

2014年2月20日